本书出版得到以下项目资助：

湖北省社会科学基金一般项目（后期资助项目）"马克思的革命政治学——《路易·波拿巴的雾月十八日》当代解读"（2020006）

湖北省教育厅哲学社会科学指导性项目"1848年革命与19世纪50年代马克思的政治思想研究"（20G005）

马克思的革命政治学

——《路易·波拿巴的雾月十八日》当代解读

张炯 著

WUHAN UNIVERSITY PRESS
武汉大学出版社

图书在版编目(CIP)数据

马克思的革命政治学:《路易·波拿巴的雾月十八日》当代解读/张炯著.—武汉:武汉大学出版社,2024.5(2025.2重印)

ISBN 978-7-307-24338-5

Ⅰ.马⋯　Ⅱ.张⋯　Ⅲ.《路易·波拿巴的雾月十八日》—研究　Ⅳ.A811.2

中国国家版本馆 CIP 数据核字(2024)第 062185 号

责任编辑:聂勇军　　　责任校对:汪欣怡　　　版式设计:马　佳

出版发行:**武汉大学出版社**　　(430072　武昌　珞珈山)

(电子邮箱:cbs22@whu.edu.cn　网址:www.wdp.com.cn)

印刷:湖北云景数字印刷有限公司

开本:720×1000　1/16　印张:16　字数:238 千字　插页:2

版次:2024 年 5 月第 1 版　　2025 年 2 月第 2 次印刷

ISBN 978-7-307-24338-5　　定价:68.00 元

序

邹诗鹏

　　张炯的博士论文即将修改出版，我是其指导老师，他要我为此著作写一个序，这里不妨围绕本书内容及研究方法谈一些看法。

　　本书是作者对马克思的《路易·波拿巴的雾月十八日》(后文简称《雾月十八日》)进行深入解读的成果。对经典著作的研究，可以是文本学或文献学意义上的，也可以是思想史及理论史意义上的。本书属于后一种研究，这是一种把著作置于著作者相应的思想演进及其理论史流变，进而对文本展开深度解读，以获得积极理论见识的研究，也是目前特别值得鼓励的研究。

　　以马克思主义经典著作解读作为博士论文的选题，看起来容易，甚至有些"讨巧"。因为有具体研究对象的限制，所以不至于存在走题或过于发散而难以完成的风险，而且人物思想和理论的研究正因为相对集中，所以总是比纯粹的问题研究要轻松一些，至少在有限的学年规制内可以有一部"成"稿。但是，大凡马克思主义经典著作，均已有相当的研究传统，前沿推进问题研究也不少。因此特别需要做好前期研究分析，并寻找下一步研究的突破口。实际上，近些年我们鼓励一些基础不错的同学开展马克思主义思想史理论史研究，并将之引入对原著的解读研究，也是基于相应的研究基础而展开的。张炯的博士论文开题时定为《19世纪50年代马克思的政治思想研究》，老师们指出该题目要处理的文本较多也较杂，实际上是一堆问题丛，不大容易找到一条合适的线索将这一历史时段的政治思想探索

1

串联起来，很难形成一篇主题集中的博士论文稿。老师们建议不如找一部著作作深入解读。经过一段时间的摸索，张炯提出聚焦于《雾月十八日》，作文本解读以及思想理论的探讨，由此深入对同一时期马克思政治思想的整体理解。从问题意识回收到文本，意味着研究的回撤。我建议张炯必须直面这一回撤。依我的观察，不少博士论文选题很有必要作某种回撤。以前围棋界流行一个说法：后退一步海阔天空。有的博士论文选题，如果问题意识过强，且收不住，就很有必要作某种回撤，特别是向原著及其基础理论作某种还原。但回撤不是向原著的直接还原，而是问题意识的再度聚集。对《雾月十八日》而言，恰恰是对1850年代问题丛的再度聚集，进而进行更深入的文本解读。经过近半年时间的探索，张炯将《雾月十八日》的主题定位为革命政治，并展开为三个维度：历史、革命与国家，最后完成的博士论文，题名为《革命政治的再探索——马克思的〈雾月十八日〉研究》（现正式出版的主书名确定为《马克思的革命政治学》，与其博士论文的主题是统一的），通过对《雾月十八日》的解读，本著使得马克思于1848年即形成的革命政治观，得到内在巩固。如果说拿破仑的"雾月十八日"（1799年11月9日），因其意味着法国大革命的失败而被定义为历史悲剧，那么，1851年，路易·波拿巴的"雾月十八日"，又因为重演了历史的悲剧，从而成为闹剧，此闹剧从一个方面内在地巩固了马克思在1848年形成的革命政治观。对革命政治观的说明，并不是一件容易的事情，本博士论文通过解读《雾月十八日》，试图完成这一理论任务。

总的说来，这篇博士论文是成功的，在论文送审以及答辩会上，均得到送审专家以及答辩老师的好评。每个人都有其长处，张炯的长处是科研能力特别强，特别善于抓问题，并较快地进入学术研究活动，也有很不错的学术组织与团结能力。这在其进入复旦大学哲学学院读博士生不久即呈现出来——张炯很快便成为这一届博士生中的学术人物。除了这篇博士论文外，读博这些年，其也在学科团队有关社会政治理论、民族理论方面发挥了重要而积极的作用。

　　写完博士论文之后，张炯去华中科技大学哲学学院跟随欧阳康老师从事博士后研究，偏重于国家与社会治理，收获了许多研究成果，也形成了新的学术生长点。这几年，其博士论文向民族、种族问题进一步延伸，博士后报告则指向民粹主义问题等，都是从具体的原著研究或理论研究转向问题研究的结果，实际上也与其博士论文选题直接相关。这些问题可能当时并不适合纳入经典著作解读已经设置好的框架结构里，但是完全可以抽出来以问题研究的形式加以展开。这表明：马克思主义经典著作研究与马克思主义理论史方法论的结合，可以帮助青年学者打下比较牢实的学术地基。实际上，立足《雾月十八日》，既可以往前追溯马克思的理论来源，也可以向后延伸马克思的理论发展，就像书中结语部分简要列出的革命政治历史分期那样，各个分期都有不同的历史情境，那么在其中产生的马克思主义经典著作也都有其独特的研究价值。应当说，该工作不是按照从古至今的线性发展顺序展开，而是从中间切入，以马克思主义理论史研究为方法，由中心向外延的扩散，我们由此也期待作者有更多的成果问世。张炯现已工作于华中师范大学马克思主义学院，我也相信其所长能够得到更好的发挥。

　　思想史理论史意义上的马克思主义经典著作研究，最难以解决的是理论与现实的关系。本书涉及的历史、革命和国家等都是非常重要的理论问题，如何在当代世界语境中安置，这是本书并没有能够解决的问题。按照其说法，通过对马克思革命政治学的历史梳理，为现当代中国从革命到治理的决定性转变提供理论基础，这一历史进程既保留了马克思革命政治的重要部分，又结合具体的国情和世情进行了时代的转换，但总是感觉没有说透，写得也不通透。再如书中重点谈了从"政治革命与社会革命"到《雾月十八日》里"资产阶级革命与无产阶级革命"的变化，着意突出了主体的重要性，而当代中国语境里谈论更多的是"自我革命"问题，这与马克思当年讨论的革命有联系也有区别。可见，面对历史与现实中的革命问题时，今人恐怕还需要找到一种更为合理的叙述方式。再比如"国家"问题，当下国家治理体系与治理能力现代化等相关论题已成为一门显学，但这些与马克思当年讨论国家时的情境相比显然发生了巨大变化，所以这条线索究竟如何从理论到现实、从历史到当代实现转换，还需要更为谨慎和妥善的处理。

当然，马克思主义经典著作的解读是开放的，也是有限度的，仅仅一部经典著作研究实际上也撑不起论域的时代转换这一宏大命题，而只能代表着其中的一个注脚，它所体现的更多是与某一历史时期相关的理论发展，同时也在经典的释读中融入作者的现实关怀。希望作者将由此获得的现实关怀，注进学术理论的不懈探索之中。关键的一步既已迈出，剩下的便是坚定前行了。

是为简序。

前　言

马克思在 1843 年拨动激进政治的琴弦之后，始终在政治革命与社会革命的理论空间里凝聚力量，并把共产主义革命的希望寄托在"无产阶级"这一真正革命主体身上。1848 年，既是马克思奏响激进政治最强音的时候，也是马克思亲身参与革命实践的时候。1848 年革命失败之后，马克思开始反思革命，并形成《路易·波拿巴的雾月十八日》这一重要成果。本书主要聚焦于这一特殊的文本，从历史、革命与国家三个维度开放式地讨论马克思的革命政治。

首先，马克思在《雾月十八日》里对历史的理解体现其特殊的历史分析类型。他借助黑格尔的理论资源完成对 1848 年革命的一般判断，并表现出跳出过去革命循环反复的意图。但马克思并未特别关注"现在"，而是关注从"未来"的无产阶级革命理念中汲取"诗情"。其次，马克思从 1848 年之前的"政治革命"与"社会革命"的区分转换为"资产阶级革命"与"无产阶级革命"的区分。借由这一转换，马克思既批判了资产阶级革命的重复性，又指认了无产阶级革命的创造性。这一区分突出了马克思对革命主体的高度重视，在看透"资产阶级"的无能之后，他更加慎重地对待"无产阶级"，并通过"流氓无产阶级"概念在理论上净化了"无产阶级"，从而将自身理论区别于布朗基主义与巴枯宁式无政府主义。最后，马克思再度遭遇国家问题，这是马克思与 1843 年的自己的对话，也是再次与黑格尔国家哲学对话。这个之前被马克思批判过的政治国家领域，在 1848 年革命之后又再次鲜活地呈现在马克思面前。此时的他一方面继续坚持摧毁国家上层建筑的立场，批判波拿巴主义国家；另一方面又逐渐确立起无产阶级的革命专政思想，并将其视为在资本主义社会到共产主义社会的革命转换期里必要的革命思想。

恩格斯晚年对无产阶级革命的思考既区别于革命唯意志论，又区别于社会改良主义，他的出发点在于如何使革命成为"可能"。马克思对东方社会的有限思考使得革命在东方的命运有待探索，东方社会的革命经验也为马克思的革命政治提供了不同程度的补充或转化。列宁的革命政治在十月革命之前牢牢扎根于革命政党理论，在十月革命之后为了守住革命胜利的果实而急剧转变为国家政党理论。毛泽东则在亲身参与中国革命的历程中逐渐形成了契合中国革命情势的革命政治。当代的左翼理论家们也不同程度地理解和使用了《雾月十八日》的相关革命思想，他们虽然立足于各自具体的情势做出了有启发意义的分析，但与马克思的革命政治相比仍存在一定的偏移乃至曲解。

马克思的革命政治随欧洲情势发展而变化，《雾月十八日》之后几个阶段仍存在继续展开讨论的可能，同时，对于俄国革命和中国革命等东方社会的革命历史，也具有深入清理革命政治理论资源的价值，更为重要的是，马克思革命政治的理论遗产对新时代的转化之道也值得进一步开垦。

目　　录

第一章 绪 论

一、研究意义

"革命家"与"批判者"应是马克思的两个典型身份。"革命"与"批判"缠绕了马克思的一生，他既是一个具有批判精神的革命家，也是一个具有革命精神的批判者。"马克思首先是一个革命家"①，这是恩格斯对马克思的精准评价。不过在现时代，我们往往更加关注马克思"批判"的一面，而不是他"革命"的一面。难道革命过时了吗？或者换种问法，过时的是革命，还是我们对革命的理解？这背后或许还有马克思对革命更加深入的思考，所以，我们试着回到"革命家"马克思的身上。

1. "革命家"马克思

纵观马克思的一生，与他"革命家"身份相符合的现实革命其实只有一次，即 1848 年革命。它是 19 世纪欧洲最后一次大革命事件，也是马克思唯一亲身参与的革命事件。马克思不仅把 1848 年革命当做一次事件，而且把它作为自 1789 年法国大革命以来革命情势的节点，因为在 1848 年革命之后，不仅革命情势发生了转折，而且欧洲历史乃至世界历史都发生了转折。

围绕这场革命，人们可能会发出一些疑问。比如，流亡伦敦之后的马

---

① 《马克思恩格斯文集》第 3 卷，人民出版社 2009 年版，第 602 页。

1

克思是否放弃了政治革命、暴力革命的想法？当革命失败后，马克思会认为政治革命、暴力革命行不通吗？因为这类革命只是换汤不换药，资本主义体系仍然幸存下来。我们注意到，革命之后的马克思其实更多以"观察者"形象呈现于世。马克思确实曾希望革命再度到来，而且是在经济危机之后迅速到来，但最终事与愿违。在伦敦安家之后，"革命家"马克思似乎遭遇了"英雄无用武之地"的尴尬。但是，这反倒帮助他成为一个敏锐的"观察者"，观察着资本主义社会，观察着世界范围内的社会、经济、政治动态，而且马克思"观察者"的形象注定使他成为那个时代非主流的革命者，并使他逐渐退到政治、历史的后台。恩格斯亦是如此。不过他二人面对自己成为当时革命局外人的"离群索居状态"①表现出积极的态度，这对他们冷静思考现实无疑是有益的。

再比如，马克思是否确立了"革命"与"革命之后"的分立？夺取政权的革命与革命之后的发展是否被严格区分开？也就是说，作为一种短期行动的革命和作为长期过程的革命以后的发展，是两件彼此独立的事情吗？当时的革命情势很可能对马克思造成这样的影响，因为1848年法国二月革命与之后的法兰西第二共和国的成立关系似乎并不大，而且路易·波拿巴其人看起来也独立于整个革命进程。

又或者，马克思如何看待革命前后的权力转变？1848年法国革命早期看似把权力转移到了相对于封建贵族而言的进步阶级（即资产阶级）手中，并建立了第二共和国，但是事实上整个法国倒退了，权力最后转移到相对于资产阶级而言的退步阶级（即独裁者路易·波拿巴）手中。对权力转移的认识，恐怕既不能建立在新统治者自身的空洞承诺之上（第二共和国的制宪议会和立法国民议会皆是如此），也不能以支持者的数量优势来确立（1848年12月法国普选的闹剧就是如此）。权力的征服只是革命的一个阶段，使用权力的方式才是另一个需要关注的问题。如果新的当权者将权力用于维护已经存在的社会制度和旧统治阶级的利益，那么它就不是一种权

---

① 《马克思恩格斯全集》第48卷，人民出版社2007年版，第190页。

力的根本变革，因而就不是革命。只有当新统治者将权力用于建立一种新的符合进步阶级利益的社会秩序时，才是真正的革命。

诸如此类的疑问都暗示了马克思在经历了 1848 年革命之后，思想上的确发生了某种变化，不过这种变化本质上不是一种断裂，而是一种过渡，是对过去革命观念的反思。依我们理解，反思的结果就是马克思的革命政治。

2. "革命政治"的界定及其要素

对"革命政治"可以有两种理解，一种是"革命的政治学"，这是思想史意义上的纵向比较，即与前后的西方政治理论相比，马克思的政治理论在何种意义上是"革命的"。另一种理解是"关于革命的政治学"，它指向与革命相关联的政治理论，包括对革命行动、革命动员、革命意识形态、革命时期的社会构成，以及革命内部关于政治斗争战术使用的争论等的理论化。以上两种理解都是合理的，本书侧重后一种。实际上在马克思主义革命政治的论域里，后来者对过去人物及其思想的理解并不是静态的，它们可能在层出不穷的事件、时下流行的热点、当务之急的要求等诸般现实问题驱使之下，被一而再再而三地予以解释。这在很多情况下会演变成一个思想的角斗场，奠基者本人的思想遭遇了不同力量的挑战。但经典之所以是经典的原因就在于，正是那些从奠基者作品中推论出的原理，才确立起从属于这一谱系的思想活动的基本维度，从而不论思想日后如何发展，总是会在奠基者所划定的合法框架里进行。马克思的革命政治就具有这样的奠基性意义。

那么马克思的革命政治主要包括哪些方面？林·亨特（Lynn Hunt）在《法国大革命中的政治、文化和阶级》里说道："本书意在恢复革命的政治，但绝对不是一部政治史。我没有重述革命事件的叙事，而是尽力挖掘政治行为的规则。"①作者讨论的是法国大革命的政治文化，实质上就是大革命

① ［美］林·亨特著、汪珍珠译：《法国大革命中的政治、文化和阶级》，华东师范大学出版社 2011 年版，第 22 页。

的政治。在这里，或许能以马克思的《雾月十八日》与亨特所提出的诸多标准作一对观。严格来说，《雾月十八日》也不是一部政治史，它没有重述革命事件的叙事，而是挖掘1848年革命情势之中法国人的政治行为，这个文本蕴含了也孕育了马克思革命政治的基本要素。不妨先看亨特对法国大革命革命政治的基本判断：

> 法国大革命的政治文化不能从社会结构、社会冲突或革命者的社会身份中得出。政治实践也不仅仅是对"下层次的"经济与社会利益的表达。革命者通过语言、意象与日常的政治活动，致力于重新构建社会和社会关系。他们有意识地寻求与法兰西的过去决裂，为新型的民族共同体奠定基石。在此过程中，他们创造了新的社会关系与政治关系，和新的社会与政治群体。政治与社会斗争的经历迫使他们以新的方式去看待世界。①

1848年革命被马克思讽刺为对1789年革命的拙劣模仿，它并没有创造新的社会关系和政治关系，也没有创造新的社会与政治群体。1848年革命仍是以1789年法国大革命那一套语言、意象甚至政治活动来演进。照理说，要想在这种拙劣模仿的情势中生发出与众不同的革命政治并非易事，但马克思的确在努力尝试。

如果说，1789年法国大革命的"革命政治激活了——而不是表达了——意识形态。在革命进程中，法国人民重新铸造了社会思想与政治行为的范畴"②，那么，1848年革命则重新激起并消耗着1789年革命所激活的政治意识形态。如果说，1789年法国大革命描绘了社会与政治的错综复

---

① ［美］林·亨特著、汪珍珠译：《法国大革命中的政治、文化和阶级》，华东师范大学出版社2011年版，第24~25页。

② ［美］林·亨特著、汪珍珠译：《法国大革命中的政治、文化和阶级》，华东师范大学出版社2011年版，第25页。

杂，那么，1848 年革命则体现出政治对社会的统摄。如果说，1789 年法国大革命佐证了"革命政治塑造了新的政治阶级（广义的阶级），而新的政治阶级也塑造了革命政治"①，那么，1848 年革命虽然没有新的阶级出现，但却以共和国制度内部党派斗争的形式，让革命阶级再度活跃起来。如果说，1789 年革命者的政治实践并不单纯表达他们基本的经济和社会利益，而是通过语言、象征、仪式和日常政治行为重构了与过去完全不同的社会和社会关系，那么，尽管 1848 年革命的政治实践仍然沿用了原先的做法，但却并没有使政治精英更加统一、更有目的性，自然也没有将 1848 年革命向前推进。老一派的做法不再受到大众群体的欢迎，人民在期盼一个英雄来拯救动乱中的法兰西，无论这个英雄是真是假。如果说，法国大革命构建了一种全新的政治文化（包括"民族复兴的语言、平等博爱的姿态、共和主义的仪式"②等），那么，1848 年革命则延续了 1789 年法国大革命所开创的政治文化，同时还获取了一项对现代政治和社会而言都非常关键的"成果"——"官僚制"。

总之，正是从这些"新东西"出发，我们可以认为 1848 年革命或多或少出现了一些新的政治文化，为政治生活提供了一些新鲜事，诸如普遍选举、派系斗争与政治表演等，这些仍然是当代政治的重要议题。马克思在《雾月十八日》中对这些问题都有不同程度的涉及，现在如何将它们再现出来，将成为马克思革命政治研究的关键。

但人们在面对"马克思的革命政治"论题时其实也会有所疑虑。比如，马克思的革命政治与 19 世纪激进革命者的革命政治区别何在？在《共产主义的起义者：布朗基的革命政治》一书中，作者追溯了 19 世纪法国最伟大的革命家布朗基的一生，并着重分析了他的革命政治思想。③ 布朗基生活

---

① ［美］林·亨特著、汪珍珠译：《法国大革命中的政治、文化和阶级》，华东师范大学出版社 2011 年版，第 25 页。

② ［美］林·亨特著、汪珍珠译：《法国大革命中的政治、文化和阶级》，华东师范大学出版社 2011 年版，第 28 页。

③ Doug Enaa Greene. *Communist Insurgent*：*Blanqui's Politics of Revolution* ［M］. Chicago：Haymarket Books, 2017.

在六个不同的法国政权下——两个帝国、两个共和国和两个君主国，见证了法兰西走马灯似的政制更迭。他是三次革命的老兵，也是六次未遂政变的组织者。当那个时代的空想社会主义者纷纷在关注如何组织一个没有阶级的社会时，布朗基则对此不感兴趣。他认为社会主义不是一个理论问题，而是一个实践问题："社会主义就是革命。革命也就是社会主义。"①只有通过革命来推翻旧社会，未来社会才能出现。为此，布朗基将革命视为需要通过武力有意识地计划、组织和实施的事情。布朗基俨然将起义和革命视为一门艺术。对于革命，他严肃地提出了各种正确的问题，而在他之后的人将不得不面对这些问题：如何组织起义？暴动要想成功需要什么策略？工人的敌人是谁？谁应该从社会主义革命中受益？哪些条件构成了革命情势？等等。马克思和布朗基面对革命问题，各自给出了不同的答案，但是在特定情势中，两派即便"道不同"，也可以"两相为谋"。

再如，在19世纪关于国家和社会关系的讨论里，国家主义、无政府主义和自由主义几乎形成三足鼎立之势。那么，面对三者的夹击，马克思的革命政治会如何应对？的确，在西方政治理论的谱系长河里，马克思的政治理论很难立足，处境甚至有些尴尬：一方面，它是一种左翼理论，却又比无政府主义温和不少。另一方面，苏联政治体制后来的发展使它染上了国家主义的某些色彩，最典型的即是饱受争议的极权主义性质的革命政权。革命政治—政治专政—政治恐怖的发展路径被赋予了合法性，从而使以下观念更加稳固：社会主义就是国家的产物，社会主义就意味着政治社会，而且社会主义只能作为政治专政的产物而发展。诸如此类的问题都为处理马克思的革命政治带来一定困难。

3. "再探索"的意义

在当下中国讨论革命政治似乎显得不合时宜，但有时深究一个学术问

---

① [法]布朗基著、皇甫庆莲译、许渊冲校：《布朗基文选》，商务印书馆1989年版，第59页。

题，或许恰恰需要这种不合时宜，才可能把问题看得更加清楚。至少在没有彻底清理马克思主义革命政治资源之前，后者恐怕会成为当代中国治理发展的理论掣肘。所以，现在或许不应继续问"为什么要在今天谈论革命政治"，而是应当问"今天怎样谈论革命政治才能真正对当下的治理实践有所助益"。然而，可供使用的革命政治资源有限，而且可能受到以下两方面的干扰。

　　一方是当代国外左翼理论家面对革命理论与革命实践时的思想乱象。当代西方左翼理论家都不同程度地与马克思主义扯上关系，而且表面看像极了马克思革命政治在当代的复兴。但究其实质而言，他们与马克思主义、马克思都产生了一定偏差。暂且不论他们对马克思政治经济学批判的忽视或曲解，而只是关注他们所主张的革命政治规划。拉克劳（Ernesto Laclau）和墨菲（Chantal Mouffe）早年虽然高举"后马克思主义"的大旗，但在经历了数十年的情势变化之后，最终选择走向左翼民粹主义。意大利政治学构成了当代革命政治的新实验室，而且许多意大利激进理论家的"理论家"身份似乎都是兼职的，而激进的政治活动才是他们的日常工作。他们一反"没有革命的理论，就没有革命的实践"的说法，认为"革命理论只能有效地解决在实际斗争过程中提出的问题，反过来，这种理论化也只能通过在实践领域中创造性地实施才能得到阐明"①。在这一群体里，理论系统化程度最为完善的当属奈格里（Antonio Negri）。奈格里早年以对马克思《政治经济学批判大纲》的激进解读来构建其革命政治规划，但在他发现斯宾诺莎后，我们很明显能感受到奈格里对斯宾诺莎理论资源的过分依赖，这甚至使他的思想不自觉地靠近无政府主义。在左翼理论家群体里，齐泽克（Slavoj Žižek）看似是最彻底的，因为他对列宁、毛泽东等人思想的喜爱和推崇，人们很容易将他归为马克思主义革命政治正统的继承者之列。的确，至少在思想的批判性上无须苛责他，而且他对《雾月十八日》的解读和使用也有启发意义。但是他所使用的精神分析和本雅明式历史唯物主义资

① Paolo Virno, Michael Hardt. *Radical Thought in ltaly：A Potential Politics*［M］. Minneapolis：University of Minnesota Press, 1996：2.

源，包括他自身颇具独创性的意识形态批判思想，虽然为他的列宁主义式革命政治带来新意，但也给现实层面的实践带来一定掣肘。当代国外左翼革命政治的"众生相"进一步混淆了马克思主义、民粹主义、无政府主义之间原本就容易混淆的关系。

另一方是传统意义上的经典马克思主义革命政治理论，也即苏联版本的革命政治成果，其中也应考虑后来南斯拉夫实践派的回应。十月革命的胜利事实上标志着马克思革命政治在新世纪的实现，也是在新国度的实现。但是这一实现很快便碰到了新的难题，即国家统治问题。这是马克思恩格斯未能亲历的，也是列宁初次经历的问题。为了守住革命胜利的果实，接管并改造旧官僚机器成为列宁仅有的选择。遗憾的是，列宁的逝世中断了革命政治的转化之路，之后的斯大林则开启了将革命政治逻辑在苏维埃国家框架内激进化的历史，反倒把马克思革命政治的历史限度发挥到极致。对苏联马克思主义革命政治发展的回应最为突出的应是南斯拉夫实践派，他们基于人道主义原则，把马克思早年的异化思想发挥成一种"全面异化"观。从这一观点出发，实践派认为："对各种资产阶级的社会制度的批判就只能是一种肤浅而偏执的批判。彻底而全面的人类批判的根本点在于，这些制度不可避免地会导致各种形式的经济异化和政治异化。"[1] 在他们看来，批判现实并非要破坏现实，而是要以革命去超越现实的对象。他们认为马克思的革命概念由三个基本要素构成，即社会-经济形态、这一形态内在的结构性局限，以及对内在局限的消除即超越。[2] 如果从这种观点出发，那么 20 世纪任何一场所谓的"社会主义革命"都还未完成。实践派对马克思革命概念的理解，不能说完全偏离了马克思，其实更确切地说，他们仍只是停留在马克思 1843 年的人道主义和激进政治阶段。此外，实践派也涉足对"官僚制"的批判，这源于他们对

----

① ［南斯拉夫］马尔科维奇、彼得洛维奇编，郑一明、曲跃厚译：《实践——南斯拉夫哲学和社会科学方法论文集》，黑龙江大学出版社 2010 年版，第 23 页。

② ［南斯拉夫］马尔科维奇、彼得洛维奇编，郑一明、曲跃厚译：《实践——南斯拉夫哲学和社会科学方法论文集》，黑龙江大学出版社 2010 年版，第 24 页。

苏联社会主义体制、对斯大林主义的不满。

有鉴于此，我们还是希望回到马克思本人革命政治的动态发展上。在1848年革命前后，马克思的革命政治发生了一些变化。1848年革命之前的1843—1848年，马克思从激进民主主义转向共产主义，他在理论层面基本完成了自己激进的革命政治框架。革命之后的1848—1852年，马克思经历了从亲历革命到革命失败再到反思革命的变化。马克思和恩格斯亲身参与了1848年德国革命，并创办《新莱茵报》以支持民主派的革命活动。《新莱茵报》被普鲁士当局查禁之后，马克思短暂迁回法国，最后选择流亡伦敦。远渡英伦后的马克思，逐渐自觉地与同为流亡者的激进革命者划清界限，共产主义同盟日后分裂的伏笔也就此埋下。总体来看，马克思远离政治圈子，他被激进流亡者所排挤。这一时期发生了诸多历史事件，但对于马克思而言，引发最大理论效应的恐怕还不是1848年的二月革命和六月起义，而是1851年12月2日路易·波拿巴政变。这场政变浇灭了流亡激进派"即时革命"的火焰，但是对于马克思而言，这是一个反思自己之前革命政治的机会，反思的标志性成果就是《雾月十八日》。

二、国内外研究现状

1. 国内研究《雾月十八日》的历史唯物主义基本范式

国内对这一文本的专著类研究成果不多。周勇胜①的《〈雾月十八日〉与历史唯物主义》应当是国内第一本系统研究《雾月十八日》的专著。从书名即可看出，作者遵循恩格斯在《雾月十八日》第三版序言里的判断，把它看做一本科学的历史唯物主义著作。中央编译出版社于2013年出版了白云真②编著的《马克思〈路易·波拿巴的雾月十八日〉研究读本》，该书从历史考证、研

---

① 周勇胜：《〈雾月十八日〉与历史唯物主义》，陕西人民出版社1984年版。
② 白云真编著：《马克思〈路易·波拿巴的雾月十八日〉研究读本》，中央编译出版社2013年版。

究状况、当代解读以及相关学者研究等几方面较为详细地介绍了马克思的
这部著作。郑寰、潘丹①于 2018 年出版了对《雾月十八日》的导读作品，依
次介绍了法国革命的历史、描绘了法兰西阶级斗争的乱象、剖析了波拿巴
主义的特征，最后概括了《雾月十八日》的理论启示等。

　　从公开发表的期刊论文看，国内对《雾月十八日》的研究性工作从改革
开放后才真正开始。按照发表年度统计，每年的发文量基本相当，并无较
大波动，也很难说出现了明显的逐年上涨趋势。可见，国内学界对《雾月
十八日》的研究并不曾出现井喷式的热潮。但近年来随着世界社会政治环
境的风云变幻，之前不温不火的《雾月十八日》似乎又开始进入学者们的视
野，他们纷纷试图从马克思那里寻求观察分析当代事件的理据。下面大致
按照文章发表时间的先后顺序综述如下。

　　首先需要提到的是刘奔在 1992 年发表的文章，这篇文章从历史的角度
较为全面地把握了《雾月十八日》的价值。作者认为，这一文本在历史唯物主
义原理及其功能的理解问题上、在社会科学研究的客观性和精确性问题上，
以及在价值观和历史观的关系上，都给出了非常深刻的阐释，对当下的研究
工作具有重要的启示意义。其他文章的具体研究问题各有不同，如陈瑛②、
何丽野③、李爱华④等学者各自考察了马克思当年对农民阶级的看法；谭
培文⑤讨论了《雾月十八日》里的意识形态理论及其当代价值；孙乐强⑥认

---

　　①　郑寰、潘丹：《〈路易·波拿巴的雾月十八日〉导读》，中共中央党校出版社
2018 年版。

　　②　陈瑛：《改造和提升小农伦理——再读马克思的〈路易·波拿巴的雾月十八
日〉》，《伦理学研究》2006 年第 2 期。

　　③　何丽野：《马克思在农民问题上的思想变化及其意义——从〈路易·波拿巴的
雾月十八日〉中的一段删节说起》，《马克思主义研究》2010 年第 1 期。

　　④　李爱华：《如何正确理解马克思恩格斯关于农民问题的思想——对何丽野先生
有关看法的不同意见》，《马克思主义研究》2010 年第 8 期。

　　⑤　谭培文：《马克思〈波拿巴雾月十八日〉中的意识形态理论及其当代意义》，
《毛泽东邓小平理论研究》2010 年第 12 期。

　　⑥　孙乐强：《意识形态的魔力与主体的祛魅——哲学视域中的〈法兰西阶级斗
争〉和〈雾月十八日〉》，《学海》2011 年第 2 期。

为《雾月十八日》打破了市民社会决定政治国家的单向模式，详细分析了后者对前者的反作用，从而进一步完善了历史唯物主义的基本原理；梅荣政①以《雾月十八日》为例分析马克思如何以唯物史观分析历史事件，等等。此外，也不乏一些新颖视角的解读。如覃守达②分析马克思在《雾月十八日》提出的美学问题，即审美是如何成为中介的。刘怀玉③认为，马克思《雾月十八日》的核心贡献是回答了资本主义社会的历史究竟代表"谁的"和由"谁"来代表的问题，并从表层、中层和深层三个层面分别阐释马克思主义的历史代表思想。应星④从事件社会学视角出发阐释马克思在《雾月十八日》里安排的两条理论线索，即阶级政治与国家自主性的有机融合，这展现了马克思丰富的社会学想象力。祁涛⑤认为，马克思在《雾月十八日》中揭示了1848年革命独特的双重历史情境，即结构的历史与情势的历史，读者如果从这两条历史线索出发，将有助于重新把握经济基础与上层建筑之间的关系。他在另一篇文章中讨论了《雾月十八日》里的国家问题，认为马克思从行政权、国家机器与议会制三个方面分析了现代国家的复杂性，这个文本中的国家问题是马克思国家理论的重要组成部分。⑥

总体来看，国内研究基本依循恩格斯在《雾月十八日》第三版序言中的经典解释进路，而且，基于历史唯物主义维度的解读已经做得很全面。但

---

① 梅荣政：《用唯物史观生动描述和精辟分析重大历史事件的科学典范——马克思〈路易·波拿巴的雾月十八日〉(节选)研读》，《思想理论教育导刊》2011年第3期。

② 覃守达：《审美幻象作为中介——谈谈马克思〈路易·波拿巴的雾月十八日〉所提出的美学问题》，《马克思主义美学研究》第六辑，广西师范大学出版社2003年版。

③ 刘怀玉：《祛除历史能指的幽灵，解开历史代表问题之谜——马克思〈路易·波拿巴的雾月十八日〉之当代解读》，《洛阳师范学院学报》2004年第1期。

④ 应星：《事件社会学脉络下的阶级政治与国家自主性——马克思〈路易·波拿巴的雾月十八日〉新释》，《社会学研究》2017年第2期。

⑤ 祁涛：《论结构的历史与情势的历史——〈路易·波拿巴的雾月十八日〉的历史线索及其哲学遗产》，《哲学研究》2018年第3期。

⑥ 祁涛：《〈路易·波拿巴的雾月十八日〉中国家问题的三个方面》，《马克思主义哲学论丛》2018年第2期。

是也存在一个问题，即对《雾月十八日》历史维度过于关注，容易导致对马克思在这一文本中所谈到的其他思想视而不见。

2. 国外学界解读《雾月十八日》的多元视角

国外学界研究《雾月十八日》的整体景象与国内相差无几，大多乘着"周年"的东风，不过依然形成了一些具有参考价值的研究成果。不妨先看传记类。传记形式虽然不可能专门探讨《雾月十八日》，但几乎都对这部著作做出简要评价。美国历史学者乔纳森·斯珀伯（Jonathan Sperber）对《雾月十八日》评价道："《路易·波拿巴的雾月十八日》是他写作技巧最为出色的一部作品……这部作品最大的意义在于，它深刻地剖析了1848年革命，分析了这场革命会在全欧洲革命情绪高涨之时失败的原因。"① 斯珀伯是研究19世纪欧洲社会史与政治史的专家，对史料的把握和使用是其书的最大特点。作者致力于将马克思还原到19世纪欧洲的历史背景中，通过极为严谨的史学研究方法，对大量史实进行细节描写，向读者勾勒出马克思作为一个19世纪的人的一生。此外，对马克思同时代人的刻画也是此书的一大特色，这使得该本传记不仅是一本普通的人物传记，还是一部以马克思为中心的、记录19世纪欧洲历史的生动作品。

至于国外学者对《雾月十八日》的具体研究，下面将按照时间先后顺序概括一些较为重要的成果。

英国学者卡弗在其《马克思晚期政治著作选》（*Marx: Later Political Writings*）中收录了他译自德文《雾月十八日》的英译文。② 2002年，为纪念《雾月十八日》初版150周年，论文集《马克思的〈雾月十八日〉：（后）现代解读》问世，它所涉及的几个与《雾月十八日》相关的关键论题（如历史、政

① [美]乔纳森·斯珀伯著、邓峰译：《卡尔·马克思：一个19世纪的人》，中信出版社2014年版，第182~183页。
② [英]卡弗编：《马克思晚期政治著作选》，中国政法大学出版社2003年版，第31~127页。

治、阶级、国家、流氓无产阶级、空想社会主义等），在今天仍然有进一步展开的余地。2003 年，Strategies 外文期刊为纪念《雾月十八日》问世 150 周年而刊登了一组研究性文章，这组文章的作者们同样从各自独特的视角出发解读这一文本，其中涉及意识形态、革命的时间性、马克思的写作手法、马克思对权力关系的讨论等。拉文（Chad Lavin）①在 2005 年撰写的文章中认为，马克思在《雾月十八日》里努力阐明一种新的能动性理论。瑞恩（Dermont Ryan）②在 2012 年撰写的文章中从浪漫主义切入，分析了马克思对资产阶级革命的批判，以及对无产阶级革命的支持。托姆巴（Massimiliano Tomba）③在 2013 年的文章中表明，他重读《雾月十八日》的目的在于阐释唯物主义历史编纂学的政治意义。

纵观《雾月十八日》的研究现状不难发现，国内外研究的各自特点比较明显。国内研究基本延续了经典马克思主义的解释传统，围绕唯物史观与历史、现实、政治等诸多话题展开讨论。而国外研究几乎都注意与经典马克思主义的解释（尤指苏联马克思主义，甚至包括恩格斯的解释）保持距离，主要吸取现代乃至后现代的思想资源，重新激活了经典马克思主义在《雾月十八日》中不曾关注或较少关注的问题。从大方向看，这是两条截然对立的解读路径。但是如果仅从学术研究的角度出发，它们之间并不存在绝对冲突，而更多是一种研究视角的差异，甚至双方还存在互补的可能。即一方面，这些视角和方法可以经批判地吸收与消化之后，应用到对《雾月十八日》的解读中去，从而使这一文本变得更加鲜活；另一方面，历史唯物主义的解读路径仍然是基础性的，它始终在牵制着我们对这一文本可能发生的过度解读，从而不至于使马克思在《雾月十八日》里的形象过于偏

---

① Chad Lavin. Postliberal Agency in Marx's Brumaire[J]. *Rethinking Marxism*, 2005, 17(3).

② Dermont Ryan. The Future of an Allusion: Poïesis in Karl Marx's The Eighteenth Brumaire of Louis Bonaparte[J]. *SubStance*, 2012, 41 (3): 127-146.

③ Massimiliano Tomba. Marx as the Historical Materialist: Re-reading The Eighteenth Brumaire[J]. *Historical Materialism*, 2013, 21 (2): 21-46.

离甚至歪曲，否则将有违我们研究的初衷。

三、篇章结构

除第一章绪论外，本书还包括以下五章内容。

第二章，《雾月十八日》的情境、定位与理论主题。本章主要讲述相关背景。第一节阐释在1848年革命爆发之前（即1843—1848年）马克思激进政治的形成史。第二节分析1848年革命的世界历史意义，主要包括革命爆发之前的西欧危机，1789年法国大革命的革命基因对法兰西国家建构的影响，以及路易·波拿巴政变的事件性效应，最后解释1848年革命何以被称为欧洲历史的"转折点"，包括这一转折与马克思的联系。第三节分别从同时期相关文本中、从马克思本人的作品中为《雾月十八日》定位，并揭示其理论主题。

第三章，《雾月十八日》的历史分析类型。本章任务是理解与把握马克思在《雾月十八日》中如何分析这段革命的历史。第一节从《雾月十八日》的开篇段落切入，分析马克思与黑格尔的思想关联。第二节讨论马克思意识形态批判思想的双重维度发展，即从《德意志意识形态》中的历时性维度发展到《雾月十八日》中的共时性维度，这种发展表现出马克思对上层建筑层面的关注，突出了当时法国政治意识形态的幻象和马克思驱除幻象的意图。第三节主要从历史规律、历史理解与历史分期三个方面阐释《雾月十八日》的历史论题。

第四章，《雾月十八日》的革命话语。第一节讨论资产阶级革命的重复性，分析马克思如何理解和使用"资产阶级革命"概念，进而揭示资产阶级革命在积蓄与挥霍之间的循环往复，以及资产阶级在革命过程中扮演怎样的角色。第二节讨论无产阶级革命的创造性。马克思认为无产阶级革命应汲取"未来"的"诗情"，而非迷信"过去"的"幻象"，这一汲取过程的关键在于"想象"，其中涉及马克思在何种意义上批判和继承浪漫主义遗产。第三节主要讨论"无产阶级"的革命主体性，以及这一概念与"流氓无产阶级"的差异与联系，表现马克思在净化"无产阶级"方面的理论创造性。

第五章，《雾月十八日》的国家问题。第一节主要表明，从 1843 年的《黑格尔法哲学批判》到 1852 年的《雾月十八日》，马克思在立法权、行政权、人民、民主制、代议制等论题上的前后态度发生了一定变化。第二节讨论马克思对波拿巴主义国家的批判。这既是马克思批判官僚制的延续，也展现了他当年所面临的新情势，即作为行政权代理者的路易·波拿巴，与法兰西第二共和国的议会制民主结构，共同促成了波拿巴主义国家。这个国家的阶级基础是保守的小农，但是它背后也反映出法国当时的阶级均势。第三节主要讨论国家机器问题。通过马克思在 1848 年革命时期对"无产阶级专政"概念的理解和使用，区分马克思与布朗基派的革命专政理念。1875 年的马克思在与拉萨尔派思想的交锋中批判了后者对现代民族国家的立场，并指认了作为国家机器的无产阶级的革命专政，强调它在资本主义社会到共产主义社会的革命转换时期里存在的必要性。

第六章，马克思革命政治的理论延展。此章主要分析马克思之后的晚年恩格斯、列宁、毛泽东以及当代左翼理论家与马克思革命政治的关联与差异。第一节，分析晚年恩格斯在 1895 年的《〈1848 年至 1850 年的法兰西阶级斗争〉导言》中对马克思革命政治的发展，他表露出面对革命的现实立场。第二节概论马克思革命政治在东方社会的发展。马克思生前虽然对俄国问题及其革命前景做出分析和预测，但并没有给出明确答复，列宁在 20 世纪初围绕政党与国家开启了革命政治的新视域。同时，马克思有限的东方社会视野也限制了他对中国问题的分析。毛泽东在农民运动、中国社会阶级分析、中国革命道路性质、人民民主专政等重要论题上，实现了马克思革命政治的中国化发展。第三节主要考察三位当代左翼理论家是如何理解和使用《雾月十八日》的。他们对文本的解读都有独到一面，而且引起了不小的理论效应，但与马克思的革命政治相比，都存在不同程度的偏离。

最后的结语部分，一方面总结从马克思《雾月十八日》革命政治的研究里得到的启示，另一方面展望进一步研究的可能，希望能将马克思主义经典作家关于革命政治的相关问题继续讨论下去。

第二章 《雾月十八日》的情境、定位与理论主题

在进入《雾月十八日》的具体文本之前，有必要对马克思 1848 年革命之前的激进政治理论有所了解，同时也需要铺设好 1848 年革命的历史情境，以及对 1851 年底发生的路易·波拿巴政变效应加以解释。在完成了这些前提性的工作之后，才便于更为合理地理解文本，继而引出《雾月十八日》的理论主题。

第一节 1843—1848 年马克思激进政治的发展

1843 年，马克思的《黑格尔法哲学批判》及其"导言"和《论犹太人问题》见证了欧陆"激进政治的兴起"，同时它们也可看成是马克思的激进革命宣言、看成是《共产党宣言》的序曲。① 马克思在这一时期虽然没有完成对黑格尔法哲学的批判，但不妨碍这一文本群是马克思"对政治理论的最为系统的思考"②。马克思的激进政治理论是如何进一步发展的，换言之，在进入 1848 年革命之前，马克思在革命时期所涉足的诸多问题是如何一步

① 对这一文本群的讨论具体可详见：邹诗鹏：《激进政治的兴起：马克思早期政治与法哲学批判手稿的当代解读》，复旦大学出版社 2012 年版。

② Shlomo Avineri. *The Social and Political Thought of Karl Marx* [M]. London：Cambridge University Press，1968：41.

步形成的，这是一个值得思考的问题。

按照我们的理解，这一形成过程大体有明、暗两条线索可以把握。明线指马克思在这一时期公开发表的文本，它们表现出很明显的激进革命色彩，主要涉及：马克思写于 1844 年 7 月 31 日的《评一个普鲁士人的〈普鲁士国王和社会改革〉一文》(后文简称《评普鲁士人》)，写于 1847 年 11 月的《道德化的批评和批评化的道德》(后文简称《批评与道德》)，以及他和恩格斯于 1847 年 12 月至 1848 年 1 月之间合写的《共产党宣言》。除了《共产党宣言》，另两个文本受到的关注恐怕不多。暗线指马克思当时未公开发表的手稿式文本，主要为《1844 年经济学哲学手稿》(后文简称《1844 年手稿》)和《德意志意识形态》，其中共产主义观念和唯物史观对于马克思激进政治的完成很重要。不过，我们接下来的行文并不想人为地把这两条线索分开，而是将二者交织起来，这样或许更能体现这一时期马克思思想变化的连贯性。

一、马克思对黑格尔国家哲学的批判

此处不妨从马克思 1843 年对黑格尔国家哲学的批判说起。德国学者卡尔·洛维特(Karl Löwith)曾经追溯了从卢梭经黑格尔再到马克思的思想史脉络。在他看来，卢梭第一次揭示出"市民社会的人不是统一的、整体的东西"①，这个"人"既是私人又是公民，但是卢梭最终还是怀疑"普遍意志"和"公共权力"之间达成一致的可能性。洛维特把这一问题称为"国家制度中的一个政治深渊"②，之后的法国大革命虽然在实践上看似继承了卢梭的理论遗产，但对于卢梭所思考的"个人"与"公民"的问题并没有处理妥当。

---

① [德]卡尔·洛维特著、李秋零译：《从黑格尔到尼采：19 世纪思维中的革命性决裂》，三联书店 2014 年版，第 319 页。

② [德]卡尔·洛维特著、李秋零译：《从黑格尔到尼采：19 世纪思维中的革命性决裂》，三联书店 2014 年版，第 323 页。

黑格尔后来在批判卢梭的基础上，继续探讨这一问题。他认为卢梭虽然把理性确立为国家的原则，但他并未认清国家与社会的真正关系。卢梭只是把"共同意志"理解为各个公民的"集体意志"，而没有把它理解为真正的"普遍意志"。法国大革命虽然推翻了原先那个不再符合自由意识的国家，但却并没有给自由意识提供新的基础，没有建构起新的共同体。国家只是对私有财产予以保护，其最终目的是保护单个社会成员的特殊利益，而非国家自身的普遍利益。

黑格尔的法哲学包含市民社会学说和国家学说，他意欲实现的是两大传统理念(即柏拉图的国家和卢梭的社会契约)的统一，所用的手段是调和市民社会的个人主义原则与政治国家的极权主义原则，即个体特殊性与政治普遍性。黑格尔并没有把"实体的普遍性"与"主体的个别性"视为现代国家的弱点，反倒看成是现代国家的优势。由此，他把市民社会与政治国家的"合题"视为可能。

马克思与黑格尔一样，也看到了卢梭提出的问题，但是马克思在批判黑格尔的基础上，给出了不同的答案。马克思和黑格尔都把市民社会当做一个需求体系来批判，他们的区别在于："黑格尔在扬弃中保留了特殊利益和普遍利益之间的差异，而马克思却想在清除的意义上扬弃这种差异，为的是建立一个拥有公有经济和公有财产的绝对共同体。"[1]这个"绝对共同体"即马克思所谓的"真正的民主制"。马克思对黑格尔国家哲学的批判主要集中在国家与社会的关系上，他认为黑格尔的调和只是掩盖了资产者私人的、利己主义的存在与公共的、国家的存在之间的对立，马克思的解决方案则是将市民社会和政治国家一同扬弃掉："作为一个现实的市民，他处于一个双重组织中：处于官僚组织……即市民社会的组织中。……市民要获得政治意义和政治效能，就必须抛弃自己的等级，即抛弃市民社会，抛弃私人等级，因为正是这个等级处在个体和政治国家之间。"[2]

---

① [德]卡尔·洛维特著、李秋零译：《从黑格尔到尼采：19世纪思维中的革命性决裂》，三联书店2014年版，第332页。

② 《马克思恩格斯全集》第3卷，人民出版社2002年版，第96~98页。

　　洛维特认为，马克思一方面超越黑格尔，另一方面又返回到卢梭关于人与公民的区分上。这种观点有理可循，因为关于马克思与卢梭的思想史关联可以在《论犹太人问题》里看到。马克思说："Droits de l'homme，人权，它本身不同于 droits du citoyen，公民权。与 citoyen[公民]不同的这个homme[人]究竟是什么人呢？不是别人，就是市民社会的成员。"①他从1789年法国大革命的历史中看到，整个《人权宣言》是以市民社会的私人即资产阶级为前提的："任何一种所谓的人权都没有超出利己的人，没有超出作为市民社会成员的人，即没有超出作为退居于自身，退居于自己的私人利益和自己的私人任意，与共同体分隔开来的个体的人。"②

　　因此，法国大革命的"政治"解放还需要通过一种"人类"解放来完成。只有在这种情况下，黑格尔那里所谓的"自由"才能真正实现。尽管这一时期的文本体现了青年马克思浓厚的人本主义情结，但是并不影响马克思找到"无产阶级"这一人类解放的承担者，他在《〈黑格尔法哲学批判〉导言》里对无产阶级所宣布的话，恰恰就是西耶士当年为第三等级所要求的东西："我没有任何地位，但我必须成为一切。"③

　　但是，法国哲学家让·伊波利特（Jean Hyppolite）提出的问题同样具有警示性。他认为，马克思对黑格尔的批判的确证明了："黑格尔并没有通过他在自身所处时代的历史事件之外构建的中介来真正解决这个问题"，但问题是，"马克思的解决方案更好吗？马克思是否能够成功地解决这个问题，根本在于资产阶级社会的内部冲突，即基于生产力发展之上的阶级斗争。我们可以希望随着阶级斗争的结束，个人和公民的二元论起初在共产主义下、后来在无政府状态（二者互相渗透）中结束吗"④？面对伊波利特的质疑，我们不禁回想起19世纪中后期的历史。在这个民族国家强势崛

---

① 《马克思恩格斯全集》第3卷，人民出版社2002年版，第182页。
② 《马克思恩格斯全集》第3卷，人民出版社2002年版，第184~185页。
③ 《马克思恩格斯全集》第3卷，人民出版社2002年版，第211页。
④ Jean Hyppolite. *Studies on Marx and Hegel*[M]. New York：Harper Torchbooks，1969：111.

起的 19 世纪下半叶，黑格尔所谓"作为民族精神的国家"反倒成为被马克思过早彻底批判的问题域。所以对于国家、对于政治乃至对于法权的解释，在马克思那里总会有某种与现实相扞格的地方。

对黑格尔国家哲学的批判在 1844 年马克思去巴黎之后暂时中断了，马克思开始进入政治经济学的论域。但就在《1844 年手稿》写作的末期，马克思还是触碰了国家哲学问题，具体体现在《评普鲁士人》中。《评普鲁士人》带有一定的异质性，它和《1844 年手稿》所涉及的政治经济学和哲学的关联不大，反倒更应该看成是对《黑格尔法哲学批判》（包括"导言"）的延续，尤其是对"行政权"部分的延续。① 这一文本主要涉及以下三个问题：

第一个问题，社会"贫困"与国家官僚制的无能。马克思从社会贫困问题上看到了现代国家的无能。黑格尔在《法哲学原理》里表现出对贫困问题的无解。黑格尔坦言："如何救济穷人，消除贫困，这个重要问题，是推动现代社会发展的一个主要问题，也是让现代社会为之苦恼的一个主要问题。"②他认为，从市民社会内部是无法消除贫困的："市民社会所占有而真正属于它的财产，总是不足以用来防止贫困的过度和贱民的过度产生。"③所以黑格尔诉诸市民社会之外："市民社会受这种辩证法推动而超出自身之外，首先是超越这个特定的社会，以便向它之外的其他民族去寻求消费者，从而寻求必需的生活数据，这些民族或者缺乏它所生产过剩的物资，或者一般地在工艺等方面落后于它。"④从这一点上可以看出，《评

---

① 国内学界对这个文本的解读并不多，代表性的有：马俊峰：《马克思对贫困的政治哲学思考——对〈评一个普鲁士人的《普鲁士国王和社会改革》一文〉的解读》，《重庆邮电大学学报（社会科学版）》2010 年第 5 期。如题所示，作者分析这一文本时切中肯綮，马克思的确是从"贫困"问题展开对卢格的批判的。

② [德]黑格尔著、邓安庆译：《法哲学原理》，人民出版社 2016 年版，第 374页。

③ [德]黑格尔著、邓安庆译：《法哲学原理》，人民出版社 2016 年版，第 375页。

④ [德]黑格尔著、邓安庆译：《法哲学原理》，人民出版社 2016 年版，第 375页。

普鲁士人》表面上是批判卢格的观点，根本上还是在与黑格尔、与黑格尔的国家哲学对话，而且应该注意到，马克思的《黑格尔法哲学批判》只是从"国家"部分开始，而贫困问题则出现在黑格尔《法哲学原理》"国家"部分之前的"市民社会"部分。这至少可以说明，这是马克思当时还未处理的问题。① 当然，很大程度上也是因为他当时还没有进入政治经济学论域。《评普鲁士人》恰好是在《1844 年手稿》写作期间（末段）完成的，这一手稿正是马克思初入政治经济学的标志。因此，马克思此时关注"贫困"问题更加合情合理。在他看来，"贫困"绝非一个在政治领域可以解决的问题，它本质上是社会问题，其解决途径也只能在"社会"的领域里。

接着，马克思从普鲁士国家处理赤贫问题的无果上，再次谈到"官僚制"。这是他在《黑格尔法哲学批判》里言而未竟的话题，但当时已经透露出消灭官僚制的想法，《评普鲁士人》延续了这一观点。问题是，国家不会自行消亡，它只会在维持自身存在的前提下，不断在行政的层面上纠错。如果这种纠错没有结果，那么就开始责备"人性"。国家的这种行为，本质上是政治理智发生作用的表现。所以，马克思接下去谈的第二个问题就是"政治理智"。

马克思继续揭示，为什么国家不愿意承认社会"贫困"的根源在于国家的原则、在于现存的社会结构？根本原因是政治理智占据主导地位。政治理智即在政治范围内思考，"它越敏锐，越活跃，就越没有能力理解社会缺陷"②。法国大革命时期，即便是最为激进的雅各宾派，都难逃政治理智的统摄。大革命的英雄们无不希望可以在政治国家的层面解决社会问题，这本身就体现了作为政治原则的"意志"所发挥的作用："政治理智越在一方面

---

① 　不过在诺曼·莱文（Norman Levine）看来，这是马克思有意为之："很明显，马克思阅读过黑格尔的《法哲学》全书，其中包括阐述权利、意志、个体性、所有权、自由问题的前几章。他对黑格尔对涉及政治哲学和伦理学问题的思索非常熟悉，却决定视而不见，而将自己的解读局限在国家这一问题上。"参见：［美］诺曼·莱文著、周阳等译：《马克思与黑格尔的对话》，中国人民大学出版社 2016 年版，第 352 页。

② 　《马克思恩格斯全集》第 3 卷，人民出版社 2002 年版，第 387 页。

发挥作用，因而发挥得越充分，它就越相信意志是万能的，就越分不清意志的自然界限和精神界限，因而也就越没有能力发现社会缺陷的根源。"①

所以，发达的政治理智对于无产阶级认识社会问题并非好事。像大革命时期法国的无产阶级就以为自己追求的只是政治目的，所以共和国才是他们的追求，但事实上他们最终需要实现的是消除社会贫困，所以马克思会说："他们的政治理智蒙蔽了他们的社会本能。"②但他没有明说的是，如果只是意图推翻国家形式的革命，那充其量只是政治革命。政治革命的效应止于社会贫困问题。对于贫困的解决，还应当有一种充分发挥革命者"社会本能"的革命。这直接关系到第三个问题——政治革命与社会革命的区分。

当卢格说"人们不幸脱离了共同体"，指的是人们脱离了"国家制度"这一政治共同体，马克思则不以为然，他认为工人脱离的不是国家，而是人的本质。政治革命只能解决人与政治共同体的分离，而人与人的本质的分离，只有进行社会革命才能解决。面对卢格关于"具有政治灵魂的社会革命"的观点，马克思认为这不是"废话"就是"同义语"。因为在他看来，"社会革命"天生地带有"政治灵魂"，而当时的革命所真正缺失的实际是"社会灵魂"，而且从过往的革命经验来看，革命既是社会的，也是政治的：就其破坏旧社会而言，它是社会革命，而就其推翻旧政权而言，它是政治革命。所以，马克思那里的"社会革命"与"政治革命"不是对立的，而是前者囊括后者，革命的理论问题不在于赋予社会革命以政治灵魂，而在于赋予政治革命以社会灵魂。社会主义革命旨在后者："一般的革命——推翻现政权和废除旧关系——是政治行动。但是，社会主义不通过革命是不可能实现的。社会主义需要这种政治行动，因为它需要破坏和废除旧的东西。但是，只要它的有组织的活动在哪里开始，它的自我目的，即它的灵魂在哪里显露出来，它，社会主义，也就在哪里抛弃政治的外壳。"③

---

① 《马克思恩格斯全集》第 3 卷，人民出版社 2002 年版，第 387 页。
② 《马克思恩格斯全集》第 3 卷，人民出版社 2002 年版，第 393 页。
③ 《马克思恩格斯全集》第 3 卷，人民出版社 2002 年版，第 395 页。

原本与马克思站在同一战线上的卢格，由于仍然停留在政治批判层面，且与宗教牵扯不清，①所以马克思决定与其分道扬镳。"单飞"后的马克思自觉到了社会维度，并且找到了与他并肩作战一生的战友恩格斯，二人在唯物史观上形成的理论成果为马克思早年的激进政治提供了历史与现实的确证。

二、社会维度的自觉与唯物史观的确证

《1844 年手稿》和 1846 年的《德意志意识形态》终归是我们在分析和理解马克思的思想时绕不开的两个关键文本，对于本研究的主题而言也是如此。这两个文本中的共产主义理念雏形和唯物史观，分别意味着马克思激进政治理论的"社会维度的自觉"和"历史与现实维度的确证"得以形成。

先看第一方面：社会维度的自觉。《1844 年手稿》中关于共产主义的论述已是耳熟能详："共产主义……是人和自然界之间、人和人之间的矛盾的真正解决，是存在和本质、对象化和自我确证、自由和必然、个体和类之间的斗争的真正解决。它是历史之谜的解答，而且知道自己就是这种解答。"②其中"人与自然""人与人""存在与本质""对象化与自我确证""自由与必然""个体与类"是现代性社会的六大谜题，它们统统只有在"社会"里才能真正得到解答。因为"社会性质是整个运动的普遍性质；正像社会本身生产作为人的人一样，社会也是由人生产的"③。

---

①　卢格在 1842 年批判黑格尔法哲学时有以下观点："拆分宗教和国家，无异于同时斩断二者的命脉。……国家制度的目的就是采纳宗教运动，形成良性循环。……治理国家就是指治理它的内部历史，因为我们业已最终承认，我们理论成果的全部内容须被一再付诸实践循环，进而宗教的改造性实践冲动须成为法定的东西。"参见：［德］卢格著、姚远译：《黑格尔法哲学与我们时代的政治》，载复旦大学当代国外马克思主义研究中心编：《当代国外马克思主义评论》（第 16 辑），人民出版社 2018 年版，第 93~94 页。

②　《马克思恩格斯文集》第 1 卷，人民出版社 2009 年版，第 185~186 页。

③　《马克思恩格斯文集》第 1 卷，人民出版社 2009 年版，第 187 页。

这种"社会"自觉是马克思"社会革命"意识形成的关键环节。我们恐怕还不能断言《黑格尔法哲学批判》里的马克思已经具备明确的社会自觉，因为在一定意义上，这部不完整的、断断续续的手稿没有触及要害，它只讨论了内部国家法。因而，"该批判没有阐述现代读者可能最看重的东西，即一方面是马克思在社会理论上的立场，另一方面是他在历史哲学上的立场。马克思确实计划讨论社会理论，但他没在这部手稿里贯彻该计划"①。《1844 年手稿》才真正预示了马克思正在逐渐从对黑格尔国家哲学的理论批判中走出。马克思从共产主义运动的"社会"性质延伸到"实践"。他认为，在理论上存在的对立，"只是在社会状态中才失去它们彼此间的对立，从而失去它们作为这样的对立面的存在"②。马克思对黑格尔国家哲学的批判如果还停留在哲学层面，那么他和卢格等人无异。但是马克思在《1844 年手稿》中已经意识到："理论的对立本身的解决，只有通过实践方式，只有借助于人的实践力量，才是可能的。"③至于彻底走出的标志，还应以《德意志意识形态》里的唯物史观为标志。

接下来讨论第二方面：唯物史观对马克思激进政治之历史与现实维度的确证。这一双重确证在《德意志意识形态》中其实非常明朗："（人类）'解放'是一种历史活动，不是思想活动，'解放'是由历史的关系，是由工业状况、商业状况、农业状况、交往状况促成的。……对实践的唯物主义者即共产主义者来说，全部问题都在于使现存世界革命化，实际地反对并改变现存的事物。"④当然，与马克思的激进政治理论关联最为密切的还是其对唯物史观所作的以下四个结论：（1）马克思揭示了生产力与交往关系的历史进步意义："生产力在其发展的过程中达到这样的阶段，在这个阶

---

① ［法］魏尔著、姚远译：《马克思与〈法哲学〉》，载复旦大学当代国外马克思主义研究中心编：《当代国外马克思主义评论》（第 16 辑），人民出版社 2018 年版，第 102 页。

② 《马克思恩格斯文集》第 1 卷，人民出版社 2009 年版，第 192 页。

③ 《马克思恩格斯文集》第 1 卷，人民出版社 2009 年版，第 192 页。

④ 《马克思恩格斯文集》第 1 卷，人民出版社 2009 年版，第 527 页。

段上产生出来的生产力和交往手段在现存关系下只能造成灾难，这种生产力已经不是生产的力量，而是破坏的力量(机器和货币)。"①以及这一关系的动态发展促使作为革命主体的无产阶级的产生："与此同时还产生了一个阶级，它必须承担社会的一切重负，而不能享受社会的福利，它被排斥于社会之外，因而不得不同其他一切阶级发生最激烈的对立；这个阶级构成了全体社会成员中的大多数，从这个阶级中产生出必须实行彻底革命的意识，即共产主义的意识。"②(2)肯定政治革命的必要性，即革命首先必然是政治革命，是夺取政权的革命。对于资产阶级而言，对抗封建阶级进而夺取政权是其首要任务，而对于无产阶级而言，对抗资产阶级进而夺取政治权力是其首要任务。以上两个结论都是马克思在之前的文本中或多或少提到的，下面两个结论则是进一步深化的：(3)过去的革命与共产主义革命的根本划界："迄今为止的一切革命始终没有触动活动的性质，始终不过是按另外的方式分配这种活动，不过是在另一些人中间重新分配劳动，而共产主义革命则针对活动迄今具有的性质，消灭劳动，并消灭任何阶级的统治以及这些阶级本身。"③这可以看成是对《评普鲁士人》里"政治革命"和"社会革命"区分的进一步补充。在下面即将分析的《批评与道德》里我们还会看到，这一结论具体体现为"资产阶级"与"无产阶级"分别作为革命主体时所肩负的革命使命，以及在 1848 年革命之后的《雾月十八日》里，也会成为马克思区分"资产阶级革命"和"无产阶级革命"的重要理据。(4)革命主体陷在理论中是无法彻底成熟的，只有在现实的革命中，革命主体才有可能普遍地发生变化。从这一意义上讲，革命本身就是一种对于革命主体而言不断净化与成长的过程。至少从这一点可以肯定，马克思的革命理论在 1848 年革命前后不存在绝对的断裂，同时也印证了恩格斯在《雾月十八日》的第三版序言里所说的，这是现实对理论的检验。

---

① 《马克思恩格斯文集》第 1 卷，人民出版社 2009 年版，第 542 页。
② 《马克思恩格斯文集》第 1 卷，人民出版社 2009 年版，第 542 页。
③ 《马克思恩格斯文集》第 1 卷，人民出版社 2009 年版，第 542~543 页。

总之，正是在马克思具备充分的"社会自觉"并形成"唯物史观"这一理论武器之后，他对 1843 年以来的激进政治理论的凝聚才显得顺理成章且游刃有余。其最终成果是写于 1847 年 12 月的《共产党宣言》，以及再加上一个文本，即马克思写于《共产党宣言》前一个月的《批评与道德》。相对于《共产党宣言》的如雷贯耳，《批评与道德》似乎无人问津。但是这一文本很关键，它既承接了马克思之前的诸多理论点，又直接开启了《共产党宣言》的理论视域，而且值得注意的是，马克思《批评与道德》的批判对象也是一个激进民主主义者——卡尔·海因岑（Karl Heinzen）。

三、马克思激进政治的理论凝聚

虽然《批评与道德》的副标题是《论德意志文化的历史》，但就内容而言，马克思只是以文化为引子（如他以莎士比亚戏剧中的对话来讽刺海因岑），引出他对激进政治的讨论。在这一时期，海因岑本是恩格斯的论战对手，但是马克思的这篇作品恐怕不应被看做一篇"协战"之作，因为海因岑"为分析提供了有趣的材料"①。这些"有趣的材料"成为马克思于 1843 年形成的、1844 年 7 月底推进的激进政治相关的材料。所以，它理应看做一篇马克思早期政治理论的重要著作，也是在《共产党宣言》之前最直接、最清楚的激进政治表达。马克思对海因岑的批判主要包括以下三个方面：

第一个方面，政治权与财产权的区分。海因岑坚持批判"国王获得权力"，他和卢格一样，仍停留在政治批判的层面，这恰恰也是 1843 年马克思的立场。而 1847 年的马克思已经形成了唯物史观，或许可以认为，他在此既是在批判海因岑，也是在反思当年的自己。所以，这就解释了为什么面对海因岑这个因为攻击普鲁士官僚制而被驱逐出境的激进民主主义者，马克思的批判会不留情面。

---

① 《马克思恩格斯全集》第 4 卷，人民出版社 1958 年版，第 322 页。

马克思区分了两种权力，即所有者的财产权和国家的政治权。当海因岑说："权力也统治着财产。"①这意味着，财产所有者的手中没有政治权力。也即是说，资产阶级在政治上还没有形成为一个阶级，国家权力还没有成为资产阶级的权力。马克思认为海因岑的这一说法只适合于资产阶级还没有取得政治权力的国家，而在那些资产阶级已经夺权的国家里，"政治统治已成为资产阶级对整个社会的阶级统治，而不是个别资产者对自己的工人的统治"②。可见，海因岑没有否认德国的资产阶级必须夺得政权，只不过他仅仅止步于资产阶级夺权而已。换言之，马克思所认为的资产阶级暂时掌权，到海因岑那里则变成资产阶级永久掌权。

当海因岑继续说"财产关系上的不公平全靠权力来维持"时，这里的"不公平"如果是资产阶级所承受的，那么就意味着资产阶级将反抗绝对君主制。而如果"不公平"指的是工人所遭受的状况，那么就意味着资产阶级掌握国家权力是为了捍卫本阶级的财产权，而无产阶级将反抗资产阶级的统治。无论海因岑持哪种观点，他和马克思恩格斯都是一致的，但显然马克思并不认可这种一致。

如果资产阶级指望利用国家权力来维持其财产权，即维持资产阶级与无产阶级在财产关系上的不公平，那么这是白费功夫。因为这种"不公平"是"以现代分工、租代交换形式、竞争、积聚等等为前提"，而不是来自资产阶级的政治统治。因此，"当使资产阶级生产方式必然消灭、从而也使资产阶级的政治统治必然颠复(覆)的物质条件尚未在历史进程中、尚未在历史的'运动'中形成以前，即使无产阶级推翻了资产阶级的政治统治，它的胜利也只能是暂时的，只能是资产阶级革命本身的辅助因素"③。1789年法国大革命就是明证。大革命之后，绝对君主制的历史剧在法国的土地上不断重演，拿破仑兵败滑铁卢之后的波旁王朝复辟，1830 年奥尔良王朝

---

① 《马克思恩格斯全集》第 4 卷，人民出版社 1958 年版，第 330 页。
② 《马克思恩格斯全集》第 4 卷，人民出版社 1958 年版，第 330 页。
③ 《马克思恩格斯全集》第 4 卷，人民出版社 1958 年版，第 331~332 页。

的建立，都印证了马克思的判断，即资产阶级还没有成熟到足以完成政治统治的可能。这是一方面。另一方面，马克思认为："人们为自己建造新世界，不是如粗俗之徒的成见所臆断的靠'地上的财富'，而是靠他们垂死的世界上所有的历来自己创置的产业。"①这一"历史"维度正是来自"唯物史观"，而且1个月之后的《共产党宣言》也说道："资产阶级赖以形成的生产资料和交换手段，是在封建社会里造成的。在这些生产资料和交换手段发展的一定阶段上……封建的所有制关系，就不再适应已经发展的生产力了。这种关系……变成了束缚生产的桎梏。它必须被炸毁，它已经被炸毁了。起而代之的是自由竞争以及与自由竞争相适应的社会制度和政治制度、资产阶级的经济统治和政治统治。"②这里的"经济统治"和"政治统治"，正好对应了《批判和道德》里所说的"财产权"和"政治权"。

第二个方面，政治问题和社会问题。海因岑批评马克思恩格斯等共产主义者把"社会问题"看得比"政治问题"更为重要，他主张，现时代"没有任何社会问题比关于君主制和共和制的问题更为重要"③。关于君主制与共和制的问题，马克思曾在《黑格尔法哲学批判》的"王权"部分谈到过。但马克思在这里再谈时与之前有明显不同，他的思想显然比1843年，同时也比1844年《评普鲁士人》的时候更进一步。法国大革命看似解决了政治问题，但本质上并没有，从君主制到共和制只是形式的改变。而如果像马克思所判断的，政治问题本质上是社会问题，那么反过来也可以说，法国大革命正是因为没能真正解决社会问题，从而导致大革命对政治问题的解决事实上也是虚幻的。如此一来，就可以理解马克思的以下判断了，他认为法国大革命的共和主义者以实际的"运动"证明了："随着君主制和共和制这一社会问题的消失，还没有一个'社会问题'的解决是对无产阶级有利的。"④

---

① 《马克思恩格斯全集》第4卷，人民出版社1958年版，第332页。
② 《马克思恩格斯文集》第2卷，人民出版社2009年版，第36~37页。
③ 《马克思恩格斯全集》第4卷，人民出版社1958年版，第333页。
④ 《马克思恩格斯全集》第4卷，人民出版社1958年版，第334页。

此时马克思所指的社会问题，已不是《1844 年手稿》和《评普鲁士人》中提到的"贫困"问题，而是"财产"（或者说"所有权"）问题。

随着工业发展到不同阶段，财产问题也随之成为某一阶级的切身问题。17—18 世纪时候是资产阶级的切身问题，其要废除封建财产关系，而 19 世纪时候则变成工人阶级的切身问题，其要废除资产阶级的财产关系。所以，19 世纪的财产问题只有在现代资产阶级社会中才有意义："这种社会愈发达，一个国家的资产阶级在经济上就愈发展，因而国家的权力就愈具备资产阶级性质，那么社会问题就愈尖锐。"①这一观点显然是没有历史维度的海因岑所不具备的。海因岑只是看到君主处于德国社会大厦的最上层，所以他就想当然地认为最上层的社会基础是由君主创造的。

从这里可以看到，海因岑虽然曾因批判普鲁士官僚制而蜚声流亡界，但本质上仍和黑格尔一样。不过在马克思眼中，这位"对哲学一无所知的海因岑先生"②，和之前批判过的黑格尔比起来差远了。海因岑甚至根本没有经过黑格尔环环相扣的逻辑，就直接从经验中得出了国家创造社会的结论。此处已无须多言马克思对国家与社会关系的颠倒了，只需说"君主制是社会状况的公开政治表现"③就可以了。但如果仅从"表现"就能下断言，那一切都再简单不过了。所以，不必奇怪海因岑为什么会把君主制视为德国社会的发源地，因为海因岑和黑格尔一样，只是说了一些经验层面的东西，他只看到了德国君主们和破坏德国旧社会秩序的因素之间的斗争，没有看到经验现象背后的本质，自然也没有看到无产阶级的历史性与革命性。随着现代工人阶级数量的增长，"资产阶级再不能做社会的统治阶级了，再不能把自己阶级的生存条件当做支配一切的规律强加于社会了。……（资产阶级）社会再不能在它统治下生存下去了，就是说，它的生存不再同社会相容了"④。

---

① 《马克思恩格斯全集》第 4 卷，人民出版社 1958 年版，第 335 页。
② 《马克思恩格斯全集》第 4 卷，人民出版社 1958 年版，第 328 页。
③ 《马克思恩格斯全集》第 4 卷，人民出版社 1958 年版，第 339 页。
④ 《马克思恩格斯文集》第 2 卷，人民出版社 2009 年版，第 43 页。

第三个方面，"资产阶级"与"无产阶级"的革命能动性。马克思并不否认海因岑把有德国血统的人分为国君和臣民，但他比海因岑更进一步之处在于，马克思"不仅看出了国君和臣民之间的政治差别，而且看出了阶级间的社会差别"①。所以对马克思而言，革命是唯一可能解决德国社会问题的手段。但是，本应该作为革命主体的资产阶级在德国出现得太迟了，而且，"德国资产阶级在政治上尚未形成阶级之前就同无产阶级处于对抗地位"②。

在马克思看来，德国工人很清楚，尽管资产阶级的剥削和绝对君主制的压迫一样残酷无情，但是他们还是愿意与资产阶级联合起来对抗绝对君主制。因为资产阶级反对封建等级和反对绝对君主制的革命运动能使工人自己的革命运动加速进展，而工人阶级同资产阶级的斗争只有在资产阶级胜利之后才能开始，所以马克思认为："他们不仅能够而且应当参加资产阶级革命，因为这个革命是工人革命的前提。但是工人丝毫也不能把资产阶级革命当做自己的最终目的。"③马克思在此确认了他所认为的工人革命的使命。这一使命在《共产党宣言》里得到继续："使无产阶级形成为阶级，推翻资产阶级的统治，由无产阶级夺取政权。"④

反观海因岑，他既不了解工人，也不了解自由派资产阶级。自由派资产阶级普遍认为革命中的群众是鲁莽过火的，妄想通过不革命的和平方式把绝对主义君主国改造成资产阶级君主国。但是，普鲁士的绝对君主是绝不会自动退位的。马克思在此展示了资产阶级本身的矛盾角色：一方面，对于其要对抗的绝对君主制而言，资产阶级是革命的；但是另一方面，资产阶级又惧怕"革命中的老百姓"，所以他们总想着以和平方式实现权力的转接。但问题是，绝对君主制一方并不愿意自动退位。海因岑既然批判普鲁士官僚制，却又不想通过革命的方式实现彻底的变革，而只是希望在国

---

① 《马克思恩格斯全集》第4卷，人民出版社1958年版，第345页。
② 《马克思恩格斯全集》第4卷，人民出版社1958年版，第346页。
③ 《马克思恩格斯全集》第4卷，人民出版社1958年版，第347页。
④ 《马克思恩格斯文集》第2卷，人民出版社2009年版，第44页。

家层面实现民主的共和国，这注定使他无法进入由马克思恩格斯创设的共产主义语境，而且从事后看，1848 年革命的法国的确实现了海因岑的愿望，但这样的共和国也被证明至多不过是一场"笑剧"。

经过上述"资产阶级"和"无产阶级"的对比之后，马克思进一步在《共产党宣言》里确认了无产阶级的革命主体角色："在当前同资产阶级对立的一切阶级中，只有无产阶级是真正革命的阶级。"①总之，马克思在 1848 年之前所做的革命工作基本都是理论性质的。在现实的革命爆发之前，他对自己的激进政治理论已经做出成熟的思考，而这些理论马上将接受现实革命的检验。

第二节　1848 年革命的世界历史意义

本节主要讨论 1848 年革命，包括革命爆发之前欧洲大陆发生的经济危机和政治危机，以及法兰西在 1789 年大革命中形成的革命情结对法兰西国家的影响。路易·波拿巴政变终结了 1848 年法国革命，同时对马克思产生重要影响。1848 年革命是欧洲历史的转折点，时代主题从革命转向资本与战争。革命之后的意识形态格局依然错综复杂，不过格局中的具体角色已经悄然更换。1848 年革命是欧洲革命情势的转折点，《雾月十八日》就是马克思在这种情势下重要的反思成果。

一、结构与危机：1848 年革命的序幕

在 1848 年革命爆发之前，欧洲大陆已经出现了危机的征兆，而且许多人都预见到革命很快就会到来。这一部分主要讨论 1848 年革命之前的危机

---

① 《马克思恩格斯文集》第 2 卷，人民出版社 2009 年版，第 41 页。

状况和法兰西的革命情结与国家结构的关联。

首先看经济危机。20 世纪七八十年代，国外史学界在解释 1848 年革命时，往往认为社会政治因素才是决定性的，诸如自由、民主观念的传播，僵化、过时的政治制度，以及早期工业化所产生的社会问题(主要是贫困问题)等，经济因素反倒被边缘化。尽管观念和制度不可避免地决定了革命事件的发展方向，但是，经济灾难以及由此而生发的恐惧则真正触发了这些事件。由于大众对社会经济条件恶化的极度恐惧，经济灾难最终转化为革命的行动。而且自法国大革命以来，经济上的恶化始终在累积，最终在 1848 年达到触发革命的临界点。

此外，意识形态也只是在与经济危机结合的时候才发挥作用。19 世纪40 年代的农民和工匠的社会经济地位严重退化，在他们成为革命者之前，需要某些宣传鼓动的触发。就在这时，农民领袖呼吁传统意义上的公平正义，而那些在政治上持异见的市民则诉诸自由主义和民主主义。与 1816—1817 年的经济危机不同，当年的人民群众还只是希望复辟力量失败，而1845—1848 年的经济危机则发生在范围更广的政治背景中，它要求直接行动。众所周知，革命的意识形态是起义的必要条件，在这一意义上，经济危机可能没有提供"大脑"，但是它们提供了发达的"肌肉"，也即群众。革命煽动者想要在一种不民主的、压迫性的政治环境中实现自己的目标，就需要暴力作为政治工具，而这种工具只有群众能提供。所以在这一意义上，威胁大多数人经济福利的、真正使旧制度失去信誉的 1845—1848 年经济危机，成为拉开革命序幕背后的推手。

接下来看政治危机。如果以《雾月十八日》的具体论域看，以及从 1848年革命之前的具体情势看，和经济危机相比，政治层面的危机显然更加突出。对于 1848 年革命之前的法国情况，托克维尔(Alexis de Tocqueville)的判断很形象，即七月王朝的统治者们"正躺在活火山上睡觉"①。但是，我

---

① ［法］托克维尔著、李秀峰等译：《1848 年法国革命回忆录》，东方出版社 2015年版，第 17 页。

们在这里为何要援引托克维尔、援引一个与马克思在阶级立场上不同的人物的判断呢？最根本的原因在于，托克维尔具有丰富的法国政治实践经验，他亲临1848年的法国革命之中。这在一定程度上可以帮助我们理解当时的法国政治情势，而这恰好是马克思当年所不具有的优势。所以，不妨先看看托克维尔是如何回忆1848年革命爆发之前的法国状况的。托克维尔的观点主要有以下几点：

第一，七月王朝缺乏真正的政治生活。托克维尔认为："（七月王朝）最欠缺的……就是政治生活本身。旧贵族被征服，人民大众被排斥。所有的事情都由统治阶级的成员之间讨论决定。"①显然，以基佐为代表的政府立场和绝对主义的治理策略，在七月王朝的末期已经不合时宜了。

第二，政府愈发失去信誉。在1830年革命之后取得统治地位的中间阶级，愈发表现出在治理国家和社会方面的无能。在托克维尔看来："1830年，中间阶级的胜利是确定无疑的，同样也是彻底的。"②但是，与中间阶级的胜利同时发生的是"人们政治热情的消减"③，中间阶级的特权思想盛行，这种精神"只能创造出无德和没有伟业的政府"，中间阶级将"权力看成是一种商业贸易，他们首先要确保自己的权力"④。正如马克思所言，统治阶级埋首于自己的"狭隘内容"，"资产阶级社会"也"完全埋头于财富的创造与和平竞争"⑤。

第三，民众与政府的关系日益紧张。对此，托克维尔如是说："民众对统治阶级充满着沉默的蔑视，统治阶级则认为这是民众对政府的深信不

---

① ［法］托克维尔著、李秀峰等译：《1848年法国革命回忆录》，东方出版社2015年版，第12页。

② ［法］托克维尔著、李秀峰等译：《1848年法国革命回忆录》，东方出版社2015年版，第7页。

③ ［法］托克维尔著、李秀峰等译：《1848年法国革命回忆录》，东方出版社2015年版，第8页。

④ ［法］托克维尔著、李秀峰等译：《1848年法国革命回忆录》，东方出版社2015年版，第8页。

⑤ 《马克思恩格斯文集》第2卷，人民出版社2009年版，第472页。

疑和满意的服从。"①当上层阶级还在徒劳地试图控制整个国家的政治社会时，下层阶级的"政治生活本身开始显露出狂热的无规律的迹象"，革命暗流涌动，就差某一事件充当导火索了，而这个事件并没有让巴黎人久等，那就是宴会问题。马克思说："任何革命都需要有一个宴会问题"②，1848年2月革命的宴会问题如期而至。在托克维尔看来："让他们失去自己手中权力的真实原因是他们已经不配拥有这样的权力"③，就像1789年法国大革命爆发之前的统治阶级一样。

第四，转变"治理"观念才是应对政治危机的根本出路。托克维尔不否认立法层面的变革是有用的且必要的，所以七月王朝迫切需要选举制度的改革，也迫切需要议会改革。但这是治标不治本的："没有任何法律能够改变一个国家命运……不是由于法律体制本身的问题引起这些重大事件的发生……是政府的内部思想精神导致这些事件的发生……请改变政府的思想吧。"④

此时，有必要回顾在19世纪40年代的西欧普遍存在的一种政治诉求，即对绝对主义的自由主义超越。这种超越往往被理解为：代表制议会应当拥有通过法律、投票来决定税率，仔细检查国家预算，甚至任免内政大臣的权限；中间阶级因为私人所有权的普及和商业自由而备受鼓舞；结社自由和出版自由将得到保证；最终结果是经过妥善分配的国家将从民族的繁荣中获利。当然，几乎没有人认为绝对主义会在不发生任何斗争的情况下自动认输，但是绝大多数人都相信，立宪制才是大势所趋。

然而，法兰西这个国度很特殊。七月王朝的矛盾主要集中在行政权

---

① ［法］托克维尔著、李秀峰等译：《1848年法国革命回忆录》，东方出版社2015年版，第14页。

② 《马克思恩格斯文集》第2卷，人民出版社2009年版，第171页。

③ ［法］托克维尔著、李秀峰等译：《1848年法国革命回忆录》，东方出版社2015年版，第18页。

④ ［法］托克维尔著、李秀峰等译：《1848年法国革命回忆录》，东方出版社2015年版，第20页。

上。以两任内阁大臣为例：基佐认为内务大臣只能由国王来任免，但梯也尔则反对，他认为内阁需要得到议院中绝大多数议员的信任才行，而且，国王不应插手内务，应把治理权放在内阁。行政权上的分歧尚且如此，更何况法兰西王朝也不是那么容易被驯服的，王权仍然是令人畏惧的力量。甚至如果没有那些政治上可信赖的上流绅士阶层的存在，那么法兰西必然处于杂乱的失衡状态中。激进共和派的混乱无序愈发和资产阶级的体面秩序相抗衡，而由官僚制所支撑的行政权则同时限制着激进派和资产阶级的活动。任何一方的退让都可能导致整个法兰西的失序，所以，各方势力都在小心维持着表面上的力量均衡。正如穆尔霍兰德(Marc Mulholland)所言："法兰西一点儿也不期待它日后的命运会如何，不过它的结构在那儿推着它向前。"①

二、事件与效应：路易·波拿巴政变

法国是1848年革命的主要舞台，这是一个血液里流淌着"革命"基因的国度。1789年法国大革命为法兰西注入了"革命"的基因，这一基因在之后的很长一段时间里都在暗中左右着法国的情势。这种革命基因的影响并不一定都是有益的，至少对法兰西国家模式的发展造成了一定阻碍。"革命"基因已然渗透到法兰西国家的内部，人权宣言、三色旗、7月14日国庆、马赛曲，诸如此类的革命象征印刻在国家记忆里，整个国家的历史实际上根据革命的主题、理念和思想而被重新改写，而且从君主主权到民主主权的突变，不仅使法国在政治制度上纠缠不清，也使法国人民在代议制和君主制之间摇摆。1848年的法国革命，基本再现了法国和法国人的革命情结。戏剧性的是，正当民众万分纠结之际，又出现了一个波拿巴，他像大革命时期的拿破仑·波拿巴一样，以政变突然斩断了革命与国家的"戈

① Marc Mulholland. *Bourgeois Liberty and the Politics of Fear: From Absolutism to Neo-Conservatism*[M]. Oxford: Oxford University Press, 2012: 66.

尔迪之结"。但问题是，在何种意义上可以称这次政变为"事件"？为了回应这个问题，首先需要清楚何谓"事件"。

在齐泽克看来："一个'事件'可以是凄惨残酷的自然灾害，也可以是媒体热议的明星绯闻，可以是底层人民的抗争与胜利，也可以是残酷的政权更迭，可以是艺术品带给人的强烈感受，也可以是为爱与亲情而做出的抉择。"①正是因为所有这些变化几乎都可以称为"事件"，所以定义"事件"的困难显而易见。尽管如此，围绕"事件"，存在一个"效果"和"原因"的循环，对于已经发生的事件而言，它的效果总是回溯性地决定这一事件之所以发生的原因。以政治事件为例，人们很容易把事件解释为那些在社会中存在的具体困境所导致的结果，但是，几乎很少人能解释清楚那些导致情势发展到足以让事件发生的各种力量的协同作用。这很像当年马克思所处的境况。在政变发生之后，当其他人仍然处在震惊中时，马克思在《雾月十八日》中冷静分析了1848年革命时期法兰西的政治历史，细致梳理了法兰西情势是如何最终演变到政变的。第二共和国时期的法国社会和政治中存在的各方力量尽管各怀鬼胎，但反倒协同推进了政变的到来。不仅如此，当同时代人在追溯政变的原因时，马克思不仅阐释了政变发生的前因，而且还预见了政变发生的后果。所以，严格说来，这场政变是一次"不算意外的意外"。恩格斯所言不错："各种事变从未使他（即马克思——引者注）感到意外。"②马克思也说："如果说有过什么事变在它尚未到来之前老早就把自己的影子先投射出来的话，那么这就是波拿巴的政变了。"③在政变真正发生前的很长一段时间里，从路易·波拿巴当选法兰西第二共和国总统开始，关于政变的谣言就开始传开了。谣言所导致的结果无非是听众相信与不相信两种，然而不管哪种结果，都消耗了听众的耐心。而路

---

① ［斯洛文尼亚］齐泽克著、王师译：《事件》，上海文艺出版社2016年版，第1页。
② 《马克思恩格斯文集》第2卷，人民出版社2009年版，第469页。
③ 《马克思恩格斯文集》第2卷，人民出版社2009年版，第553页。

易·波拿巴本人的政变基因，并不会因为听众的选择而有所改变，至多不过是延迟政变的发生罢了。不过政变还是对马克思造成了一定影响，他坦言："被巴黎的这些悲喜剧事件弄得十分忙乱。"①

按照一贯理解，事件的效果看似溢出其原因之外，而那横亘在效果和原因之间的裂痕则开启了事件的空间。不过，马克思那里的"效果"真的溢出其"原因"了吗？答案是否定的。《雾月十八日》就是要告诉读者，政变发生之前的历史进程是如何发展到使政变变得顺理成章的，而且路易·波拿巴本人在处理他和中间阶级的关系时，他要抹煞的恰恰是效果和原因的界限："既然他保护中等阶级的物质力量，那么就不免要使这个阶级的政治力量重新出现。因此，必须保护原因并在结果出现的地方把结果消灭掉。但是，原因和结果总不免有某些混淆，因为原因和结果在相互作用中不断丧失自己的特征。于是就有抹掉界限的新法令出现。"②所以，在马克思那里，效果和原因的关系并不构成关于事件的论题。

从这点看，齐泽克的观点不无道理，他认为这种"原因/效果"的分析进路"忽视了一个事件的基本属性，即：事件总是某种以出人意料的方式发生的新东西，它的出现会破坏任何既有的稳定架构"③。如果从这一点出发看路易·波拿巴政变，它或许算不上事件：第一，它不是什么新的东西，因为拿破仑·波拿巴在法国大革命时期就曾经发动过雾月政变；第二，它似乎也不出人意料，因为之前出现很多有关政变的征兆或暗示；第三，法兰西第二共和国的政治结构并不稳定。所以，对于为什么政变令人震惊、让马克思"忙乱"，我们仍未得到满意的答复。下面我们再看这一事件究竟改变了什么。

齐泽克在《事件》一书最后部分的判断是引人思考的。他认为，事件是

①　《马克思恩格斯全集》第 48 卷，人民出版社 2007 年版，第 450 页。
②　《马克思恩格斯文集》第 2 卷，人民出版社 2009 年版，第 574 页。
③　[斯洛文尼亚]齐泽克著、王师译：《事件》，上海文艺出版社 2016 年版，第 6页。

一个彻底的转折点："在事件中,改变的不仅是事物,还包括所有那些用于衡量改变这个事实的指标本身。"①当情势不断改变的时候,其背后不难发现一种乏味的一致性,好像情势的变化无常就是为了使所有事情都保持不变。在资本主义时代,事物不得不一直通过变化来保持资本主义的不变,而真正的事件将转变那个关于变化的原则本身。晚近以来,阿兰·巴迪欧(Alan Badiou)提出了一种不能被还原为简单改变的"事件"概念:"事件是一种被转换为必然性的偶然性,也就是说,事件产生出一种普遍原则,这种原则呼唤着对于新秩序的忠诚和努力。"②在这一意义上,一次偶然的起义或造反是一个事件,它催生出对于新的普遍解放愿景的集体承诺,并且把重塑社会的工作提上议事日程。

在这一意义上,一次政治事件同时也是一次社会事件,因为它直接关系到社会的重建。这时我们再看路易·波拿巴政变,将会得到一种不同的理解。这场政变引发了作为集体的法兰西人民对一种新的政治规划或社会规划的献身,即重新建构一个法兰西,无论这是路易·拿破仑许下的承诺,还是法兰西人对安宁稳定的内心渴望。它开启了这么一项旷日持久的工作,法兰西人民开始向一种新的秩序效忠,并为这一新的秩序而努力。即便是日后路易·波拿巴称帝,这项重建法兰西的规划也未被搁浅,当时路易·波拿巴依然拥有民众的高支持率就可见一斑。

这在一定程度上可以解释:事件不必然导致革命,尽管一些左翼人士非常希望事件能触发革命。按照马克思的解释,在1851年12月2日政变之后,巴黎无产阶级并没有举行起义,是因为他们"不愿意在山岳党的旗帜下作战,于是就听凭自己的先锋队即秘密团体去挽救巴黎的起义的荣誉"③。但实际上,政变事件所造成的上述效应也许能提供另一种解释。这场政变使马克思

---

① [斯洛文尼亚]齐泽克著、王师译:《事件》,上海文艺出版社2016年版,第174页。

② [斯洛文尼亚]齐泽克著、王师译:《事件》,上海文艺出版社2016年版,第175页。

③ 《马克思恩格斯文集》第2卷,人民出版社2009年版,第563页。

不得不直面他本人的革命日程，它引发马克思对过去革命思想的反思、对如何权衡当前历史的具体原则进行反思，也因此把革命(更准确地说，应是"无产阶级革命")作为一项需要耐心经营的工作而提上议事日程。

其实《雾月十八日》中的一处表达，可以佐证我们的上述判断。马克思当时讨论了秩序党与路易·波拿巴在1849年立法国民议会休会期间的各自行径，我们可以从中看到他对"事件"的态度："国民议会定期休会期间照例经常发生的一些事实。……只有在它们具有事变的性质时，我才较为详细地予以论述。"①只有在这些"事实"、这些历史中的"插曲"成为"事件"时，才能使现实发生某种实质性的、原则性的转变，而只有这样的"事件"发生的时候，才值得马克思去分析它。在《雾月十八日》里详细论述的"事情"，在马克思看来就是"事件"，而《雾月十八日》本身，也是政变"事件"直接催生的结果。马克思正是为了解释这一事件而写下《雾月十八日》，他不仅解释导致这一事件发生的具体原因，而且还详细分析了推动情势发展并最终导致政变的各种力量博弈的过程。

三、历史的转折：革命前后的欧洲格局变化

对1848年革命历史的研究在国内史学界算不上热门，值得一提的有以下两本研究著作：第一本是由韩承文主编的《1848年欧洲革命史》②。这应当是国内第一本全面系统地介绍1848年欧洲革命历史的集体结晶，主要分为以下几部分：介绍1848年欧洲几个主要地区的革命情况、马克思恩格斯在1848年革命时期的活动及理论总结，以及1848年革命在中国的反响(包括晚清时期、新民主主义革命时期以及1949年之后)。第二本是郭华榕先生所著的《法国政治制度史》③。这是国内第一本研究法国政治制度的专

---

① 《马克思恩格斯文集》第2卷，人民出版社2009年版，第508~509页。
② 韩承文：《1848年欧洲革命史》，河南大学出版社1995年版。
③ 郭华榕：《法国政治制度史》，人民出版社2015年版。

著，它从法兰西国家建立之初一直讨论到如今的法兰西第五共和国，对法国政治制度的定义、特征、形式、内容和价值等方面作了全面而又精到的研究。作者聚焦法国的政治制度，或者直截了当地说，聚焦法兰西的宪法或宪章，因为在作者看来，最能代表法国政治制度的就是宪法或宪章。书中第十章到第十二章的时间跨度是 1830 年到 1870 年，恰好是从法兰西七月王朝经由 1848 年革命和法兰西第二共和国到法兰西第二帝国，它可以为解读《雾月十八日》提供必要的政治史背景参考。

国外史学界对 1848 年革命的讨论则要热闹一些，他们对这场革命的基本定位几乎是一致的，即"转折点"或"分水岭"，这突出了 1848 年革命的一个关键特点——转变。

国外研究 1848 年革命的整体趋势大体可分为两类，以 20 世纪 80 年代末 90 年代初为界。在这之前的传统研究进路表现为，历史学家对待 1848 年革命的态度并不友善，他们要么嘲弄，要么挖苦，要么是带有敌意的蔑视。在较为强烈的作者主观情绪的影响下，有三种解释路径具有代表性：其一，把 1848 年革命看成一场浪漫主义式的革命，即着重关注革命中的英雄人物，如科苏特、马志尼、加里波第等；其二，把革命看成一场闹剧，即关注法兰西资产阶级临时政府、普鲁士的法兰克福国民议会的滑稽行径；其三，把 1848 年革命作为一场失败的革命，这是占据主流的态度，其中有不少历史学者立足马克思主义，着重关注阶级形式与阶级斗争，同时也有不少学者关注社会现代化、军队、外交等方面。① 另一类研究进路则不同，它的出现与 1989 年发生的中欧与东欧革命关系密切，历史学家开始重新思考革命的性质、重新定义革命成败的标准。这条新进路的特点在于焦点的改变。随着社会史研究的展开，对 1848 年革命的研究也逐渐从首都转向城镇和乡村，从街垒战转向并不为人们所熟知的起义和内战，从浪漫的民族英雄转向无名的地方活动家，转向那些构成欧洲人口绝大多数的、

---

① Jonathan Sperber. *The European Revolutions*, 1848-1851[M]. Cambridge: Cambridge University Press, 2005: 1-2.

大量参与革命事件的手工业者及劳动者和农民。应当承认，这种解释实际上并不吸引读者，不过作者的主观情绪和判断的影响也随之减弱了，这使得对革命的深层体悟需要读者自己去挖掘。

晚近以来，研究 1848 年革命的视角愈发多元。首先有地域的或国别的研究视角。德国历史学者西曼(Wolfram Siemann)在《1848—1849 年德国革命》①里提供了一条新颖的，同时又易于理解的研究进路。他克服了分别从上层政治家视角和从底层群众视角看待 1848 年德国革命所产生的隔阂，通过关注大众的抗议和心理状态，描绘了一个处在现代化危机中的德国社会。法国历史学者皮尔比姆(Pamela Pilbeam)则在《19 世纪法兰西的共和主义》②中界定了自 1789 年以来法国共和派的标准和设想，以及关于共和主义的历史经验在 1814 年之后的表现。另一位法国学者盖弗尔(Christopher Guyver)则在《1848—1852 年法兰西第二共和国》③中对存在于 1848 年革命时期的法国政治制度作了细致全面的考察。作者在导论部分梳理了从 1848 年革命的同时代人直到当代学者以各种形式(包括专著、回忆录、日记、通信、传记等)表达对这次革命的看法，较为全面地综述了迄今为止法国学界对法兰西第二共和国的研究成果。其次是比较研究的视角。如何把握1848 年革命的普遍性与特殊性，是研究这段历史的一大难题。欧陆各地经济结构、社会组织、沟通方式、政治体制等方面的差异，必然影响政治活动与政治意识。英国历史学者罗杰·普莱斯(Roger Price)倾向于对欧陆各地区的革命进行比较性研究，尽力避免以一种简单的理论模型去解释 1848年发生的事件。④ 最后是泛欧洲视角。2000 年出版的论文集《1848——一

---

① Wolfman Siemann. *The German Revolution of* 1848-1849[M]. London：Macmillan，1998.

② Pamela Pilbeam. *Republicanism in Nineteenth-Century France*，1814-1871 [M]. London：Macmillan，1995.

③ Christopher Guyver. *The Second French Republic* 1848-1852：*A Political Reinterpretation*[M]. London：Palgrave Macmillan，2016.

④ Roger Price. *The Revolution of* 1848[M]. London：Macmillan，1988.

场欧洲的革命?》①,一方面分析 1848 年的纪念活动如何成为民族性质的纪念活动,另一方面从宏观的欧洲视角出发,把 1848 年革命看做一个欧洲的事件,而非一个民族的事件,把各个民族的革命关联起来,并寻找其共同特征。新近出版的论文集《1848 年革命与欧洲政治思想》②也从泛欧洲的视角审视 1848 年革命,涉及国家权力、国族归属、宗教、经济、贫困、劳动、自由等问题,而且还讨论了 1848 年之后出现的政治制度,从而完善了现代欧洲思想和欧洲制度的形成轨迹。

真正把 1848 年革命史与马克思联系起来考虑的并不多,其实,1848年革命的"转折"意义与马克思同样相关。

首先是英国马克思主义史学家霍布斯鲍姆以 1848 年为界划分了"革命的年代"与"资本的年代"。霍氏以他自身的研究格局——他对英国现代化进程的研究——来支撑他的划分,带有非常浓厚的英国色彩,而且当时也的确是英国向着盛期维多利亚时代迈进的开始。马克思自 1849 年 8 月底开始居于伦敦,自然也对这种情势感同身受,其政治经济学批判研究,以及作为初步成果的《资本论》第一卷,都反映出从革命年代向资本年代的转变。

其次是"战争"开始取代"革命"成为时代的主旋律。在 1848 年革命的风暴消散后没几年,欧洲大陆就爆发了"克里米亚战争",连海峡对岸的英国也派军队参与其中,美其名曰维持欧陆均势,其实背后都是各自利益在作祟。及至 1870 年左右,是战争的结束期:从 1848 年开始、历经 12 年的意大利复兴运动最终在 1870 年实现了意大利的统一;普鲁士通过三次王朝战争建立德意志帝国,实现了德意志的统一;充当其背景的是路易·波拿巴被俘,法兰西第二帝国瓦解,再之后就是法兰西第三共和国成立和轰轰烈烈的巴黎公社运动。这里需要特别提及的一点是,德意志的统一实际上开启了一种新的历史情势,吉登斯(Anthony Giddens)对此如是说:"在德

① Alex Körner. 1848—*A European Revolution*?［M］. London: Macmillan, 2000.

② Douglas Moggach, Gareth Stedman Jones. *The 1848 Revolutions and European Political Thought*［M］. Cambridge: Cambridge University Press, 2018.

国，军事上的胜利是推动俾斯麦实施以普鲁士来统治整个德国这一计划的主要因素。对于法国而言，结果却是灾难性的，造成了政治上的混乱，广大民众也怀着持久的羞辱感。……随之而来的是这样一段时期：法国民族主义的重新抬头为恢复民族统一提供了坚实的意识形态基础，同时在一定程度上说，这个国家也自甘落后了。"①

再次是欧洲意识形态的新格局形成。1848 年欧洲革命激起了诸多至今仍是现代政治领域的关键论题。同时，它还界定了至今仍处于争论中的意识形态思潮，如自由主义、社会主义、共和主义、无政府主义、保守主义，等等。但是，这些意识形态思潮在 1848 年革命前后的遭遇毕竟还是有所区别的。1848 年之前的巴黎俨然是一个思想的大熔炉。1844 年 3 月 25日，马克思曾在巴黎参加过一次"严肃的秘密会议"，与会者在未来 30 年里，几乎都成了欧洲主要革命事件中的重要人物：巴枯宁、托尔斯泰（Grigori Tolstoy）、博特金（Vasili Botkin）代表革命的俄国人，法国方面有社会主义报刊的领袖路易·勃朗（Louis Blanc）、皮埃尔·勒鲁（Pierre Leroux）和未来的波拿巴派菲利克斯·派厄特（Felix Pyat），德国方面有卢格和马克思等。这次会议也是马克思与巴枯宁的第一次会面。他们所讨论的重点话题包括：自由主义、极端主义、民族主义和社会主义等。但是，这些林林总总的"主义"主要存在于理论中，只能拿来作为话题讨论，而无法得到实际应用。马克思为此怀疑，他们所谓的革命只是用新的统治阶级（即大资产阶级）来取代旧的（贵族）统治阶级："这些本意是要治愈各种社会病症的所谓的主义与思想，根本没能真正了解那些泛滥于欧洲，且不断扩大的工业经济体系中的各种病症。"②如果没有形成这一认识，那么真正意义上的社会变革是不可能实现的，所以，马克思（包括恩格斯）自己之后找到的答

① ［英］安东尼·吉登斯著，郭忠华、潘华凌译：《资本主义与现代社会理论》，上海译文出版社 2013 年版，第 253 页。
② ［美］玛丽·加布里埃尔著、朱艳辉译：《爱与资本：马克思家事》，湖南人民出版社 2018 年版，第 55 页。

案是共产主义。

在经过 1848 年革命之后，意识形态的复杂程度较之前没有丝毫减轻，不过参与其中的角色却发生了不同程度的变化。之前的绝对主义发展为波拿巴主义，它与法国路易·波拿巴发动政变、隔年宣布称帝直接相关。之前的自由主义进一步发展，其中以英国最为典型。英国政府开始积极介入经济发展，一定程度上把维多利亚时代推向繁荣。之前的激进主义具体化为无政府主义，以布朗基主义及巴枯宁主义为代表的暴动、密谋成为激进分子的主要选择。马克思恩格斯和他们有着质的区别。而之前的民族主义几乎渗透欧洲大陆的每一寸土地（尤其是东欧地区），国族认同进路极其多元。再晚一些是沙俄民粹派的崛起，它与巴枯宁的无政府主义直接相关，同时还有肇始于俄国文学领域的虚无主义推波助澜。然而，就是在这种极度复杂的意识形态情势之下，欧洲大陆的均势悬于一线，战战兢兢地延续着 19 世纪的历史。直到第一次世界大战爆发，才正式拉下了 19 世纪的帷幕，同时以战争的形式暂时结束了意识形态的乱局。

总之，在上述转变中，19 世纪的革命空间被极大压缩，革命的时间轴也被拉长。诚然，马克思和当时几乎所有革命者一样，乐观地估计了革命的情势。不过，马克思与那些唯布朗基、巴枯宁马首是瞻的激进革命者相比，显然在对待革命情势的时候要清醒得多。这突出表现在《雾月十八日》里。读者在阅读《雾月十八日》的过程中可以很直接、很清楚地感受到其中琳琅满目的人物和派系争相出场，如果不能很好地把握这段历史，恐怕很难准确把握马克思在《雾月十八日》里想要表达的思想。在这一意义上，确实应当把马克思和他的《雾月十八日》放到 1848 年革命的历史背景中加以激活。而且进一步看，国外研究 1848 年革命的突出特点在于，其或多或少都对 19 世纪长时段的欧洲历史予以关注，研究视野并不局限于 1848 年，从而突出了历史在 1848 年前后所发生的变化。所以，如果把 1848 年革命的短历史与 19 世纪的欧洲长历史（尤其是法国长历史）结合起来，将有助于更准确地把握《雾月十八日》在马克思思想发展长河中所处的关键转折位置。

第三节 《雾月十八日》的文本定位与理论主题

有关《雾月十八日》的写作和出版情况，已有文章梳理得十分清楚，并且对马克思撰写这一著作所使用的素材来源，也有过详细总结。此节着重从另外方面进行补充，即考察《雾月十八日》在同时期相关文本中、在马克思的文本及其思想中的基本定位，并引出这一文本的三大理论主题。

一、《雾月十八日》在同时期文本中的定位

马克思在《雾月十八日》第二版序言里提到了同时期两个人物的两部作品，分别是雨果的《小拿破仑》和蒲鲁东的《从十二月二日政变看社会革命》（下文简称《政变》）。马克思对他们二者的态度是："维克多·雨果只是对政变的主要发动者作了一些尖刻的和机智的痛骂。事变本身在他笔下被描绘成了一个晴天霹雳。他认为这个事变只是某一个人的暴力行为。他没有觉察到，当他说这个人表现了世界历史上空前强大的个人主动性时，他就不是把这个人写成小人物而是写成巨人了。蒲鲁东呢，他想把政变描述成以往历史发展的结果。但是，在他那里关于政变的历史构想不知不觉地变成了对政变主角所作的历史辩护。这样，他就陷入了我们的那些所谓客观历史编纂学家所犯的错误。"①仅仅接受马克思对这两部作品的判断固然简单，但马克思何以会如此评价？不妨先看他们当年各自的具体情况。

首先是雨果的《小拿破仑》。它的问世带有一定的即时性和偶然性，或者说，它原本是另一作品的替身，却不无意外地引发了巨大的效应。路易·波拿巴在1851年12月2日突然发动政变，以雨果为首的民主派斗士，

---

① 《马克思恩格斯选集》第1卷，人民出版社2012年版，第664页。

当即发表《告人民书》，并组织巴黎市民修筑街垒进行抵抗。起义失败后，雨果被迫流亡比利时。12 月 14 日，雨果在他到达布鲁塞尔的第二天便开始奋笔疾书。他作为这段政变历史的亲历者，决心把 12 月 2 日以来四天内所发生的事情逐日逐时地记录下来。在写作期间，大批逃往比利时的流亡者纷纷向雨果倾诉自己在政变中的经历。1852 年 5 月 5 日，雨果停笔，这部书稿也即是后来于 1877 年出版问世的《一桩罪行的始末》。至于当时为何没有立即出版，雨果有两个考虑：其一，虽然他掌握了大量事实资料，但他仍然觉得见证材料还不够完整，内容还有待充实；其二，考虑到比利时政府迫于法国的压力，出版商恐怕不敢出版此书，为此，雨果决定立即撰写并出版一本政论性的小册子——《小拿破仑》。在一定意义上，我们可以把《小拿破仑》既看成是原先政变纪实书稿的缩略版，也可以看成是雨果将纪实文体所无法容纳其中的语言尽情释放的版本。从 1852 年 6 月 14 日到 7 月 12 日，雨果在不到一个月的时间里一气呵成，他在这部书中用辛辣嘲讽的笔锋无情地鞭挞了路易·波拿巴复辟帝制的野心。书中通过夹叙夹议的分析，详尽描述了政变过程中的腥风血雨。1852 年 8 月 5 日，《小拿破仑》在比利时布鲁塞尔出版发行，马上在各地引起强烈反响。尽管法国当局宣布此书为禁书，但不少人还是想方设法把这本薄薄的小书带进法国。英文版《小拿破仑》印数达 7 万册，西班牙文版也随之付梓。恐怕雨果本人也未曾料到，它的影响会如此深远。在这个愤怒的时代，这本小册子在世界范围内迅速印制了一百万册，极大地鼓舞了各国人民反对独裁争取民主的正义斗争。从当时的影响力来看，马克思的《雾月十八日》显然无法与雨果的《小拿破仑》相比。作为一部即时性的政治文学作品，《小拿破仑》的语言无比迎合大部分愤怒、激进的法国人民，它已经实现而且是超出预期地实现了它的效应。

至于那部被雨果暂时收藏起来的手稿，最终还是在法兰西第三共和国的早期，迫于情势的需要而出版问世。当时尽管法兰西第二帝国在 1870 年垮台，但是法国内部依旧存在着共和制与君主制的斗争。1873 年当选的法兰西第三共和国总统麦克马洪元帅极力鼓吹解散共和党人占多数的众议院，企图复辟君主制。雨果嗅出了法国即将重演 20 多年前路易·波拿巴政变的端倪，为了唤起民众的警觉、抵制复辟的阴谋，他认为此时很有必要发表搁置已久的《一桩罪行的始末》。于是，这部手稿终于在 1877 年 10 月 1 日于巴黎正式出版。这部著作的出版，在法国引起强烈反响。在当年 10 月 14 日众议院选举中，共和派依旧占据着多数席位。最终，觉醒的民众还是挫败了复辟君主制的阴谋。

对比马克思《雾月十八日》的两次出版时间和雨果《小拿破仑》《一桩罪行的始末》的发表时间，可以看出两个文本具有不同的现实意义。《雾月十八日》的第一版和《小拿破仑》都出版于 1852 年，它们的共同旨趣是对路易·波拿巴的批判。不同的是，《小拿破仑》极尽文学修辞之能，最大限度地激起法国人民对路易·波拿巴的仇恨。这种发展过程也印证了物极必反的道理，即造成马克思后来所说的："当他说这个人表现了世界历史上空前强大的个人主动性时，他就不是把这个人写成小人物而是写成巨人了。"①《雾月十八日》的再版时间是 1869 年，此时普法战争一触即发，再版的目的是为了再次挑起无产阶级的革命热情，在革命风雨欲来之前让革命者意识到阶级斗争的重要性。此外，还包括对恺撒主义（也即波拿巴主义）的警示。而雨果《一桩罪行的始末》正式出版于 1877 年，距离当年的写作已过去 26 年。它的问世正处在法兰西第三共和国初生时期，国体未稳，君主复辟的势力正在滋生。雨果为了预防复辟闹剧的重演而决心出版此书。在这一意义上，至少针对君主制复辟而言，二人有着共同的批判对象。但是从他们的阶级立场看，马克思是无产阶级革命派，而雨果则是资产阶级共和派。所以相应地，他们的作品宣传了各自的立场和主张，即无产阶级革命和资产阶级共和。此外，从各自作品的历史深度看，《雾月十八日》蕴含了深厚的历史底蕴，这部作品不仅是在记叙历史，而且还上升

---

①　《马克思恩格斯文集》第 2 卷，人民出版社 2009 年版，第 466 页。

到历史哲学的高度。至于《一桩罪行的始末》,雨果自己如是说:"关于那次政变的纪实,是由一只刚刚参加了反政变斗争的手,紧接着提笔书就的。被流放者立即使自己变成了历史学家。"①可见,雨果的这部作品更多是作者带着愤怒而刻录下政变罪行的史实作品。

接下来看蒲鲁东的《政变》。它与马克思及其《雾月十八日》的关系更加密切,很有必要在此澄清二者的区别。蒲鲁东是马克思的"老冤家"。1849年,蒲鲁东因著文反对时任法国总统的路易·波拿巴而被捕入狱,判刑三年。蒲鲁东在这一时期的几部代表性著作几乎都是在狱中写就的,如《一个革命者的自白》《十九世纪革命的总观念》《政变》等。②

蒲鲁东在《一个革命者的自白》里研究了 1789 年至 1849 年的法国革命运动,同时展望了革命运动的进一步发展。在其中,他表达出一种占据基础地位的观点,即对"共和国"的支持:"共和国仍然是所有社会的理想,而义愤填膺的自由不久就会重新出现,就像日食后的太阳一样。"③不过问题在于,这个共和国究竟是资产阶级的还是其他阶级的,蒲鲁东并没有明说。这种模棱两可的态度实际上也为他日后与法兰西第二帝国的亲近埋下伏笔。也即是说,最后的国家形式其实并不重要,即便在帝国形式下,蒲鲁东仍然愿意尝试他所设想的社会革命规划。

蒲鲁东对历史情势的分析也基于党派划分,但他的划分并非如马克思那样,以各党派背后的利益为标准,而只是依据党派表面上的激进或保守而划分。所以他对第二共和国各党派的定位是:"绝对主义和社会主义是

---

① [法]维克多·雨果著,丁世忠、涂丽芳译:《一桩罪行的始末》,译林出版社2013 年版,第 219 页。

② 遗憾的是,这些蒲鲁东的作品往往不被坊间所关注。但是纵观蒲鲁东的所有文本,这些作品实际上既是蒲鲁东非常出色的著作,也是我们要理解作为无政府主义先驱的蒲鲁东的思想所绕不开的著作。而至少在当下看来,这些作品还有很大的发掘空间。

③ George Woodcock. *Pierre-Joseph Proudhon*: *A Biography*[M]. Montreal: Black Rose Books, 1987: 155.

社会运动的过去和未来的两极；中庸派和雅各宾派则代表了左右两派的妥协政党。"①

同样也是在《一个革命者的自白》里，蒲鲁东还发表了无政府主义宣言："所有人都是平等和自由的，因此，社会从性质和目的上说是自治的和不可被统治的。如果每个公民的活动范围是由其工作的自然分工和其职业选择所决定的，如果社会职能以一种和谐的方式结合起来以产生一种和谐的效果，那么秩序就是由所有人的自由活动所产生的；这里没有政府，凡试图统治我的人，都是篡位者和暴君；我宣布他就是我的敌人。"②基于这种无政府主义立场，蒲鲁东认为革命是一种动态的进步，在这种进步中，社会在党派之间保持平衡，最终走向无政府状态。

在现实的政变到《政变》作品产生之间，蒲鲁东的思想情绪也发生了变化。当政变在12月2日晚上真正发生时，蒲鲁东和雨果的反应有所不同。政变当夜，蒲鲁东联系了雨果，后者正策划一场反对政变的起义。蒲鲁东对这一计划表达了悲观且现实的态度，指责雨果等人只是在为自己制造幻觉，认为路易·波拿巴将赢得百姓的支持，少数左翼分子的起义是无法战胜政敌的。如果从起义失败的结果来看，蒲鲁东的预见成真了，那些暴力反抗政变的人只是做出了一个浪漫的姿态，既没有成功的机会，也没有民众的支持。

在政变期间，蒲鲁东的情绪由一开始的震惊，然后渐渐恢复平静。平静下来的蒲鲁东仍相信只要时机成熟，革命就会继续。但革命前景毕竟不乐观，蒲鲁东自然也感到焦虑，焦虑的结果是向波拿巴派妥协。当时的蒲鲁东开始相信，在反对当局的那些社会主义者当中，他是波拿巴派最推崇的人，因此他可以利用新任命的部长们来进一步推进自己的社会革命理

① George Woodcock. *Pierre-Joseph Proudhon: A Biography* [M]. Montreal: Black Rose Books, 1987: 155.

② George Woodcock. *Pierre-Joseph Proudhon: A Biography* [M]. Montreal: Black Rose Books, 1987: 156.

念。另一方面，波拿巴政府也热忱接纳了蒲鲁东，这至少表明相互利用是双方的共同愿望。蒲鲁东仍然幻想着，那些拥有权力之人会在他的劝说下，为他们自身的权威掘墓。尽管如此，蒲鲁东并未把路易·波拿巴及其行政系统视为社会革命中的积极力量，而是认为路易·波拿巴只能为社会革命服务，因为一旦过去的党派瓦解了，那么路易·波拿巴就不能按照他的想象去创造一个新的社会，而只能让这个国家滑向一种无政府状态。所以任何可能加速这一过程的行为，蒲鲁东都觉得有理由去尝试。

经过上述一系列"桥段"之后，蒲鲁东才开始写作《政变》。蒲鲁东于1852年6月4日出狱，《政变》写于出狱前的数周时间里。这本小册子详细考察了导致波拿巴派最终夺取政权的环境，关注拿破仑一世的遭遇，并以此作为对拿破仑三世的警告，以及再次重申了蒲鲁东的无政府主义原则，把无政府状态作为19世纪社会革命的真正结束。为此，蒲鲁东告诉法兰西人："无政府状态还是恺撒主义，你们永远都不可能摆脱它们。既然你们不想要一个诚实的、温和的、保守的、进步的议会和自由的共和国，那么，现在你们就在皇帝与社会革命之间做出选择吧！"①

这本几近于禁书的小册子在当时的高压情势中竟然能够出版，确实有些出人意料。这实是蒲鲁东向路易·波拿巴献媚的结果。蒲鲁东早已意料到《政变》会被禁止出版，当时的他既可以选择离开法国、流亡他处，也可以选择秘密出版。但是他却选择了第三条路，即让自己的立场合法化。在1852年7月29日，蒲鲁东直接向路易·波拿巴提出上诉，并公开宣布了这本书的目的。面对这种直截了当的谄媚，路易·波拿巴下令撤销禁令，这一行径直接导致《政变》有销量而无口碑的状态。作为一部在政治危机期间出版的，与政变有关的作品，必然会引起人们的兴趣，在不到一个月的时间里就发行了1.3万册。但是销量好和口碑好毕竟是两码事。保守派认为这本书原本就不该问世；流亡伦敦的雅各宾派谴责它，连带谴责蒲鲁东

---

① George Woodcock. *Pierre-Joseph Proudhon: A Biography*[M]. Montreal: Black Rose Books, 1987: 182.

的其他作品；马克思认为这是"对政变主角的历史辩护"；法国工人们则抱怨它售价太高。①

在了解了蒲鲁东在 1848 年法国革命时期的思想动态以及《政变》的具体情况之后，我们能更好地理解马克思在 1869 年对蒲鲁东及其《政变》态度何以如此了。虽然和《政变》的销售量相比，《雾月十八日》要凄凉许多，但销量不能完全说明问题，在读者(尤其是左派人士和革命人士)的口碑方面，《雾月十八日》显然比《政变》要好，而且，就两个文本最终宣扬的思想而言，无政府主义和共产主义分别是蒲鲁东和马克思各自秉持的宗旨。在革命规划的出发点上，二者也表现出质的差异。对于法兰西第二帝国和路易·波拿巴其人，马克思不抱一丝幻想，更不会像蒲鲁东那样，希望社会革命在帝国的框架内，在路易·波拿巴的统治之下能够得以继续进行。

二、《雾月十八日》在马克思文本中的定位

总体来看，在马克思 19 世纪 50 年代对政治经济学批判研究的摘录式、笔记式工作中，《雾月十八日》是一个带有浓重政治批判色彩的异质性文本。直接触发马克思写作《雾月十八日》的事件是 1851 年 12 月 2 日的路易·波拿巴政变。这场政变不仅终结了 1848 年革命，也终结了自 1789 年开始的"革命的年代"。正是这种特殊的情势孕育出《雾月十八日》的特殊性，对这一特殊性我们可以从以下四方面予以把握：

第一，文本的特殊性。在《共产党宣言》里，马克思恩格斯把历史解读为阶级斗争的进步历史，并最终走向共产主义；而《雾月十八日》则述说了一个更加复杂，却又少些进步色彩的故事。与《1844 年经济学哲学手稿》《德意志意识形态》等具有哲学意味的文本相比，乍看之下很难把《雾月十八日》归入哲学文本一类(但不可否认其中蕴含了丰富的哲学内涵)，而且

---

① George Woodcock. *Pierre-Joseph Proudhon*: *A Biography* [M]. Montreal: Black Rose Books, 1987: 182.

与手稿类型的文本相比，《雾月十八日》是一部成型作品。虽然它是马克思阶段性地完成的(即每写完一章内容就寄给美国的魏德迈)，而且原本的六章计划，在后来的写作过程中也改为七章，但是这并不妨碍它各章的连贯性。不过，虽然《雾月十八日》是一部出版了的成型著作，但是它与日后同样出版成型的《资本论》第一卷相比，却是不同的。最明显的自然是研究论域的不同，《雾月十八日》不是在论证问题，而更像是在讲故事，进一步看，《雾月十八日》是很典型的唯物史观应用式的文本，而《资本论》第一卷则更多地把唯物史观这条线埋在文本的深层。此外，即便是在马克思研究政治历史事件的"三部曲"①中，《雾月十八日》也不乏特殊性。其中《1848年至1850年的法兰西阶级斗争》(后文简称《法兰西阶级斗争》)和《雾月十八日》往往被看做姊妹篇。从历史顺时发展的层面看，二者确实在时间上具有相继性，研究对象都是1848年革命时期的法兰西历史，而且《法兰西阶级斗争》的一些观点也被马克思挪用到《雾月十八日》之中。但是，从最表面的阅读体验看，二者的写作风格很不一样。与《法兰西阶级斗争》所表现出的夹叙夹议这一典范式的历史分析不同，《雾月十八日》的写作风格反倒使文本本身的内涵变得暧昧不明起来。一方面，这的确使后人的解读可能多元化，但是另一方面，马克思真正想表达的意思也可能因此被隐藏起来。

第二，体裁的特殊性。我们首先肯定《雾月十八日》是一部"科学的历史著作"，同时，这并不妨碍《雾月十八日》成为一部"政治介入"的经典作品，而且也否认不了它是一部具有文学价值的出色作品。《雾月十八日》是一部"科学的历史著作"，这一判断出自恩格斯的总结性评价。从恩格斯的理解来看，《雾月十八日》是一部科学的、反思历史的著作，是解释和检验历史规律的著作，他所提取并总结的这个历史运动规律对于后人理解唯物

①　所谓"三部曲"，指的是马克思写于1851年的《1848年至1850年的法兰西阶级斗争》、写于1852年的《雾月十八日》和写于1871年的《法兰西内战》，它们通常被视为马克思以唯物史观解释当下政治历史事件的典范。

史观很有助益。其次，《雾月十八日》是一部"政治介入"的著作。持这一观点的代表人物是卡弗。他认为，这一时期的马克思不仅是一个政治新闻人，而且是一个善于利用新闻出版业的政治行动者。尽管在那个时候，马克思的一些政治对象和政治目标看似曲高和寡，但不管怎样，他的写作都是"介入"性质的，马克思认为他可以实现某种改变。卡弗还认为，马克思一生中的"政治介入"大体分为两类：一类是在（合法或非法的）政党中、在街头的左派自由主义民主政治中的政治介入；另一类是更加深奥的思想成果，它直接面对那些作为马克思论争对手的理论家和思想学派。《雾月十八日》属于前一类，而《资本论》第一卷则属于后一类。最后，《雾月十八日》在一定意义上是一部文学作品，或者至少可以说，《雾月十八日》具有文学属性。它是马克思少有的几篇对政治历史的长分析，同时也是他所撰的最为生动有趣的文本。虽然很难把马克思归类到文学家、作家的群体里，但是恐怕不能否认他运用文学写作手法的水平，至少这些手法在《雾月十八日》里展现得淋漓尽致："这部著作把塔西佗的严肃的愤怒、尤维纳利斯的尖刻的讽刺和但丁的神圣的怒火综合在一起了。"①《雾月十八日》在当代仍然葆有活力的原因很大程度上也正基于此。

　　第三，读者群体的特殊性。对于"《雾月十八日》面向的读者群体是什么"，或者换种问法，"马克思写作这部著作想给谁看"，很难给出准确的答复。《雾月十八日》是面向人民群众吗？是面向工人阶级吗？还是面向流亡者们？或者是面向"无产阶级"这个无形且在不断寻找化身的概念？更甚者，《雾月十八日》作为一部马克思自省式的作品，其实是在面向作者自己？如果说，对前几个疑问的肯定答复，也适用于马克思的其他作品，那么最后一个，即面向马克思自己，则是《雾月十八日》的特殊性所在。当然，马克思通过批判他人来实现自我批判的做法，并非没有先例，如他在世时未能出版的《德意志意识形态》就是突出案例。与此不同的是，《雾月

　　①　[德]威廉·李卜克内西：《纪念卡尔·马克思——生平与回忆》，载《回忆马克思》，人民出版社2005年版，第56页。

十八日》是公开出版的作品，而且是马克思迫切希望出版的作品。正是在这一意义上，我们把《雾月十八日》与福柯有关"经验著作"的讨论关联起来。"经验著作"书写的是一种直接的、个人的经验。一部"经验著作"是作为一种经验来发挥它的功能，而不是宣告一种历史的真相。它的本质不在于一系列历史的、可证明的证据，而在于作品允许我们去体验的那种经验。而且，一种经验是无所谓对错的：它往往是一种虚构的、被建构起来的东西，它不是某种"真实的"东西，但它曾经是一种现实。经验著作中的"经验"并不与"真理"相抵触，因为作品中的真理不是用白纸黑字来告诉读者，而是需要读者从字里行间、从文本的意义中体认、总结出来。而且，"经验著作"最为特别之处在于，它不仅是一种个人的经验，更是对读者的一种"吸引"。它以一种面向公众的姿态，对那些最终想要做同一件事（或类似的事）的人、对那些打算陷入这种经验的人发挥作用。在这一意义上，作者与读者通过"经验著作"联系起来。福柯认为，读者如果在阅读一部作品时引发了自身的感触和变化，这恰恰证明了这部作品的成功，因为它正如作者所想的那样起作用，读者把这部作品作为一种改变自己、防止自己原地踏步的经验来阅读。从这一点看，的确可以把《雾月十八日》看做马克思的"经验著作"，把它视为马克思自我批判的典型。如果说在 1848 年革命时期马克思延续并激化了激进的革命情绪，那么，他在《雾月十八日》里的态度显然发生了重大转变，一场新的革命必须要与过去的革命划清界限，这本小册子抒发了他对转变的渴望，这种转变不仅针对革命，也针对他自己。因此，不难得出以下判断：《雾月十八日》不仅是他个人直接经验的描述，马克思在其中渗透了自己的思想转变，而且他还想吸引那些有幸阅读到这部著作的人在阅读时体验这种经验，并向他们表达自己思想的变化，希望能以此帮助他们实现自身思想的变化。

第四，效应的特殊性。众所周知，《雾月十八日》在当年的影响与它日后获得的名声是不相符的。当年的影响之所以有限，很大程度上是因为受限于出版环境。马克思在 1869 年说道："那时这一刊物（即《革命》）已有数百份输送到德国，不过没有在真正的书籍市场上出售过。当我向一个行为极端激进的德国书商建议销售这种刊物时，他带着真正的道义上的恐惧拒绝了这种'不合时宜的要求'。"①1853 年，一家瑞士的出版社原本准备出版《雾月十八日》，但是在《揭露科隆共产党人案件》出版并秘密销售之后，这些小册子在巴登边境被没收，出版人沙贝利茨受到警方的纠缠，于是他把准备付印的《雾月十八日》的稿件藏了起来。可见，《雾月十八日》的出版问世之路非常坎坷，这直接导致它的影响无法在群众中扩散："它在纽约印制，在德裔美国人中卖得很差；没有几本卖到了欧洲，而马克思在当地进行的印刷工作也不成功。那一小撮读过《雾月十八日》的人都被马克思的分析所折服，但可惜的是，文中的信息一直没有传递到大众之中。"②

此外，马克思在写作《雾月十八日》时所使用的语言以及该文本的翻译，也给读者带来理解上的困难。卡弗曾讨论过《雾月十八日》的解释与翻译问题。他认为："即使我们假设与《雾月十八日》的出版年代同时代的读者一样熟悉当时的政治环境，最初的小册子中也仍然会存在一些难以避免的解释问题，这种问题在它初版时就已经存在了。马克思用德文写作了法国的事变，为了描述法国制度，它混合使用了德语词汇、德语中的法语外来语以及法语词汇"，而且，如今在诸如"制宪国民议会""立法国民议会""议会制共和国""资产阶级共和国"等概念的理解上也与当年存在一定差异。③ 其实，马克思在《雾月十八日》再版的时候，之所以要对初版的个别地方作删改，也是出于"去掉那些现在已经不再能理解的暗示"④的目的。在初版 17 年后就已经如此，那么在 160 余年后的今天，理解上的难度依然存在。

---

① 《马克思恩格斯文集》第 2 卷，人民出版社 2009 年版，第 465 页。
② [美]乔纳森·斯珀伯著、邓峰译：《卡尔·马克思：一个 19 世纪的人》，中信出版社 2014 年，第 185 页。
③ 特雷尔·卡弗著、江洋译：《马克思文本的翻译和解释》，载《马克思主义与现实》2007 年第 1 期。
④ 《马克思恩格斯文集》第 2 卷，人民出版社 2009 年版，第 466 页。

通过上述四个方面的特殊性，大体可以总结出我们对马克思这部作品的基本定位：《雾月十八日》对于经过革命洗礼之后的马克思的思想变化而言非常重要，它属于马克思的转换式、过渡式著作。这种转换和过渡不仅体现在马克思在空间上从欧陆转移到英伦，更是他在思想层面的转变。当然，我们始终注意避免过分拔高《雾月十八日》的价值，所以研究并不是囿于《雾月十八日》，还将兼顾它前后的文本，来作为分析具体问题的参照或理据。由于思想的变化素来复杂，因此，如果本书所解读的与之后马克思的思想发展出现抵牾之处，那么，我们更愿意把这视为进一步澄清其中思想差异与变化的契机所在。

三、《雾月十八日》的理论主题

从马克思毕生涉足的几个关键论域出发，我们可以把握《雾月十八日》的几个理论主题。

1.《雾月十八日》的历史主题

《雾月十八日》开篇对资产阶级革命的讨论决定了这一文本不单是对历史的平铺直叙："一切已死的先辈们的传统，像梦魇一样纠缠着活人的头脑。"[1]也就是说，当下的行动者在完成某些历史任务时，必然会受到过去想象和符号的强迫和限制。马克思认为，1848 年革命与 1789 年大革命不同，前者利用过去来破坏封建秩序的方方面面，并创造出一个"符合时代要求"的"新的社会形态"[2]。但是，1848 年革命对 1789 年大革命传统的引用无异于一场"笑剧"。1848 年的革命主体并没有将他们所利用的过去的意象真正付诸实践。在整篇文章中，马克思揭露了资产阶级和保皇派势力的局限性，一方面提醒读者，在不断变化的联盟和琐碎的政治阴谋背后，阶

---

① 《马克思恩格斯文集》第 2 卷，人民出版社 2009 年版，第 471 页。
② 《马克思恩格斯文集》第 2 卷，人民出版社 2009 年版，第 471 页。

级利益经常(虽然并不总是)在起作用，另一方面也提醒读者，不现实的或反动的妄想也在激励着其他人。

尽管《雾月十八日》描述的是一场逐渐沦为"笑剧"的革命，但马克思却提出了日后被归为马克思主义基本原理之一的"经济基础与(意识形态和政治)上层建筑的关系"。如他在《雾月十八日》的第三部分说道："在不同的财产形式上，在社会生存条件上，耸立着由各种不同的，表现独特的情感、幻想、思想方式和人生观构成的整个上层建筑。整个阶级在其物质条件和相应的社会关系的基础上创造和构成这一切。"①同样的观点可以在1859 年的《〈政治经济学批判〉序言》中看到："人们在自己生活的社会生产中发生一定的、必然的、不以他们的意志为转移的关系，即同他们的物质生产力的一定发展阶段相适合的生产关系。这些生产关系的总和构成社会的经济结构，即有法律的和政治的上层建筑竖立其上并有一定的社会意识形式与之相适应的现实基础。"②比较而言，其语在《雾月十八日》里更像是穿插在文本中间的顺带一提，但是它的出现在提醒读者，《雾月十八日》并不是纯粹对历史事件进行讽刺和谴责。在这一意义上，恩格斯在1885 年的判断是合理的，即《雾月十八日》应被视为将理论原则应用于具体政治历史分析的经典范例。

2. 《雾月十八日》的革命主题

与上面所谈历史主题关联密切的是《雾月十八日》与革命的关系，马克思如何看待革命将是他反思1843—1848 年激进政治的关键。

在对待过去革命历史的态度上，《雾月十八日》里的马克思似乎是矛盾的。一方面，他赞扬1789 年法国大革命对过去意象的利用，另一方面，马克思又讽刺1848 年革命是对过去法国大革命的拙劣模仿。要理解马克思对于过去革命的矛盾态度，还需关注马克思在区分两种革命方面所发生的变

---

① 《马克思恩格斯文集》第 2 卷，人民出版社 2009 年版，第 498 页。
② 《马克思恩格斯文集》第 2 卷，人民出版社 2009 年版，第 591 页。

化，即从 1848 年之前的"政治革命"与"社会革命"转化为《雾月十八日》里的"资产阶级革命"与"无产阶级革命"。马克思并没有简单地将"资产阶级革命"等同于"政治革命"，将"无产阶级革命"等同于"社会革命"，而是说，"资产阶级革命"和"无产阶级革命"分别都具有"政治革命"与"社会革命"的意义。《雾月十八日》里马克思对革命的区分，既是从革命主体的角度对两种革命理念的完善，也是为了突出"无产阶级革命"的特殊意义。这里首先需要明确，马克思在何种意义上区分资产阶级革命与无产阶级革命？总体看来至少包括以下三个方面：

第一，他根本上还是为了突出革命主体之重要性，即两种革命是由不同的革命主体所主导的革命。马克思显然从 1848 年革命的亲身经历中充分体会到，资产阶级作为革命主体，只限于在"资产阶级革命"的范围内完成其革命使命，资产阶级革命的成果至多完成政治革命。要想真正实现人类解放、实现社会变革，无产阶级必须担起自身作为革命主体的革命使命，必须忘记过去的资产阶级革命，而开始新的无产阶级革命。

第二，两种革命的内容不同。资产阶级革命发展迅猛、捷报频传，革命的戏剧性层出不穷，人们反复沉溺在革命胜利的喜悦里。资产阶级革命因其速度之快，所以很快就能实现革命目标，而整个社会还未来得及好好回味其革命成果，就立马再次陷入革命之前的消沉状态。无产阶级革命则不同，其经常在革命行进中站定脚步、自我批判，批判自己之前革命行动的不彻底和软弱，以便把仿佛已经完成的事情重做一遍。无产阶级革命任由敌人继续强大，在令人惊恐的目标面前不断回撤，直到情势已无路可退面临决战的时刻。马克思对两种革命内容的判断既与当时欧陆革命的整体颓势相符合，又反映了他想要与同时代激进革命者的革命观念区分开的意图。

第三，革命的性质也不同。资产阶级革命是不断重复过去的革命，是在过去的幻象里沉迷的革命。1789 年法国大革命是资产阶级革命的范本（马克思此时恐怕并没有后来所谓"自上而下的"资产阶级革命与"自下而上的"无产阶级革命之分），无产阶级革命则是具有创造性的革命，它不再重复过去的资产阶级革命，而是"让死人去埋葬他们的死人""从未来汲取自己的诗情"①。

3.《雾月十八日》的政治主题

《雾月十八日》还分析了在马克思主义传统里往往不被特别关注的领域，即政治。坊间几乎形成的共识是，马克思主义首先表现为一种关于历史理论与社会变革理论。然而，《共产党宣言》也指出，历史是"阶级斗争的历史"，是经济阶级之间永恒的，甚至经常被掩盖的冲突斗争。在对社会和历史的解释中，马克思主义传统始终在两端之间移动，即一端是重大的历史运动"规律"，另一端是处在阶级斗争之中的阶级，前者强调经济条件对思想和行动的一般性限制，后者强调政治主体（往往最终还是经济阶级）在历史和社会变迁中的作用。《雾月十八日》更倾向后者，其核心是作为政治主体的阶级。但是问题在于，《雾月十八日》所描述的斗争并非历史上一次胜利的前进，而是一个更为复杂的进退维谷过程，而且在这一过程里，经济阶级并不总是主要的历史主体。当然，这不应看成是《雾月十八日》与马克思其他著作产生的分歧，而更应把《雾月十八日》视为马克思进一步细化阶级分析的尝试。

《共产党宣言》曾说，资产阶级时代使阶级对立简单化，整个社会分裂成资产阶级和无产阶级两大敌对阵营。但在面对法兰西社会的现实时，马克思辨别出一系列超出资产阶级和无产阶级对立之外的群体，以及在其内部可以进行再次细分。比如在上文提到的阶级联合里，不仅有无产阶级和资产阶级，还有大地主、金融贵族、制造业资产阶级、小资产阶级、农民阶级和流氓无产阶级等。这些阶级最初的联合是因为他们在观念上的一致（如共和派资产阶级和民主共和派小资产阶级），或者因为非阶级利益的经

---

① 《马克思恩格斯文集》第2卷，人民出版社2009年版，第473页。

济利益(如军队或国家官僚制内部的官员)。总之,《雾月十八日》向读者展现的是比资产阶级和无产阶级对立模式更为复杂的图景。

如今,马克思主义的阶级分析方法似乎已经不那么流行了。自二战结束以来阶级本身的变化是一个主因,另外,把阶级斗争还原为物质利益斗争的进路也遭到各方质疑,但是这种质疑反倒被后现代主义者所发挥,他们对政治话语、政治修辞格外关注,从而视《雾月十八日》为马克思最接近后现代主义的地方。而且,随着当代民粹主义与保守主义的强势回潮,使得《雾月十八日》对议会民主、选举民主的批判,远比其中的阶级分析更受世人关注。但是用《雾月十八日》来比照当下的做法实际上也值得推敲,在我们的基本理解里,《雾月十八日》里的马克思主要不是批判法国的民粹主义,反而是批判议会内外"议会迷"们的犬儒主义。

除了上述与阶级斗争有关的问题之外,政治国家也在《雾月十八日》里被再度提起。《共产党宣言》把国家描述为:"现代的国家政权不过是管理整个资产阶级的共同事务的委员会罢了。"①但"国家"在《雾月十八日》里明显发生了更为复杂的变化,法兰西第二共和国里作为统治阶级的资产阶级内部也发生了派系分裂,马克思还在第七部分讨论了"国家官僚制"问题。《雾月十八日》在国家问题上的讨论很容易使当今的读者产生以下几个疑问:把国家官僚制视为寄生机体是否通用?法国国家从法国社会中获得的独立性是一种普遍还是特例?波拿巴主义国家又是怎样一种政治形式?还有更重要的,1843年马克思曾批判过黑格尔的国家哲学,1852年马克思又讨论国家问题,两者有何联系和差别?诸如此类的问题有待进一步澄清。

本 章 小 结

本章的主要任务是铺设《雾月十八日》的历史情境,并对其进行文本定

---

① 《马克思恩格斯文集》第2卷,人民出版社2009年版,第33页。

位，进而引出理论主题。第一节大体勾勒 1848 年之前马克思激进政治的发展线索。马克思从 1843 年批判黑格尔的国家哲学开始，经过《1844 年手稿》的共产主义理论雏形和 1846 年《德意志意识形态》的唯物史观洗礼之后，真正实现了"社会革命"的觉醒，并赋予激进政治以历史与现实的意义，直至《共产党宣言》中达到顶峰。第二节主要呈现了 1848 年革命的情境。在革命爆发之前，经济和政治层面的危机日益显著，再加上法国自大革命以来就深深种下的革命情结，始终缠绕着法兰西的国家形式。路易·波拿巴的政变结束了 1848 年革命的历史，它所引发的事件性效应，直接开启了一段新的情势历史，同时也直接催生了马克思《雾月十八日》的完成。与情势历史变化相对应的是这场革命前后的欧洲格局变化，1848 年革命实是欧洲历史乃至世界历史的转折点。第三节主要分析了如何在同时期革命者的相关文本里、如何在马克思的文本和思想里定位《雾月十八日》，同时还提纲挈领地概括了《雾月十八日》的历史、革命与政治主题。

第三章 《雾月十八日》的历史分析类型

马克思在《雾月十八日》使用了一种新的历史分析类型，这不仅是恩格斯后来所总结的、对唯物史观的应用与检验，而且还包括其他更为细致的方面，诸如对黑格尔历史重复观念的批判性引用，对政治意识形态反作用的多维度批判，以及对涉及历史理解、历史分期等具体历史议题的理解和应用。

第一节 "历史中的重复"与"悲喜剧"：《雾月十八日》的黑格尔资源

《雾月十八日》的开篇注定成为经典："黑格尔在某个地方说过，一切伟大的世界历史事变和人物，可以说都出现两次。他忘记补充一点：第一次是作为悲剧出现，第二次是作为笑剧出现。"①短短两句话蕴含了丰富的意义，它们分别涉及黑格尔的"历史中的重复"理论和"悲喜剧"思想，它们分别归属于黑格尔的"历史哲学"和"美学"。马克思与这两种理论之间的关系正是本节讨论的主题。

一、"历史中的重复"

黑格尔在《历史哲学》里认为，历史重复的意义在于它赋予事件和人物

---

① 《马克思恩格斯文集》第 2 卷，人民出版社 2009 年版，第 470 页。

以正当性:"自古到今的一切时期内,假如一种政治革命再度发生的时候,人们就把它认为是理所当然的了。也就是这样,拿破仑遭到了两次失败,波旁王室遭到了两次放逐。经过重演以后,起初看来只是一种偶然的事情,便变做真实和正当的事情了。"①马克思为什么会在《雾月十八日》的一开始就关注这个问题?

依我们的理解,黑格尔以"恺撒之死"为例的重点并不在于"历史中的重复"活动本身,而在于经过"重复"之后确证下来的历史必然性和国家正当性。罗马主权将成为恺撒的私产,这不是偶然,而是环境造就的必然。尽管西塞罗一干人等绞尽脑汁地为罗马共和国进行理论上的续命,其中不乏对恺撒专制进行道德上的申斥,但这些在黑格尔看来都无法阻止罗马共和国走向灭亡。共和国的形式已经无法在罗马继续存在下去,政治事务杂乱无章,共和国已无安宁可言。

黑格尔对恺撒的评价甚高:"恺撒这个人可以说是罗马人中使用手段来适应目的的典型人物——他所有的任何决定,都是正确到不差毫发,他所有的任何行事,都是用着最大的活力和实践的技术来沉着进行。绝没有一些不必要的兴奋、激动——从全部历史范围判断,恺撒做得很好;因为他提供了一种调和方式和人类环境所需要的那种政治维系。"②基于这种立场,黑格尔认为恺撒敌视共和国是正当的,因为这个共和国已是虚有其表:"恺撒取代了这些低级狭隘的特殊性,然后涤净了罗马。没有任何作为比这种纯粹个人意志的统治更有必要。"③

可见,恺撒的出现适应了罗马的情势需要。但问题是,罗马人民并没有在第一时间认识到恺撒以"帝国"取代"共和国"的必要性与必然性,更无

---

① [德]黑格尔著、王造时译:《历史哲学》,上海书店出版社 2006 年版,第 310 页。

② [德]黑格尔著、王造时译:《历史哲学》,上海书店出版社 2006 年版,第 310 页。

③ [德]黑格尔著、刘立群等译,张慎等校:《世界史哲学讲演录(1822—1823)》,商务印书馆 2014 年版,第 356 页。

须说帝国的正当性。即便是那些罗马的贵族人士，也把恺撒的统治视为一种偶然，认为整个国家社会的情势发展都是恺撒的个性使然。所以，暗杀恺撒成为布鲁图斯们的选择。可是，问题不久便明朗起来："只有一个单独的意志才能够统率罗马国家，于是一般罗马人也相信这种意见。"①当"恺撒"之名再次出现时，已是作为"皇帝"的称号，此时罗马人民才相信皇帝和帝国出现的历史必然性与正当性。换言之，历史经过重演之后，才被赋予了真实性和正当性。

但是，黑格尔在这部分表述中并没有讨论"重复事件"与"初始事件"的各自性质，以及相互之间的区别，而这恰恰是马克思在《雾月十八日》的开篇真正要揭示的东西。马克思是否也同意黑格尔关于历史重复、历史正当性的判断？无论如何，1851 年 12 月 2 日的政变，以及政变之后路易·波拿巴的独裁，都已经是既成的事实。马克思的确从黑格尔的历史重复思想中得到确证，他无法否认，法国自 1789 年大革命以来的反复历史最终赋予帝国以历史正当性。但马克思还补充了一句，也是他认为黑格尔忘记补充的一句："第一次是作为悲剧出现，第二次是作为笑剧出现。"我们认为，这才是马克思想要表达的关键。也即是说，法国的历史的确是如此发展的，即由政变到独裁，而后很自然地发展到帝国，同时，法国人民也接受这种发展。马克思不是不能接受这种历史的倒退，因为即便是倒退，也有其正当性，只不过这种正当性是通过事件的重复而得到确证。然而，事件的第一次发生与第二次发生本质上是不同的，法国人无法轻易察觉到两次事件之间的差异。所以，马克思需要把历史正当性背后的意义揭示出来，这种意义不在于何以历史重复能赋予历史事件正当性，而在于前后两个事件之间的差异。因为，承认正当性是一回事，而从重复事件的差异性中是否可能生发出另一条历史发展道路，则是另一回事。人们往往不关心后者，马克思接下来要揭示的正是人们普遍忽略的这一点。

---

① [德]黑格尔著、王造时译：《历史哲学》，上海书店出版社 2006 年版，第 310
页。

二、"悲剧"与革命

黑格尔的"悲喜剧"思想主要出现在他的"美学"里。黑格尔将"悲剧"界定为一种具体的，甚至罕见的精神行动或反应，而不是如古代悲剧那样，是一种特定的事件。雷蒙·威廉斯(Raymond Williams)认为："这标志着现代悲剧观念的出现。"①在古代悲剧中，悲剧人物清楚地代表了实质性的伦理目的；而在现代悲剧中，目的似乎更完全是个人的，人们对悲剧的兴趣也不是针对"伦理的辩护和必然性"，而是针对"孤立的个体及其处境"②。古代悲剧和现代悲剧为了实现永恒正义，各自有着不同的解决方式：古代悲剧在实现永恒正义的过程中，个体可以在更高的命令下放弃他的部分目的，或者在其内部实现整合与和解；而在现代悲剧中，整个问题解决变得更加困难，因为悲剧的角色更加个性化。③

在威廉斯看来，无论人们相信与否，黑格尔对"悲剧"的解释是一般哲学的一部分，而非历史的批判。它强调必然的冲突以及冲突的和解。之后在马克思的影响下，"悲剧"的客观特征再次得到肯定和转化。马克思将悲剧的精神过程描述成社会过程。④ 至于这个社会过程，实际就是社会革命的过程。

对于革命和悲剧的联系，人们(尤其是经历过革命的人们)似乎最能感同身受。人们可以从历史上发生的革命事件中体会到革命与悲剧的关系。革命时期显然是一个暴力、混乱和极度痛苦的时期，然而，随着革命事件成为历史，它就完全不同了。人们也可以说，成功的革命并不是"悲剧"，而是"史诗"：它是人的起源，是人的有价值的生活方式的起源。当苦难被

① Raymond Williams. *Modern Tragedy*[M]. London：Chatto & Windus，1966：32.
② Raymond Williams. *Modern Tragedy*[M]. London：Chatto & Windus，1966：34.
③ Raymond Williams. *Modern Tragedy*[M]. London：Chatto & Windus，1966：34.
④ Raymond Williams. *Modern Tragedy*[M]. London：Chatto & Windus，1966：34-35.

想起时，它立刻被尊重或被证明合理。这些革命与悲剧的关联都在感觉的层面上，也即革命的悲剧感，但马克思显然不是停留在这种悲剧感上。在我们的理解里，马克思对革命与悲剧的看法有两方面需要澄清。

一方面，马克思的革命观带有悲剧性，这在《〈黑格尔法哲学批判〉导言》里一览无遗。革命与反叛不同，马克思把政治革命转变为一种普遍的人类革命，革命意味着人性的解放："德国解放的实际可能性到底在哪里呢？……总之，形成这样一个领域，它表明人的完全丧失，并因而只有通过人的完全回复才能回复自己本身。"①其实，从"人的完全丧失"到"人的完全回复"，马克思仍然没有跳出黑格尔的"悲剧"概念。

另一方面，革命与"秩序"的关系。革命是造成"失序"的原因吗？在很多人眼中，革命等于"无政府状态"。不过，在威廉斯看来："革命恰恰是一种解决深刻的、悲剧的无序的必然活动。"②这种解决就是建立社会新秩序。如《德意志意识形态》所言："革命之所以必需，不仅是因为没有任何其他的办法能够推翻统治阶级，而且还因为推翻统治阶级的那个阶级，只有在革命中才能抛掉自己身上的一切陈旧的肮脏东西，才能胜任重建社会的工作。"③在这一点上，威廉斯的以下理解是合理的："革命的悲剧行动源于失序，尽管这种行动在某一特定阶段往往以公然悲剧的方式使潜在的失序变得明显和骇人，但是，它也在创造着新的秩序。"④马克思始终没有改变对革命的以上看法。暴力与夺权固然是革命过程中必然存在的要素，但是，革命所带来的本质转变是漫长的，因为真正的革命意味着社会关系的转变。这恰恰是马克思从黑格尔的"悲剧"观念中无法得到的答案。因为在"悲剧"的情况下，"当人们对任何社会秩序的可能性持怀疑态度的时候，然后解决方案被视为完全超出市民社会的时候，如下一幕最终会降临，即

---

① 《马克思恩格斯全集》第 3 卷，人民出版社 2002 年版，第 213 页。
② Raymond Williams. *Modern Tragedy* [M]. London：Chatto & Windus, 1966：75.
③ 《马克思恩格斯文集》第 1 卷，人民出版社 2009 年版，第 543 页。
④ Raymond Williams. *Modern Tragedy* [M]. London：Chatto & Windus, 1966：66.

通过超自然或巫术的干预,一种宗教或准宗教的回撤恢复了旧秩序,悲剧的行动周而复始"①。从这一意义上,马克思在《雾月十八日》里提出用"无产阶级革命"来结束这种像"悲剧"一样周而复始的革命。但是在这之前,还需要面对黑格尔的"喜剧"概念,因为唯有揭示 1848 年革命的喜剧性,无产阶级革命在世界历史舞台的出场才显得更加合理。

三、作为"喜剧"的 1848 年革命

这部分内容主要分析黑格尔的"喜剧"概念,继而解释马克思何以会称 1848 年革命为"喜剧",以及表明路易·波拿巴其人与黑格尔所谈的"喜剧"之间存在诸多契合之处。

黑格尔认为,喜剧的原则表现在"意志和行动的单纯主体性以及外界的偶然性成为决定一切关系和目的的主宰"②。喜剧与悲剧的不同体现在"实体性因素"与"主体性"的相互对立:"在喜剧里……无限安稳的主体性却占着优势。……喜剧人物单凭自己而且就在自己身上获得解决,从他们的笑声中我们就看到他们富有自信心的主体性的胜利。"③在黑格尔的"喜剧"观念里,"主体性"变得至关重要,甚至在很大程度上左右了整个剧情的发展。

"喜剧"固然有滑稽可笑的一面,但黑格尔更强调"喜剧性"本身。喜剧性意味着:"主体一般非常愉快和自信,超然于自己的矛盾之上,不觉得其中有什么辛辣和不幸;他自己有把握,凭他的幸福和愉快的心情,就可以使他的目的得到解决和实现。"④在我们看来,马克思笔下的路易·波拿

① Raymond Williams. *Modern Tragedy*[M]. London: Chatto & Windus, 1966: 67.

② [德]黑格尔著、朱光潜译:《美学》第三卷(下),北京大学出版社 2017 年版,第 820 页。

③ [德]黑格尔著、朱光潜译:《美学》第三卷(下),北京大学出版社 2017 年版,第 826~827 页。

④ [德]黑格尔著、朱光潜译:《美学》第三卷(下),北京大学出版社 2017 年版,第 827~828 页。

巴就体现了这种喜剧性。路易·波拿巴不觉得自己是个小丑，他也不觉得自己回到法国之前的经历在外人看来有多么滑稽。他不仅超然于自己的矛盾之上，还超然于当时法兰西第二共和国的矛盾之上，"在极乐世界过着隐居的生活"①。但是，路易·波拿巴"自己有把握"，因为"政变始终是波拿巴的固定观念。他是抱着这个观念重回法国的。他满脑子都是这个观念，以致经常流露于言谈之间"②。黑格尔进一步说："尽管主体以非常认真的样子，采取周密的准备，去实现一种本身渺小空虚的目的，在意图失败时，正因为它本身的渺小、无足轻重，而实际上他也并不感到遭受到什么损失，他认识到这一点，也就高高兴兴地不把失败放在眼里，觉得自己超然于这种失败之上。"③马克思进一步说："他十分软弱，因此又经常放弃这个观念。"④

总之，在"喜剧"里，不管里面的人物做出怎样的选择，主体的个性所彰显出来的作用非常大，甚至可能以一己之力左右剧情发展。所以，马克思把1848年革命视为一场"笑剧"，的确有其合理之处。但是，路易·波拿巴这一人物只是这出"笑剧"的表象。马克思虽然以《路易·波拿巴的雾月十八日》为题，但是他不只是把目光聚焦在路易·波拿巴这个人物的身上，而是关注法兰西第二共和国内部的政治斗争，以及斗争背后各个阶级派系的利益冲突。只是因为路易这个人物的形象太过鲜明，所以他仿佛成了1848年革命的主角。这印证了黑格尔的如下判断："个别人物们本想实现一种具有实体性的目的和性格，但是为着实现，他们作为个人，却是起完全相反作用的工具。因此那种具有实体性的目的和性格就变成一种单纯的幻想，对他们自己和对旁人却造成一种假象，仿佛所追求的确有实体性的外貌和价值。但是正因为这是假象，它就造成了目的和人物以及动作和

---

① 《马克思恩格斯文集》第2卷，人民出版社2009年版，第485页。
② 《马克思恩格斯文集》第2卷，人民出版社2009年版，第554页。
③ ［德］黑格尔著、朱光潜译：《美学》第三卷（下），北京大学出版社2017年版，第828页。
④ 《马克思恩格斯文集》第2卷，人民出版社2009年版，第554页。

性格之间的矛盾。这就使所幻想的目的和性格不能实现。"①

当路易·波拿巴发现他的"幻想"无法在法兰西第二共和国内以"合法"形式实现的时候，他就运用一次偶然事件——"政变"，导致情势的突变，从而使路易·波拿巴实现了自己的目的，也为1848年革命带来一出喜剧性的落幕。如此一来，"喜剧的主体性对在实际中所显现的假象变成了主宰。实体性的真正实现在喜剧世界里已消失掉了。如果本身没有实质性的东西消灭了它本身的假象存在，主体性在这样的解决中就仍然是主宰，他自己仍然存在着，并没有遭到损害，所以徜徉自得"②。

到这里为止，马克思实际上一直在按照黑格尔的"喜剧"逻辑来思考，他在黑格尔的"喜剧"观念里完全可以找到与1848年革命的历史相契合的地方。就像马克思在说黑格尔"忘记补充"的时候，他只是在为悲剧和喜剧的先后顺序进行排序，而没有否定黑格尔的"悲喜剧"观念。但是，我们同样应当注意到，马克思没有继续谈在黑格尔那里就着"悲剧"和"喜剧"谈论的"正剧"。在我们看来，"无产阶级革命"就是马克思那里的世界历史的"正剧"，只不过这个"正剧"不是对"悲剧"和"喜剧"的和解，而是一出新的历史剧。

黑格尔坦言，正剧"没有多大的根本的重要性"③，但他仍希望正剧最终能冲淡悲剧和喜剧轮流出现的矛盾，从而达到和谐一致。就反对"轮流出现"而言，马克思与黑格尔是一致的。悲剧与喜剧的历史循环就是"资产阶级革命"的命运，马克思要打破的恰恰就是这种过去革命的枷锁，所以他才会提出"无产阶级革命"概念。但是就"和解"而言，马克思与黑格尔是不同的。黑格尔认为悲剧中真正的实体性因素只有靠和解才能实现："在

---

① [德]黑格尔著、朱光潜译：《美学》第三卷（下），北京大学出版社2017年版，第828~829页。

② [德]黑格尔著、朱光潜译：《美学》第三卷（下），北京大学出版社2017年版，第830页。

③ [德]黑格尔著、朱光潜译：《美学》第三卷（下），北京大学出版社2017年版，第830页。

这种和解中，不同的具体目的和人物在没有破坏和对立的情况中和谐地发挥作用。"①而马克思则认为，压迫者和被压迫者"每一次斗争的结局都是整个社会受到革命改造或者斗争的各阶级同归于尽"②。马克思的措辞更加激进化，而且他的立场显然是站在无产阶级这一未来的胜利者一方，并无丝毫和解的意思。

最后我们回到一个基本问题：马克思为什么要在《雾月十八日》的开头提到黑格尔？这里面固然有与恩格斯通信时受到的启发，但是从马克思自身的思想发展来看，或许至少还包含以下两方面意思：

一方面，正如上文所分析的，黑格尔的"历史中的重复"理论和"悲喜剧"概念为马克思反思1848年革命提供了理论参照，这是马克思继承黑格尔的地方。"悲剧"与"喜剧"分别对应1789年法国大革命和1848年法国革命，马克思否定的不是作为悲剧的革命，而是作为喜剧的革命，所以他赞许1789年大革命，讽刺1848年革命。另一方面，马克思认为喜剧之后并非要回到悲剧，他想同时超越悲剧和喜剧的反复，希望历史能上演"无产阶级革命"这出"正剧"。所以，马克思本质上仍是在批判黑格尔，只不过这次批判的现实效应并不理想。马克思涉足的是相对不为人关注的黑格尔哲学论域——"美学"。这里的"不关注"不仅是就当代而言，而且恐怕对于当年《雾月十八日》所面向的读者群体而言（尤指那些流亡伦敦的激进人士），他们同样也很难理解马克思的深意。

德里达曾说：马克思有"幽灵"强迫症，他既为"幽灵"所扰，也对"幽灵"着迷。③ 在我们看来，"黑格尔"就是马克思在不断驱除又不断召唤的幽灵。马克思从青年时期开始就想摆脱黑格尔的纠缠，所以不断地批判后者。但是为了反思情势、反思自身，马克思又不得不再次召唤他。

---

① ［德］黑格尔著、朱光潜译：《美学》第三卷（下），北京大学出版社2017年版，第823~824页。

② 《马克思恩格斯文集》第2卷，人民出版社2009年版，第31页。

③ Jacques Derrida. *Specters of Marx*［M］. New York：Routledge，1994：106.

第二节 马克思意识形态批判思想的双重维度

本节重点讨论《雾月十八日》里马克思的意识形态批判思想。学者迈尔斯曾言："谈意识形态就是在谈政治信仰，谈意识形态的特性和前提，就是在谈政治信仰的变化和秘密。"①这个观点未免太独断，把意识形态简化为政治意识形态的做法我们自然无法苟同。但对处在1848年革命情势中的马克思而言，他所经验到的意识形态、他在《雾月十八日》里所讨论的意识形态，的确可以等同于政治意识形态。这使我们开始有意识地关注马克思对"意识形态"的理解与使用，尤其是在1848年革命前后的使用。

国内外学界对意识形态问题的研究已经足够多了。② 这里的讨论不是要提出什么标新立异的见解，也不是探讨意识形态的"真正"本质，而是着重关注一个现象，即1848年革命之后，马克思的意识形态批判思想发生了微妙变化，这个变化并没有改变马克思的意识形态批判立场，而是增添了批判的维度。

一、意识形态批判的历时性维度

"意识形态"作为一个关键的政治术语在社会科学领域被广泛使用，这其中少不了马克思的功劳，他对"意识形态"的使用，使人们开始普遍关注这一术语。现代社会和政治思想对"意识形态"一词尤其钟情，然而，马克思当年赋予这一概念的意义与当下主流的政治分析赋予它的意义不大相

---

① Myers. From Stageist Theories to a Theory of the Stage：The Concept of Ideology in Marx's Eighteenth Brumaire[J]. *Strategies*，2003，16（1）：13.

② 国内学界对"意识形态"的经典讨论有俞吾金先生的《意识形态论》（人民出版社2009年版），晚近以来的新作有张秀琴教授的《马克思意识形态概念理解史》（人民出版社2018年版）等。

同。他在《德意志意识形态》的标题中就使用了这一术语，其中的"意识形态"至少具有以下几个重要特征：

首先，马克思把"意识形态"作为一个批判性的概念来使用，其目的是揭示一种"神秘化"的过程。他将自己的想法归类为"科学的"，因为其准确无误地揭示了历史和社会的运作方式。他把意识形态看做"虚假的"，因为它"不过是占统治地位的物质关系在观念上的表现，不过是以思想的形式表现出来的占统治地位的物质关系"①。其次，意识形态与阶级密切有关。马克思认为，意识形态反映了统治阶级的利益，但统治阶级不愿意承认自己是压迫者，同时又希望被压迫者与他们和解。因此，阶级关系被颠倒地呈现出来。"颠倒"是马克思所使用的一个关键概念，它通过"相机暗箱"的比喻表达出来："如果在全部意识形态中，人们和他们的关系就像在照相机中一样是倒立成像的，那么这种现象也是从人们生活的历史过程中产生的，正如物体在视网膜上的倒影是直接从人们生活的生理过程中产生的一样。"②最后，意识形态是权力的体现。统治阶级的意识形态向被统治阶级隐藏了后者受剥削的事实，从而维持一个不平等的阶级权力体系。所以，意识形态仅仅是在字面上构成了这个时代的"统治"思想。

不过我们注意到，尽管意识形态的"暗箱"模式是马克思对资产阶级意识形态幻象的深刻批判，但是他并没有在这个文本里提供如何应对这种幻象的比较明朗的出路。按照马克思的说法，思想观念是物质环境的产物，意识不过是对现存事实的反映，但是在政治意识形态层面发生的变化远比想象要复杂。统治阶级会声称他们的观念完全符合现存社会关系的本质，对此似乎无可反驳。但问题是，如果意识是当前环境的产物，那么新的观念(即马克思那里的革命的观念)又从何而来呢？马克思认为："一定时代的革命思想的存在是以革命阶级的存在为前提的。"③对此我们首先会问：

① 《马克思恩格斯文集》第1卷，人民出版社2009年版，第550~551页。
② 《马克思恩格斯文集》第1卷，人民出版社2009年版，第525页。
③ 《马克思恩格斯文集》第1卷，人民出版社2009年版，第551页。

这个阶级在占统治地位的阶级意识形态的统摄之下，如何变得革命起来？

我们可以设想一个革命阶级的存在，这个阶级已经意识到其自身，且为政治行动所动员起来。但是，其始终无法跳出历史运动的进程。在马克思看来，总会有一种新的、进步的意识形态取代原先旧的、过时的意识形态，所以意识形态的发展总是呈阶段性上升的。也即是说，一个处于上升阶段的阶级将开始争夺国家权力："每一个企图取代旧统治阶级的新阶级，为了达到自己的目的不得不把自己的利益说成是社会全体成员的共同利益。"[1]

不否认思想观念是对物质环境的反映，但是人们还是能从新旧意识形态的历时交替中发现一种能动有效的意识形态驱动力，它和那种对环境消极反映的意识形态很不一样，而且对于新的革命阶级而言，不是它自身的形成过程，而是它的意识形态的政治实践使得它作为"全社会的代表"[2]而出现。马克思在此已经暗示了，政治意识形态领域的实践对于革命而言不仅是可能的，而且是必要的。但是，当历史不按部就班地"依次交替"时，那意识形态在当中又将扮演怎样的角色呢？马克思并没有在《德意志意识形态》这个强理论性的文本中过多触及这个问题，但是之后的革命新情势在推动马克思思考这一问题。事实证明，1848 年革命时期的法国就充分表现了政治意识形态对法国历史发展所起的关键作用，而马克思正是在《雾月十八日》里继续发挥完善了他的意识形态批判思想。

二、意识形态批判的共时性维度

面对 1848 年革命时期法国的意识形态情势，马克思使用了一个之前不怎么使用的概念——"舞台"[3]。其实在这一文本的开篇，马克思就使用了

---

① 《马克思恩格斯文集》第 1 卷，人民出版社 2009 年版，第 552 页。
② 《马克思恩格斯文集》第 1 卷，人民出版社 2009 年版，第 552 页。
③ 《马克思恩格斯文集》第 2 卷，人民出版社 2009 年版，第 560 页。

著名的"悲喜剧"隐喻来刻画历史，它足以使《雾月十八日》在马克思那些带有明显历史唯物主义烙印的文本群里具有异质性，因为从高雅的"悲剧"下降到粗鄙的"笑剧"，几乎不可能表现出那种稳定向上的、从一个阶段上升到另一个阶段的历时性运动。当马克思面对1848年革命时期法兰西政治的风云变幻时，所谓的历史进步也会变得复杂起来。这期间交替的截然不同的政治形式有的属于过去、有的属于未来，有的是进步的、有的是倒退的。正如马克思所言："波拿巴王朝所代表的……不是农民的未来，而是农民的过去；不是农民的现代的塞文，而是农民的现代的旺代。"①马克思在此暗示了1848年革命时期表现在法国农民阶级身上的历史倒退，法国大革命时期旺代保皇派唆使农民发动反革命叛乱，而在之后的1848年革命时期，路易·波拿巴则利用农民的迷信，结束了革命的年代。历史不是朝着进步的方向按部就班地前进，而是暴力地折返，继而在革命失败与政体复兴之间游离。

"舞台"是马克思在面对存在于法兰西的诸多复杂的政治意识形态时所使用的恰当隐喻。在这场历史的倒退中，最为突出的表现就是各种政治意识形态的登场、在场与退场。换言之，在1848年法国革命这段时期里，诸种相互攻讦的政治意识形态共时地存在着，即便退场也只是暂时的。政治意识形态的共时性存在又可分为两种情况：第一种是统治阶级和被统治阶级，也即资产阶级与无产阶级的政治意识形态共时存在；第二种是统治阶级内部的各种政治意识形态共时存在，此种情况较之前者更为复杂。不妨先看第一种情况。

无产阶级意识形态的登场是在1848年二月革命时期，具体表现为无产阶级在资产阶级临时政府中占有"几席"之地。恩格斯曾撰文分析过这一临时政府的成员成分，并对无产阶级的登场大加赞赏："刚刚传来的消息说，人民已经获得胜利，宣布了共和国的成立。老实说，我们并没有料想到巴

① 《马克思恩格斯文集》第2卷，人民出版社2009年版，第567~568页。

黎的无产阶级会达到如此辉煌的成就。临时政府中有三个委员是属于激进民主派的……有一个委员是工人，这在世界任何一个国家里是从来不曾有过的……由于这次革命获得胜利，法国的无产阶级又成了欧洲运动的领袖。荣誉和光荣属于巴黎的工人们！他们推动了整个世界，所有国家都将一一感到这一点，因为法兰西共和国的胜利就是全欧洲民主派的胜利……在土伊勒里宫和皇家之宫燃起的火焰，是无产阶级的朝霞。"①尽管恩格斯给予无产阶级的登场如此高的评价，但事实上，在二月革命时期，法兰西政治舞台上的主角是资产阶级共和派，而且无产阶级在这个舞台上没有停留太久。

1848 年五月十五日事变之后，"布朗基及其同道者，即无产阶级政党的真正领袖们，在我们所考察的整个周期中退出社会舞台"②，继而在1848 年六月起义失败之后，无产阶级就"退到革命舞台的后台去了"③。马克思的这些表达很耐人寻味，即无产阶级不是"退出"革命的舞台，而是退到革命舞台的"后台"。也即是说，无产阶级仍然在"候场"，但是候场并不意味着无产阶级一定可以登场，而只是存在着再次登场的可能，而且马克思也提到，无产阶级盲目冒昧的出场会损耗其自身的能量，只能和其他的阶级一起分享失败，而并不能取得任何有效的成果。

应当说，无产阶级意识形态的舞台表现相对而言还是比较明朗的，但统治阶级内部的意识形态纠缠就复杂得多了。不过我们仍然可以从马克思对这一时期法国历史的时期划分中，较为清晰地把握统治阶级意识形态的活动。

从 1848 年六月事变到 1848 年 12 月 10 日这段时期，是纯粹的资产阶级共和派专政时期，最终这一专政因路易·波拿巴当选为法兰西第二共和国的总统而终止。也即是说，总统选举以前，是资产阶级共和派在舞台

---

① 《马克思恩格斯全集》第 4 卷，人民出版社 1958 年版，第 547~548 页。
② 《马克思恩格斯文集》第 2 卷，人民出版社 2009 年版，第 477 页。
③ 《马克思恩格斯文集》第 2 卷，人民出版社 2009 年版，第 478 页。

上，而当路易·波拿巴当选总统之后，统治阶级内部的争权大戏才正式拉开帷幕。不过有趣的是，一开始并不是"立法权"和"行政权"的对立，而主要表现为立法国民议会内部的斗争。

从1848年12月10日到1849年5月28日，资产阶级共和派在路易·波拿巴当选总统之后，不是因为受到总统一个人的排挤，而是因为受到作为资产阶级绝大多数的秩序党和总统的联合排挤，而开始退场的。马克思对这些曾经残暴对待无产阶级的资产阶级共和派的下场毫不同情："他们已经最终演完了自己的角色。"①

接替资产阶级共和派掌权的秩序党，与前任的下场并无二致。在立宪共和国时期，小资产阶级民主派早早地退出了立法国民议会的舞台，接下来直到路易·波拿巴发动政变之前，一直是秩序党和总统的对峙。讽刺的是，在总统路易·波拿巴不带压迫，甚至多次主动求和的阴谋之下，秩序党内部的派系利益分裂反倒使得他们主动退让。再加之，它的三次休会体现了它主动退出政治舞台的选择。立法国民议会的休会影响甚大，以至每一次休会之后的复会，都使立法国民议会不得不承认自己愈发无能，不得不一步步地拱手将权力让给路易·波拿巴。

正如恩格斯在路易·波拿巴政变之后所分析的：在二月革命"推翻了大银行家和证券投机商的政权"之后，"城市居民中其余的每个阶级都有过一个出头的时期"。首先是二月革命时期的工人，其次是共和派小资产阶级，再次是共和派大资产阶级，最后是联合的保皇派中间阶级。不过"这些阶级当中没有一个阶级能够牢固地掌握住它一度得到的政权"，而后来秩序党内部的"正统派"和"奥尔良派"之间不断发生分裂，政权从他们手中滑落，这时候本来是可以指望工人阶级的，但是在法国还存在小自由农这个占全国人口3/5的强大阶级。不排除这个阶级中有一部分因社会民主派的鼓动和对路易·波拿巴的失望而变得革命起来，但是大部分人仍然坚持

---

① 《马克思恩格斯文集》第2卷，人民出版社2009年版，第489页。

成见:"如果说路易·拿破仑还没有表明他就是人们所期待的那个救世主,那是由于国民议会的罪过,是由于它捆住了他的手脚。"①此外,别忘了还有路易·波拿巴自己组织起来的"十二月二日会"。路易·波拿巴利用农民、依靠暴民和军队、诌媚工人阶级,安心等待中间阶级议会的内讧。

最终,路易·波拿巴于 1851 年 12 月 2 日发动政变,正式宣告秩序党的表演结束了,接下来近 20 年的时间里,路易·波拿巴和波拿巴主义成为法兰西政治舞台上的主角。直到 1870 年法兰西兵败色当,路易·波拿巴耻辱被俘,大资产阶级的意识形态才以法兰西第三共和国的形式重新登上法兰西的舞台。总而言之,法兰西政治意识形态的斗争很大程度上是推动 1848—1851 年法兰西历史倒退的主要动力。马克思使用"舞台"隐喻,形象生动地描绘了这一时期复杂的政治意识形态共时斗争的景象。从"阶段"到"舞台",马克思注意到政治意识形态在历史发展中所扮演的重要角色,并且更加突出意识形态的幻象性,以及消除它对于无产阶级革命的必要性。

三、意识形态的幻象及其驱除

路易·波拿巴的出现驱除了法兰西第二共和国的意识形态幻象,但是又把法国人带入了另一种幻象中,即波拿巴主义。但熟悉之后法国历史的人都知道,建立法兰西第三共和国的这帮人,正是当年的"四八年人"。也就是说,当初被路易·波拿巴所驱散的意识形态幻象,又回来了。我们这么说的用意在于,意识形态幻象不会自行消失,而是随着情势的变化而变化。它不可能因为某一个人物的出现而消失,路易·波拿巴只不过看似结束了一种意识形态的表演,但同时也开始了另一种意识形态的表演。意识形态的幻象只能因为其本质被揭露出来而烟消云散。

毋庸置疑,马克思在分析社会阶级时首先突出这一阶级所代表的经济

---

① 《马克思恩格斯全集》第 11 卷,人民出版社 1995 年版,第 301 页。

利益的基础性地位。如马克思在分析秩序党的两派即正统派和奥尔良派时那样："在不同的财产形式上，在社会生存条件上，耸立着由各种不同的、表现独特的情感、幻想、思想方式和人生观构成的整个上层建筑。整个阶级在其物质条件和相应的社会关系的基础上创造和构成这一切。"①但是马克思表达这一观点的用意在于突出政治上层建筑的假象。正如马克思所言："只要更仔细地分析一下情况和各个党派，这种遮蔽着阶级斗争和这个时期特有面貌的假象就消失了。"②所以马克思认为："在历史的斗争中更应该把各个党派的言辞和幻想同它们的本来面目和实际利益区别开来，把它们对自己的看法同它们的真实本质区别开来。"③他最终揭示的实质是，这些都是在现代社会发展的影响下，意识形态的资产阶级化所造成的效应，资产阶级的意识形态成为最具魔力的东西。

从上述批判中不难把握马克思在《德意志意识形态》里表达的意识形态批判思想，即内容决定形式。但是在《雾月十八日》的其他地方，常见的是形式与内容的分离。如，法国的农民都是小块土地所有者，但他们也被马克思区分为"革命的农民"和"保守的农民"；1848 年的法国宪法名义上维护法国公民的权利与自由，但实际上是在宣布它们无效。在这些案例中，人们不由得将目光放到政治活动的形式上，显然当年的马克思也有这样的考虑。马克思从这些形式中透视到政治意识形态的某些特征，而这些特征是在之前的《德意志意识形态》里不曾展开的。

马克思把政治比作戏剧，不仅表明 1848 年革命的政治行动是一场表演，一场毫无内容的炫耀，还表明："政治意识形态要素本质上就是话语性的、是虚伪的。"④演戏所使用的服装和道具，是为了赋予舞台上演员的台词和姿态一种特殊的意义。同样，政治活动利用那些过去的象征性意

---

① 《马克思恩格斯文集》第 2 卷，人民出版社 2009 年版，第 498 页。
② 《马克思恩格斯文集》第 2 卷，人民出版社 2009 年版，第 498 页。
③ 《马克思恩格斯文集》第 2 卷，人民出版社 2009 年版，第 499 页。
④ Myers. From Stageist Theories to a Theory of the Stage: The Concept of Ideology in Marx's Eighteenth Brumaire[J]. *Strategies*, 2003, 16 (1): 18.

象，也是为了传达当前事件的某种本质，又或许是为了掩盖某种本质。马克思用"换装"和"翻译"作类比，也能佐证这一点。路德乔装成使徒保罗，不仅是为了使他的作品易于理解（即用一种过去的熟悉的话语代替那些新的不熟悉的话语），而且也是为了赞美它，赋予这一作品以光荣的意义，从而让听众相信它的重要性、正确性乃至神圣性。在此，形式超越了内容，甚至掩盖了内容的局限和矛盾，从而把世俗的现在伪装成高尚的过去。

不过说到伪装技巧，恐怕无人出路易·波拿巴其右。作为"手段"的政治意识形态，从一开始就必须取决于一些已知的社会现实要素，如"人民"和"皇帝"显然都是之前曾存在过的角色。但是，政治意识形态仅仅是一种手段吗？恐怕也未必。"只有当他（即路易·波拿巴——引者注）扫除了盛装的敌人，并且认真演起自己的皇帝角色，戴上拿破仑的面具装做真正的拿破仑以后，他才会成为他自己的世界观的牺牲品，成为一个不再把世界历史看做喜剧而是把自己的喜剧看做世界历史的认真的丑角。"①马克思在此暗示了政治意识形态似乎也可以凝固为社会现实，那个既欺骗了台上演员，也欺骗了台下观众，甚至欺骗了自己的"拿破仑"面具也能具体化。原本是一出"喜剧"，结果还真就成了"世界历史"。

然而，这一切都是幻象。马克思在《雾月十八日》的最后一部分指出："国家权力并不是悬在空中的。波拿巴代表一个阶级，而且是代表法国社会中人数最多的一个阶级——小农。"②马克思最终还是回到阶级关系上。在这一意义上我们可以理解，何以马克思会把意识形态视为一种"暂时"存在的现象。因为只要产生它的阶级关系还在挣扎，那么意识形态就会持续幸存下去。所以，虽然马克思在《雾月十八日》里发展了他对政治意识形态的思考，但他仍然不曾抛弃《德意志意识形态》中的观点："意识的一切形式和产物不是可以通过精神的批判来消灭的，不是可以通过把它们消融在

---

① 《马克思恩格斯文集》第 2 卷，人民出版社 2009 年版，第 524 页。

② 《马克思恩格斯文集》第 2 卷，人民出版社 2009 年版，第 566 页。

'自我意识'中或化为'怪影'、'幽灵'、'怪想'等等来消灭的，而只有通过实际地推翻这一切唯心主义谬论所由产生的现实的社会关系，才能把它们消灭；历史的动力以及宗教、哲学和任何其他理论的动力是革命，而不是批判。"①

马克思写作《雾月十八日》的目的即在于，驱除这些形形色色的资产阶级意识形态幻象。他当年之所以如此迫切地希望出版这部著作，一方面希望帮助激进革命者认清革命情势，另一方面也希望揭示法兰西第二共和国政治意识形态的虚幻性，从而使革命者意识到，意识形态对于真正的革命即无产阶级革命而言，是不容忽视和松懈的，进而呼吁无产阶级自身意识形态的自觉。不过，这种自觉不是贸然起义，而是"有条不紊地"完成"后一半准备工作"②。

在《雾月十八日》之后，马克思延续了他对意识形态幻象的批判，不过已经不仅仅局限于政治批判论域，而是渗透到政治经济学批判论域。马克思在19世纪50年代逐渐退出政治运动的前台之后，他的工作重心开始转移到思想层面。他对资本主义社会机制的剖析，是为了帮助工人阶级认识到他们所处社会的本质，以及激发他们与生俱来的革命性。最大限度地激发并合理地利用这股推翻资本主义社会的革命潜能，是关系到无产阶级革命能否真正成功的关键。这一切的一切，意识形态问题又处在核心位置。然而，驱除意识形态幻象远非一朝一夕之事，甚至更危险的是，马克思愈发感受到，工人阶级陷入资产阶级意识形态幻象的可能性，会随着资本主义社会的发展和完善而不断提高。这一点正是齐泽克想要表达的意思。齐泽克在具体情势中，另辟蹊径地从马克思《资本论》的拜物教思想出发阐释意识形态批判思想。在齐泽克看来，意识形态的幻象不在"认识"一边，而恰恰就在"现实"一边，在人们正在做的事情一边："人们所不知道的是，他们的社会现实本身、他们的活动是由一种错觉、由一种拜物教式的颠倒

① 《马克思恩格斯文集》第1卷，人民出版社2009年版，第544页。
② 《马克思恩格斯文集》第2卷，人民出版社2009年版，第564页。

所引导的。他们所忽视的、所误认的不是现实，而是构成他们现实的、构成他们真正社会活动的错觉。他们很清楚事情的真相，但他们仍然在做，好像他们并不知道真相一样。因此，这种错觉是双重的：它忽视那种把真实有效的关系构成为现实的错觉。而这种被忽视的、无意识的错觉，就是所谓意识形态幻象。"①我们并不打算在此展开马克思的拜物教问题讨论，但基本判断还是需要的，拜物教思想是马克思在19世纪四五十年代所形成的意识形态批判思想在政治经济学批判论域的延展，而且这种延展与《雾月十八日》中讨论的革命主体性思想高度一致。所以，马克思的前后期思想显然不存在断裂，而是随着具体情势所做出的关键转换。其中，《雾月十八日》虽然表面上是作为一个政治、历史意味浓厚的文本，但对于马克思本人思想的承转而言至关重要。

第三节 《雾月十八日》的历史论题

本节主要讨论《雾月十八日》与历史相关的三个问题，即历史规律、历史理解与历史分期，从中可以看到马克思在处理1848年革命的历史时，表现出独特的创造性与谨慎态度。

一、历史规律：科学性的张力与限度

对于《雾月十八日》的历史论题，最经典的应当是恩格斯在《雾月十八日》第二版序言中的判断："正是马克思最先发现了重大的历史运动规律。根据这个规律，一切历史上的斗争，无论是在政治、宗教、哲学的领域中进行的，还是在其他意识形态领域中进行的，实际上只是或多或少明显地

---

① Slavoj Žižek. *The Sublime Object of Ideology*[M]. London：Verso，2008：30.

表现了各社会阶级的斗争，而这些阶级的存在以及它们之间的冲突，又为它们的经济状况的发展程度、它们的生产的性质和方式以及由生产所决定的交换的性质和方式所制约。这个规律对于历史，同能量转化定律对于自然科学具有同样的意义。"①

这是唯物史观的经典命题，恩格斯将"重大的历史运动规律"与"自然科学"类比，突出了唯物史观的科学性。首先必须承认，恩格斯在当时的情势下做出这样的判断是可以理解的。他之所以这么做，一方面与自身数十年的自然科学研究经历相关。另一方面，恩格斯在1885年所处时期，承担着对马克思主义的阐释、传播与教化的使命。所以，使用带有科学意味的"规律"一词，是正确的选择。但问题是，"规律"一词的使用也存在不严谨之处。如本雅明(Walter Benjamin)就认为："发现历史事件发展过程中的规律并不是将历史编纂学同化到自然科学里的唯一手段，而且也很难说是最机智的手段。"②的确，一定程度上也是因为"规律"这一说法，才招致教条主义以及之后第二国际的修正主义纷争。

接下来我们首先将《雾月十八日》与《德意志意识形态》作比较，突出前者之于后者的内在相承性，以证明恩格斯的判断总体上是合理的。《德意志意识形态》曾说："历史不外是各个世代的依次交替。每一代都利用以前各代遗留下来的材料、资金和生产力；由于这个缘故，每一代一方面在完全改变了的环境下继续从事所继承的活动，另一方面又通过完全改变了的活动来变更旧的环境。"③这段话实际上可以串联起1848年革命前后的马克思。在《雾月十八日》里，它转化为以下经典段落："人们自己创造自己的历史，但是他们并不是随心所欲地创造，并不是在他们自己选定的条件下创造，而是在直接碰到的、既定的、从过去承继下来的条件下创造。"④

---

① 《马克思恩格斯文集》第2卷，人民出版社2009年版，第469页。

② Walter Benjamin. *Walter Benjamin Selected Writings Volume* 4, 1938-1940 [M]. Boston: Harvard University Press, 2006: 401.

③ 《马克思恩格斯文集》第1卷，人民出版社2009年版，第540页。

④ 《马克思恩格斯文集》第2卷，人民出版社2009年版，第470~471页。

我们从这里至少可以判断，在历史观层面，1848 年前后的马克思并没有发生实质性变化。但是《德意志意识形态》中的下述观点，就值得进一步考究了："真正的市民社会只是随同资产阶级发展起来的；但是市民社会这一名称始终标志着直接从生产和交往中发展起来的社会组织，这种社会组织在一切时代都构成国家的基础以及任何其他的观念的上层建筑的基础。"①《雾月十八日》对《德意志意识形态》中"市民社会决定国家等上层建筑"的观点应该是最大的挑战，而且这也是《雾月十八日》通常被赋予"异质性"的原因之所在，如卡弗对此的解释就很具代表性：

> 在《雾月十八日》里，马克思并没有公式化地主张，即现代技术和资本主义生产关系（必然）导致代议制民主，即资产阶级民主，进而导致无产阶级革命。这是马克思主义的图示所暗示的东西，尽管这一范式（在恩格斯那里）从属于"归根到底的经济决定论"或"辩证的相互关系"。更确切地说，马克思在《雾月十八日》的分析机制要复杂得多、不确定得多，它更关注矛盾和颠倒，而且表现出更多心理上的个人主义，这远超马克思主义图式的限度。这意味着浮夸的错觉（比如，马克思在作为联盟的秩序党中所察觉到的）、不合时宜的幻想（如马克思在作为选民的农民阶级中所察觉到的）和低级的掩饰（如马克思在作为一个人物的路易·波拿巴那里所察觉到的）作为主要因素，以一种复杂的、不可预测的方式实现了所谓"阶级斗争创造历史"。但这并非意味着马克思违背了他的指导思想，也并非他的指导思想给他的政治分析带来了困难。相反……包括最广泛意义上的人格和癖好的相互作用。这是因为"上层建筑"正是那些创造自身阶级斗争历史的人们去解释"社会生存条件"的方式。②

① 《马克思恩格斯文集》第 1 卷，人民出版社 2009 年版，第 582~583 页。
② Peter Baehr, Melvin Richter. *Dictatorship in History and Theory*：*Bonapartism, Caesarism, and Totalitarianism*[M]. Cambridge：Cambridge University Press, 2004：118.

再如，居伊·德波（Guy Debord）虽然肯定恩格斯总结的科学规律，但显然不满足于此，他认为："马克思的理论寻求理性地理解那些在社会中真正起作用的力量，就这一点来说，它非常接近科学思想。但它最终超越了科学思想，只有通过取代科学思想才能保存科学思想。它试图理解社会斗争，而不是社会学意义上的规律。"①

德波所强调的"斗争"在《雾月十八日》里表现得尤为明显，而且可以具体分为"垂直"和"水平"两种斗争形式。总体来看，法兰西第二共和国之所以最终恢复到更极权、更绝对的统治形式，主要是在双重压力下促成的：一种是来自底层工人阶级的威胁，也即是"垂直的"阶级斗争形式；另一种则是统治阶级内部极其丰富的、纵横交错的、相互竞争与冲突的利益派系，此即"水平的"阶级斗争形式，这两种斗争形式密切相关、相互渗透。横向的阶级派系斗争几乎不可能不涉及底层阶级与上层阶级的纵向阶级斗争。统治集团内部的冲突往往会激起自上而下的介入，同时，上层阶级始终警惕着自下而上的颠覆性威胁，并且他们可能会在处理哪部分利益受到的威胁更大的问题上引起内部的分裂。

而且，当我们在思考马克思如何批判同时代的空想社会主义时也会发现，如果将"唯物史观"与"科学规律"联系起来，很容易致使唯物史观与"空想"粘连起来。一种社会主义之所以是"空想的"，是因为它无视历史，即无视在永恒幸福的社会之外发生的一切现实的阶级斗争与历史变迁。但是空想思想家们重视科学，而且几乎完全被早期的科学思想所支配："他们不认为自己是手无寸铁的先知，因为他们深信得到科学证明的社会力量，甚至圣西门主义还深信科学能夺取权力。"②

在这一意义上，恩格斯很难与之后第二国际马克思主义的变向或扭曲发展脱离干系。应当说在理论方面，这种情况直接导致了第二国际马克思主义无力应对历史主义的挑战。正如阿尔都塞所言，把马克思主义看做历

---

① Guy Debord. *Society of the Spectacle*[M]. London：Rebel Press, 2005：40.

② Guy Debord. *Society of the Spectacle*[M]. London：Rebel Press, 2005：41.

史主义，甚至看做"绝对历史主义"，这是一个"严重的误解"①。而且，如果把恩格斯的解读与路易·波拿巴的复辟行径联系起来，会觉得这一历史运动规律在解释历史倒退现象时似乎有言而未尽之意。这不禁使人怀疑，马克思当年写作《雾月十八日》是否还有其他尚未被挖掘出来的深意？唯物史观无疑是马克思解释这段历史的理论工具，但是当他使用这个工具来处理 1848 年革命时触碰到的复杂问题时，恐怕难以用"规律"二字概而论之。因此问题就变成，《雾月十八日》的马克思究竟如何理解"历史"？

二、历史理解：历史主义、历史渐进论与唯物史观

要想进一步澄清唯物史观对历史的理解，我们接下来试图与两种理解历史的进路相对比，一种是历史主义，另一种是历史渐进论，希望能以此突出唯物史观理解历史的特点与合理性。

本雅明对历史主义的批判切中肯綮，他认为历史主义有三大阵地：第一是普遍历史的观念。在历史主义者眼中："既然各民族的本质既被其目前的结构性特征所掩盖，又被彼此之间的关系所掩盖，那么，那种认为人性历史是由各民族组成的观点，不过是懒于思考的借口。"②第二个阵地在于："历史是能够被叙述的东西。"③所以，过去发生过的任何事情都不能被认为消失了，历史主义的历史编纂学者不能不分主次地记述历史事件。第三个阵地是最强大、最难以逾越的，即"与胜利者产生共鸣"。本雅明认为这种"共鸣"的根源在于人内心的懒惰："这种冷漠，是对把握真实历史意象短暂闪现瞬间的绝望。……所有的统治者都是此前胜利者的后人。因

---

① ［法］路易·阿尔都塞、巴里巴尔等著，李其庆、冯文光译：《读〈资本论〉》，中央编译出版社 2008 年，第 134 页。

② Walter Benjamin. *Walter Benjamin Selected Writings Volume* 4, 1938-1940［M］. Boston：Harvard University Press, 2006：406.

③ Walter Benjamin. *Walter Benjamin Selected Writings Volume* 4, 1938-1940［M］. Boston：Harvard University Press, 2006：406.

此，与胜利者产生共鸣，总是对统治者有利。"①

就历史主义所信奉的"与胜利者产生共鸣"而言，马克思知道这意味着什么：这就是资产阶级革命再现过去的心理表现。1848年法国的社会民主派同样持有如此的"共鸣"态度。请看《雾月十八日》里马克思是如何指责社会民主派在面对1850年春季立法议员补选时的行径的："（社会民主派）用新的竞选把巴黎弄得疲惫不堪，使人民的激昂的感情在这一新的临时竞选把戏中消耗掉，使革命的精力满足于宪制的成就，把革命精力浪费于细小的攻讦。……他们却以宪制精神鼓吹秩序，宣扬庄严的宁静（calme majestueux）和合法行为，也就是盲目地服从自封为法律的反革命势力的意志。"②

再看历史渐进论。经过后来的德国社会民主党和第二国际的理论发展，似乎使马克思主义历史观被赋予了历史进步的论调，这实际上是一种看似有理的曲解。因为真正染上历史渐进论的是德国社会民主党："因循守旧从一开始就是社会民主党人的标志，这不仅表现在他们的政治战术中，而且表现在他们的经济观点中。这是社会民主党最终失败的一个原因。随着时代的潮流而动，没有什么能比这个观念更能腐蚀德国工人阶级的了。"③这种观点早已出现在1875年的德国社会主义工人党（即德国社会民主党的前身）合并之时，马克思当时就批判过该观点，但德国社会主义工人党内部并没有领会马克思的意思。德国社会民主党人的理论由一种脱离实际、教条武断的进步观塑造，其实践更是如此，这种进步观的特点在于：这是人类自身的进步，是一种与人性不断趋于完美相适应的无限进步，是一种不可避免的进步。这种进步的光芒太过耀眼，以至于掩盖了

---

① Walter Benjamin. *Walter Benjamin Selected Writings Volume* 4, 1938-1940 [M]. Boston: Harvard University Press, 2006: 391.

② 《马克思恩格斯文集》第2卷，人民出版社2009年版，第518~519页。

③ Walter Benjamin. *Walter Benjamin Selected Writings Volume* 4, 1938-1940 [M]. Boston: Harvard University Press, 2006: 393.

"历史主体"。似乎工人阶级的角色只是未来后代的救赎者，而向工人们灌输这种思想其实是把他们的革命精神全都抹去了。

马克思则关注历史主体，即无产阶级的主体能动性，无产阶级对"革命的形势、关系和条件"①的把握。因此，在当时的情势下，马克思告诫激进革命者们少安毋躁："革命是彻底的。它还处在通过涤罪所的历程中。它在有条不紊地完成自己的事业。1851年12月2日以前，它已经完成了前一半准备工作，现在它在完成另一半。……而当革命完成自己这后一半准备工作的时候，欧洲就会从座位上跳起来欢呼：掘得好，老田鼠！"②

马克思用"gründlich"一词来形容无产阶级革命，有意采用了它"基础的""地面的"意思，即表明无产阶级革命不仅是一项彻底的、基础性的工作，还是一项地下的工作。这是在当时反革命情势高涨的情况下，无产阶级革命要保持有生力量的必然选择。在这一意义上，马克思引用莎士比亚《哈姆雷特》中的台词："掘得好，老田鼠！"不仅意味着马克思把革命视为暂时不能见光的、在不断寻觅"道成肉身"机会的、"幽灵"般的存在，而且也暗示了革命的"准备工作"是在"舞台"之下，在看不见的地下进行的，它不被(或者说不应被、不能被)浮于事物表面的、空洞的政治表演分散注意力。"未来的诗情"终归是马克思革命政治的关键，这一点在列宁的革命政治里可以更加清楚地看到。试想，十月革命之前的列宁如果没有形成《国家与革命》、没有对国家机器的自觉意识，那么革命之后的布尔什维克还能守住革命胜利的果实吗？

从以上历史主义、历史进步论与唯物史观的对比中，我们能体会到一种历史观念的转变何其艰难！马克思恩格斯自1846年开始，毕生都在向无产阶级和革命战友们教授唯物史观，尽管很多时候不是以纯理论的形式，而多是以批判他人或他学派的形式，但效果始终不尽如人意。第一国际时期，马克思先后与蒲鲁东主义和巴枯宁主义争夺第一国际内部的意识形态

① 《马克思恩格斯文集》第2卷，人民出版社2009年版，第474页。
② 《马克思恩格斯文集》第2卷，人民出版社2009年版，第564页。

领导权；俾斯麦时期，德国社会主义工人党因受到德意志政府《反社会党人法》的影响而调整工人政治活动策略；第二国际时期，德国社会民主党受到新康德主义的影响(或许也不应忘了，此时英国兴起的新型自由主义，即自由主义的政治民主化也在欧陆对岸回应着马克思的政治经济学批判与革命政治)而发生修正主义的偏移，唯物史观的教育工作一直困难重重。

三、历史分期：主体性历史编纂学的应用

《雾月十八日》的叙事本身就体现了马克思的历史分期原则。这一文本主要考察了从 1848 年 2 月到 1851 年 12 月的法国历史，马克思对这段历史的分期是从历史主体的层面考虑的。在《雾月十八日》的第一部分中间和第六部分的结尾，马克思都给出了针对这段历史的分期计划，尽管第六部分的表述更为详细，但总体划分的三个时期基本不变："二月时期；共和国建立时期，或制宪国民议会时期(从 1848 年 5 月 4 日到 1849 年 5 月 28 日)；立宪共和国时期，或立法国民议会时期(从 1849 年 5 月 28 日到 1851 年 12 月 2 日)。"①

第一个时期，即二月时期。这一时期的重要事件是七月王朝的国王路易·菲利普作为金融贵族的统治者，被一个成员身份广泛的联合起来的反抗者所推翻。关于这个联合的成分马克思提出应包括："王朝反对派、共和派资产阶级、民主共和派小资产阶级和社会民主派工人。"②其中王朝反对派是支持波旁王朝复辟的、被排斥在七月王朝权力之外的"正统派"，这一派在之后的议会共和国阶段，和支持奥尔良王朝(也即七月王朝)复辟的奥尔良派组成了"秩序党"。共和派资产阶级仅仅由反波旁王朝的资产阶级组成。民主共和派小资产阶级虽然参与了推翻七月王朝的过程，但是对于金融贵族统治的解体，他们的恐慌之情要大过喜悦之情。社会民主派工人

---

① 《马克思恩格斯文集》第 2 卷，人民出版社 2009 年版，第 476 页。
② 《马克思恩格斯文集》第 2 卷，人民出版社 2009 年版，第 476 页。

也即马克思那里的无产阶级，他们之所以反抗，是因为他们把金融贵族统治与资本统治等而视之。实际上在马克思提到的以上四个群体之外，还有制造业资产阶级与农民阶级。政府越简单，对前者越有利，所以制造业资产阶级的生存受到冗杂的金融贵族统治的威胁。至于农民阶级，他们在1845—1847年因农业危机而陷入的赤贫状态，与金融贵族的骄奢淫逸形成巨大反差。

这个临时的联合机构在六月起义被镇压之后，在无产阶级作为一股政治力量退出政治舞台之后，发生了变化。这一变化的过程首先在于他们形成了一个无能的资产阶级临时政府，其次在于共和派资产阶级唆使无产阶级发动六月起义，这导致后者在之后的事件中不再扮演任何角色。

第二个时期，即制宪国民议会时期。它的主要表现是共和派资产阶级的衰落，标志性事件就是路易·波拿巴在1848年12月10日的总统选举中被选为总统。路易·波拿巴当选总统的背后也存在一个联合，马克思在之前的《法兰西阶级斗争》里曾对此分析过。农民投票给路易·波拿巴，是他们反对共和派政府强加苛税的表现。无产阶级投票给路易·波拿巴，是为了反对镇压六月起义的刽子手卡芬雅克将军。小资产阶级投票给路易·波拿巴，一方面表现了他们反对废除税收的态度，因为资产阶级共和派可以通过废除税收而获得大资产阶级的支持，但是这威胁了小资产阶级的利益；另一方面，他们和无产阶级一样，反对卡芬雅克将军。大资产阶级为了谋求七月王朝的复辟，在路易·波拿巴当选总统之后，他们把这一既成事实视为实现复辟的第一步。至于军队支持路易·波拿巴则纯粹是为了金钱。选举的结果就是秩序党内阁的组建，它本质上是保皇主义的议会党，代表了两个资产阶级派系的联合，即马克思在《雾月十八日》里所揭示的分别代表地产和资本的正统派和奥尔良派。不过，他们的联合统治只有在议会共和国的框架内，以及在无限推迟复辟的背景下才会出现。而当立法国民议会在1849年8月中旬至11月中旬、在1850年8月11日至11月11日、和1851年8月10日至11月4日这三次休会期间，各自复辟的苗头出现了，这时秩序党的两个派系就开始分裂了。

第三个时期，即立法国民议会时期，是路易·波拿巴登场的阶段。除了路易·波拿巴把秩序党分裂成几个派系外，秩序党还因为个别成员的离开，由于对阶级斗争的恐惧和保卫各自职务的需要而日趋解体。再加上，纯粹的共和派资产阶级为了对抗路易·波拿巴，而与山岳党人（即小资产阶级社会民主派）联合，这使得议会内外的资产阶级之间的关系更加恶化。如此一来，推动路易·波拿巴最终发动政变背后的力量，恐怕除了他本身的力量之外，还包括支持路易·波拿巴的金融资本家，因为他代表了稳定；包括正统派的土地贵族，他们实际上已经把自身利益与金融贵族的利益融合起来；包括工业资产阶级，这些议会外的资产阶级关心的是足以保证交易（议会斗争被他们视为威胁）的公共秩序，但是自身力量还不足以夺取政权；包括国家官僚制内部的官员以及对国家领土扩张感兴趣的军队。

总而言之，马克思在《雾月十八日》有关历史分期的部分，表现出独特的、以历史主体（或革命主体）及其兴衰为分期界线的历史编纂学趋向，或可称为"主体性历史编纂学"趋向。它与当时流行的历史编纂学趋向不同，比如马克思恩格斯在《德意志意识形态》里批判的、"轻视现实关系而局限于言过其实的重大政治历史事件"①的德国"观念论历史编纂学"；再如马克思在1869年序言里，批判雨果由于"表现了世界历史上空前强大的个人主动性"因而把这个人"写成巨人"的"个人主义历史编纂学"；又如在同一序言里，批判蒲鲁东的"关于政变的历史构想不知不觉地变成了对政变主角所作的历史辩护"的"客观历史编纂学"②等各种趋向。

在本章行将结束之际，我们还是回到《雾月十八日》里马克思对1848年革命历史的一般判断。《雾月十八日》称这段历史为"有历史而无事

---

① 《马克思恩格斯文集》第1卷，人民出版社2009年版，第540页。
② 《马克思恩格斯文集》第2卷，人民出版社2009年版，第466页。

变"①,并说:"如果历史上曾经有一页是被涂抹得一片灰暗的话,那就正是这一页。"②其实马克思此处的措辞很值得考究。"涂抹得一片灰暗",出自黑格尔的《法哲学原理》序言:"当哲学把它的灰色绘成灰色的时候,这一生活形态就变老了。把灰色绘成灰色,不能使生活形态变得年轻,而只能使之获得认识。密纳发的猫头鹰要等黄昏到来时,才会起飞。"③

黑格尔的这段话往往被视为他思想保守的证明,马克思似乎无意中也认同甚至靠近黑格尔保守的一面(当然,这是指马克思相对激进革命者而言的保守一面)。所谓"把灰色绘成灰色,不能使生活形态变得年轻,而只能使之获得认识",意味着1848年革命在马克思看来不能改变历史,而只能使人认识历史,而"密纳发的猫头鹰要等黄昏到来时,才会起飞"则意味着,应当让现实继续发展直到成熟,思想才能真正把握现实,继而改变现实。这与马克思自身状态密切相关,他在19世纪50年代进行政治经济学批判研究,也是为了真正理解这个资产阶级社会,继而真正改变它。正是在这一意义上我们才认为,《雾月十八日》是对其1848年之前激进政治"降温"的开始,这一工作仍然和唯物史观的形成有关:"历史上周期性地重演的革命动荡是否强大到足以摧毁现存一切的基础;如果还没有具备这些实行全面变革的物质因素,就是说,一方面还没有一定的生产力,另一方面还没有形成不仅反抗旧社会的个别条件,而且反抗旧的'生活生产'本身、反抗旧社会所依据的'总和活动'的革命群众,那么,正如共产主义的历史所证明的,尽管这种变革的观念已经表述过千百次,但这对于实际发展没有任何意义。"④

① 《马克思恩格斯文集》第2卷,人民出版社2009年版,第495页。
② 《马克思恩格斯文集》第2卷,人民出版社2009年版,第496页。
③ [德]黑格尔著、邓安庆译:《法哲学原理》,人民出版社2016年版,第14~15页。
④ 《马克思恩格斯文集》第1卷,人民出版社2009年版,第545页。

本 章 小 结

　　本章主要讨论《雾月十八日》的历史主题。第一节分析了《雾月十八日》开篇诸段落与黑格尔哲学的关联，通过分析黑格尔历史哲学中的"历史中的重复"思想与美学中的"悲喜剧"概念，揭示马克思何以会认为1789年的法国大革命是"悲剧"，而1848年的法国革命是"喜剧"，进而澄清马克思选择靠近黑格尔的意图。第二节分析马克思的意识形态批判思想。从《德意志意识形态》的历时性维度发展到《雾月十八日》的共时性维度，反映出马克思自身的意识形态批判思想得到完善，且更加富有弹性，从而为日后的政治经济学批判计划敞开理论空间。第三节主要讨论《雾月十八日》与历史有关的论题，主要包括历史规律、历史理解与历史分期。恩格斯做出的历史规律判断符合当时具体情势，但也造成一定的潜在偏离可能。《雾月十八日》中的唯物史观对历史的理解区别于历史主义与历史渐进论。马克思对1848年法国革命历史的分期，体现了一种主体性历史编纂学的应用，它不仅是对过往流行的历史编纂学的批判，而且突出了马克思对历史主体的重视。不可否认，1848年革命爆发之后的历史进程使得马克思重新燃起激进民主主义的情绪。然而只有在真正从欧陆革命浪潮里抽身之后，马克思才有足够的理论空间去反思激进的革命政治。本章讨论的是处于基础地位的"历史"主题，但要真正实现对马克思原先"激进"革命政治的适度"降温"，关键仍在于把握他在《雾月十八日》里对两种"革命"与"革命群众"的理解。

第四章 《雾月十八日》的革命话语

1848 年革命时期正是马克思亲历革命、反思革命的时候，更准确地说，马克思当时所谈的不只是"革命"，而是区分了"资产阶级革命"与"无产阶级革命"。自 1789 年法国大革命以来，人们对"革命"的讨论已经足够多了，而且大多没有区分革命、暴力、政变等。不可否认，政变与革命的共同之处在于，它们都是由暴力引起的，但是正如阿伦特所言，革命使用暴力是为了"构建一种全然不同的政府形式，缔造一个全新的政治体"①，从而使被统治者从统治者的压迫中解放出来。接下来我们来探讨在《雾月十八日》里所区分开的"资产阶级革命"与"无产阶级革命"，以及资产阶级与无产阶级的革命主体性差异。

第一节 资产阶级革命的重复性

如果按照"被统治者"通过"革命"而成为"统治者"这一逻辑，那么，"资产阶级革命"意味着资产阶级取代原先的封建贵族而成为统治者，"无产阶级革命"则意味着原本作为被统治者的无产阶级成为统治者。马克思有意区分了二者。当然，如果一旦了解"革命"这个词与生俱来的模棱两可意义，也就不再奇怪：何以革命会有"资产阶级革命"与"无产阶级革命"之

---

① ［美］汉娜·阿伦特著、陈周旺译：《论革命》，译林出版社 2011 年版，第 23页。

分？何以"革命"会与"复辟"纠缠不清？

"革命一词本来是一个天文学术语……指有规律的天体旋转运动。……这个词明确表示了一种循环往复的周期运动……它作为一种隐喻用于政治领域。……革命第一次不是用于一场我们称之为革命的运动，即没用在爆发于英国克伦威尔兴建第一个革命独裁制之时，相反是用在1660年推翻残余国会之后恢复君主制之际。这个词原封不动地用于1688年，斯图亚特王室被驱逐，君权旁落于威廉和玛丽的时候。光荣革命根本就不被认为是一场革命，而是君权复辟了前度的正当性和光荣。"①

阿伦特的如上解释很契合《雾月十八日》里的"资产阶级革命"。

一、马克思使用"资产阶级革命"的由来与所指

马克思第一次使用"资产阶级革命"概念应是在1847年的《道德化的批判和批判化的道德》里。马克思用这个概念指认在荷兰、英国特别是法国发生的革命事件，然后他和恩格斯把它应用到当时德意志的身上，期望德国在不久的将来发生资产阶级革命。

马克思所使用的概念的起源和性质因具体情况而异。如"劳动价值论"不仅是对古典政治经济学家亚当·斯密和大卫·李嘉图的"价值"概念的一种批判，也是一种科学发展。如"无产阶级专政"是一个全新概念，它是在1848—1849年革命失败之后形成的，表明马克思关于"社会主义是全体工人阶级集体自治"的观点与布朗基的"精英统治模式"相对立。但是，"专政"同时也是布朗基派使用的概念。"资产阶级革命"的起源包括上述两种反应：它像"劳动价值论"一样，代表了一个刚刚有了名称的现有概念的延伸和深化；它也像"无产阶级专政"一样，是同一时期的政治话语创造。然而，与前两个概念不同的是，"资产阶级革命"相对而言并未得到马克思本

---

① ［美］汉娜·阿伦特著、陈周旺译：《论革命》，译林出版社2011年版，第31~32页。

人的很好发展。

国内外学界对"资产阶级革命"问题的研究有很多，苏格兰学者内尔·戴维森（Neil Davidson）的著作应该是最全面的。① 他认为，马克思的"资产阶级革命"概念本质上是对当时两个既有理论的继续使用：一方面，他用苏格兰启蒙学派的发展模型来解释资本主义如何从封建社会中产生；另一方面，他用法国复辟时期自由派史学家基于阶级的革命模型，来解释资产阶级如何克服绝对主义对其统治地位的阻碍。但这两方面也只是来源，马克思并没有继续接纳这两种理论来对资产阶级革命予以进一步发展。

首先看苏格兰启蒙学派。这里并不讨论马克思在政治经济学批判时期与苏格兰启蒙学派关于商业社会发展思想的差异，而是关注苏格兰启蒙学派的历史阶段发展思想可能对马克思产生的持久影响。对于苏格兰的政治经济学和启蒙思想，青年时期的马克思在理论和规范方面都不同于前辈们。亚当·弗格森（Adam Ferguson）和亚当·斯密（Adam Smith）都认识到，商业社会所必需的劳动分工对社会生活有一定的不利影响，导致非人化和德性的衰落，但如果要战胜封建主义和绝对主义，这是不可避免的。马克思没有对此提出异议，但他认为这些影响是资本主义生产方式的结果，并将随着资本主义生产方式被推翻而停止。对马克思而言真正的问题在于，除了苏格兰人所谓的"商业社会"之外，是否还有其他的社会形式？

接着看法国自由派史学家。马克思 1852 年致好友魏德迈的信被学者广为征引："至于讲到我，无论是发现现代社会中有阶级存在或发现各阶级间的斗争，都不是我的功劳。在我以前很久，资产阶级历史编纂学家就已经叙述过阶级斗争的历史发展，资产阶级经济学家也已经对各个阶级作过经济上的分析。"②在列举自己的功劳之前，马克思承认在他面前有两个群体已经认识到"阶级"与"阶级斗争"。其一，与"历史发展"相关的是"资产

---

① Neil Davidson. *How Revolutionary Were the Bourgeois Revolutions*? ［M］. Chicago：Haymarket Books，2012.

② 《马克思恩格斯全集》第 49 卷，人民出版社 2016 年版，第 81 页。

阶级历史编纂学家"的著作,直到 1854 年,马克思在阅读梯叶里的最新著作《第三等级的形成和发展史概论》(1853)时和恩格斯交流认为,梯叶里是"'阶级斗争'之父"①。但问题是,这里马克思是把"阶级斗争"视为一般范畴,而不是在谈作为这一范畴具体案例的"资产阶级革命"。资产阶级对工人阶级发动了阶级斗争,前者大多对此供认不讳。从 19 世纪 30 年代开始,资产阶级并非无法忍受阶级斗争的存在,他们无法忍受的是,声称资本主义制度下的阶级斗争可能导致一个新的、超越资本主义社会的不同社会形式(即社会主义)的产生。

不否认马克思直接从上述两种既有理论资源那里借用了"资产阶级革命"概念,但需要明确的是,《雾月十八日》里使用的是"资产阶级革命"(Bourgeois revolutions),而不是资产阶级"的"革命(Revolutions of Bourgeois),马克思所理解的"资产阶级革命"不能简化为资产阶级"的"革命,即不能简化为由资产阶级发动的,或者至少是由资产阶级领导的革命。后者往往是 19 世纪四五十年代的社会主义者们所持有的观念。

"资产阶级革命"的概念化汲取了法国大革命的结果,即推翻那些限制资本主义发展的封建专制,定义了"资产阶级革命"的性质。因此,在马克思的理解里,资产阶级革命意味着政治革命与社会革命的结合,这个概念分享了 1789 年法国大革命的政治革命与社会革命资源。法国大革命的一个划时代意义即在于,它是人类历史上的一个全新事件,它与所有先前的革命有着本质上的不同,因为大革命不仅实现了统治者的更替,而且还建立了一种新型的民主政治。这是一场政治革命,是一场政治制度更迭的革命,尽管存在旧制度的复辟,但民主政治的理念开始深入人心。这也是一场社会革命,它变革了旧社会,变革了旧社会的生产关系。

要把握马克思对资产阶级革命的理解,还是应当回到 1843 年。马克思在《论犹太人问题》中强调了将"革命"仅仅看做"政治革命"的不足,同时

---

① 《马克思恩格斯全集》第 49 卷,人民出版社 2016 年版,第 598 页。

将"政治革命"与"政治解放"联系起来："政治解放当然是一大进步；尽管它不是一般人的解放的最后形式，但在迄今为止的世界制度内，它是人的解放的最后形式。"①换言之，实现"政治解放"确实是一种进步，但还不是"革命"的最终成果。对1843年的马克思来说，"资产阶级革命"的关键成就、"政治解放"的基础在于，打破之前封建主义的政治国家和市民社会的统一："政治解放同时也是同人民相异化的国家制度即统治者的权力所依据的旧社会的解体。政治革命是市民社会的革命。……旧的市民社会直接具有政治性质，就是说，市民生活的要素……上升为国家生活的要素。……政治革命打倒了这种统治者的权力，把国家事务提升为人民事务，把政治国家组成为普遍事务，就是说，组成为现实的国家……政治革命消灭了市民社会的政治性质。"②

二、资产阶级革命"积蓄—挥霍"的时间性

1848年革命使马克思再次面对"资产阶级革命"问题。《雾月十八日》从两方面讨论"资产阶级革命"。一方面，马克思充分肯定1789年法国大革命的世界历史意义。1789年法国大革命和1848年法国革命都"战战兢兢地请出亡灵来为自己效劳"，但是，二者之间仍然存在显著差别。马克思以出色的写作技艺，既高调赞扬了资产阶级革命的历史进步意义，又巧妙揭示了资产阶级社会的欺骗性，既将1789年法国大革命的划时代意义如实地昭示出来，又掀开了资产阶级在资产阶级革命中"英雄"和"骗子"的"雅努斯"面具。1789年法国大革命的革命精神注定将流芳百世，但是大革命的"幽灵"却始终在欧洲游荡，只待"道成肉身"之时卷土重来。但问题是，再次到来的资产阶级革命，还和当年的大革命一样意义不凡吗？马克思的答案是否定的。

① 《马克思恩格斯全集》第3卷，人民出版社2002年版，第174页。
② 《马克思恩格斯全集》第3卷，人民出版社2002年版，第186~187页。

97

所以另一方面，马克思指认了资产阶级革命"积蓄—挥霍"的时间性①。1848年革命期间"只有旧革命的幽灵在游荡"②，这场革命看似和1789年大革命一样，但无论怎样模仿，都掩盖不了其拙劣的演技。像1789年这样的革命有一次就够了，如果一直沉浸在大革命的"情动"里，那么革命的能量就只能陷入"积蓄—挥霍—再积蓄"的循环："资产阶级革命……总是突飞猛进，接连不断地取得胜利；革命的戏剧效果一个胜似一个，人和事物好像是被五彩缤纷的火光所照耀，每天都充满极乐狂欢；然而这种革命为时短暂，很快就达到自己的顶点，而社会在还未学会清醒地领略其疾风暴雨时期的成果之前，长期沉溺于消沉状态。"③

艾米·温德琳(Amy Wendling)对"积蓄"的解释很有启发意义，她认为："积蓄本质上是一种冒险行为，是一场赌博，它的基础是暂时延期。"④按照上面马克思的说法，资产阶级革命爆发之前所积蓄起来的资源，最终在革命中实现了"极乐狂欢"。恰恰是这种"极乐狂欢"式的"挥霍"决定了"积蓄"的成功，如果"极乐狂欢"仍在想象中，如果资产阶级革命始终没有发生，那么积蓄就是徒劳的。但是，也有另一种"积蓄"情况需要考虑，即积蓄本身的快乐盖过了挥霍的极乐狂欢。这种积蓄会造成更多的积蓄，同时，"暂时"延期会变成"永久"延期。如此一来，积蓄能量释放的时刻就迟迟不会到来。久而久之，这种积蓄就会演化为相反面，即能量看似在不断积蓄，但实际上因为内部摩擦而不断损耗。

在《雾月十八日》的历史剧里，行政权展示了第一种"积蓄"。路易·波拿巴在政变发生之前一直在积蓄能量，最后不是以暴力"革命"，而是以暴

---

① "积蓄的时间性""能量的挥霍"是艾米·温德琳(Amy Wendling)使用过的术语，我们在此合二为一。具体可参见：Amy Wendling. Karl Marx's Eighteenth Brumaire of Louis Bonaparte[J]. *Strategies*, 2003, 16 (1)：39.

② 《马克思恩格斯文集》第2卷，人民出版社2009年版，第472页。

③ 《马克思恩格斯文集》第2卷，人民出版社2009年版，第474页。

④ Amy Wendling. Karl Marx's Eighteenth Brumaire of Louis Bonaparte[J]. *Strategies*, 2003, 16 (1)：39.

力"政变"的方式将积蓄起来的能量爆发出来，瞬间挥霍掉。立法权则展示了第二种"积蓄"。法兰西第二共和国时期的立法国民议会看似为了维持各自权力的幸存，耍着各种阴谋来积蓄政治能量，但实际上，立法权力在无谓地消耗自身的政治能量，其内部各个派系的相互摩擦，只能使立法权力慢慢耗尽，最终被路易·波拿巴用政变一扫而光。这种"积蓄"心理体现了资产阶级统治的特点。法国的资产阶级素来是一个松散的群体，除非在面对共同的敌人时，他们才会巩固起"资产阶级"这一共同的身份。所以，资产阶级的身份认同本质上是应激式的，而通过这种方式所形成的身份，最终难逃"无能"的命运。法兰西第二共和国时期，立法权力内部的各个派系为了争夺权力而极尽花哨的表演，就充分表现了这种"无能"。一旦资产阶级除掉了那些反对其巩固的力量，即不再存在需要联合起来对抗的"他们"时，资产阶级的"我们"也解散了。在《雾月十八日》里，资产阶级分裂成共和派、正统派和奥尔良派(以及二者联合起来的秩序党)、小资产阶级社会民主派等。他们乐于相互攻讦，而且无不害怕失去这种权斗所带来的积蓄乐趣，所以都心照不宣地采取保守策略，对那些哪怕稍有些激进的做法都坚决抵制甚至残酷镇压。如"秩序党"就以秩序之名，追求社会"安宁"。后来"安宁"又被路易·波拿巴窃用，秩序党也因此让自己处处受限。的确，又有什么比最终回到绝对权力更简单、更保守、更安全的呢？

顺带一提，法国的农民也具有这样的"积蓄"特征，他们可以充当资产阶级革命的物质力量，也可以一味积蓄着土地权益，直到土地变成一种抵押债务，于是农民就转变成为保守的农民，最后被路易·波拿巴牵着走。

正是在资产阶级革命"积蓄—挥霍"时间性的意义上，马克思用一句话点破了1848年革命的根本特点："发展的唯一动力仿佛是日历，它由于相同的紧张和松弛状态的不断反复而使人倦怠；对立形势周期地达到高度尖锐化，好像只是为了钝化和缓和，但始终不能得到解决。"①那么，在这场

---

① 《马克思恩格斯文集》第2卷，人民出版社2009年版，第495页。

革命的历史进程里，资产阶级究竟扮演了怎样的角色呢？

三、资产阶级在革命中的角色

马克思对于"资产阶级"的立场是矛盾的：一方面，马克思从封建贵族那里继承了贵族知识分子对"资产阶级"的蔑视，这几乎就是马克思恩格斯文字中包含如此丰富的对资产阶级贬损、嘲笑的原因。另一方面，马克思也在一定程度上赞同"资产阶级"的积极形象。如艾伦·伍德（Ellen Meiksins Wood）就认为，"资产阶级革命"的概念"不管被马克思主义怎么打扮，它和那些持欧洲中心论的资产阶级的考虑并不存在本质区别，后者认为资产阶级具有进步的能动性，并且信任资产阶级，因为他们抛弃了那些加诸其身的封建枷锁"①。

但是正如《共产党宣言》里指出的："资产阶级除非对生产工具，从而对生产关系，从而对全部社会关系不断地进行革命，否则就不能生存下去。"②从中可以看到，马克思赞美的是资产阶级的经济和社会成就，而不是赞美资产阶级夺取政权的能力。因为正如《雾月十八日》所示，只要资产阶级在进行革命斗争，他们的行动就不能完全体现他们的意图，而是必须欺骗自己："为了不让自己看见自己的斗争的资产阶级狭隘内容、为了要把自己的热情保持在伟大历史悲剧的高度上所必需的自我欺骗。"③

这里实际上提出了两个问题。首先，在1789年大革命中获胜的法国资产阶级只是过去英雄的继承者，而不是真正的英雄。马克思认为法国资产阶级在1848年革命时候已经分裂成两个对立的阵营，即正统派和奥尔良派："这两个集团彼此分离决不是由于什么所谓的原则，而是由于各自的

① Ellen Meiksins Wood. *The Origin of Capitalism: A Longer View* [M]. London: Verso, 2002: 32.

② 《马克思恩格斯文集》第 2 卷，人民出版社 2009 年版，第 34 页。

③ 《马克思恩格斯文集》第 2 卷，人民出版社 2009 年版，第 472 页。

物质生存条件，由于两种不同的财产形式，它们彼此分离是由于城市和农村之间的旧有的对立，由于资本和地产之间的竞争。"①另一个问题在当时更为迫切，即资产阶级在革命中自我欺骗的必要性。但是这种必要的自我欺骗，并不存在于 1848 年德国的资产阶级身上，马克思和恩格斯始终对德国资产阶级发挥革命作用的能力持有怀疑。恩格斯在 1847 年的春天就意识到："贵族已经衰败不堪，小资产者和农民的整个生活状况使得他们太软弱无力，工人还远不够成熟，所以他们都不可能在德国成为统治阶级。剩下来的就只有资产阶级了。"②"在德国，资产阶级是唯一能够把大部分（起码是这样）地主—企业主、小资产者、农民、工人、甚至某些贵族的利益同自己的利益结合起来，并把他们团结在自己的旗帜下面的阶级。"③恩格斯在此肯定了德国资产阶级所肩负的历史使命，但是他也有所保留和怀疑："资产阶级是否已到了必须通过消灭现状夺得政权的地步？和软弱的敌人比较起来，它自身是否有足够的力量来消灭现状？"④1848 年革命时期的普鲁士为恩格斯的疑问给出了否定的答案。资产阶级"能够"摧毁现状不等于资产阶级"愿意""将会"摧毁现状。

而且，他们对于下面的情况并不奇怪：资产阶级为什么在自己获得对绝对主义的胜利之前，就迫不及待地展开和无产阶级的斗争？马克思在 1848 年革命爆发之前就曾解释过这种行为："在这个国家里一方面还保存着君主专制的政治贫乏以及一大群已趋没落的半封建等级和关系，同时又局部地存在着由于工业的发展和德意志对世界市场的依附而在资产阶级和工人阶级之间引起的现代矛盾以及由此产生的斗争……因此，德国资产阶级在政治上尚未形成阶级之前就同无产阶级处于对抗地位。"⑤因此，资产阶级的妥协和怯懦是历史性的，而不取决于某一个人或某些小团体。不幸

---

① 《马克思恩格斯文集》第 2 卷，人民出版社 2009 年版，第 498 页。
② 《马克思恩格斯全集》第 4 卷，人民出版社 1958 年版，第 57 页。
③ 《马克思恩格斯全集》第 4 卷，人民出版社 1958 年版，第 59~60 页。
④ 《马克思恩格斯全集》第 4 卷，人民出版社 1958 年版，第 60 页。
⑤ 《马克思恩格斯全集》第 4 卷，人民出版社 1958 年版，第 346 页。

的是，虽然资产阶级可能已经弃演了革命的角色，但是绝对主义却没有放弃反革命的角色。

其实，在当时的欧洲大陆，大多数国家都还没有经过资产阶级革命的洗礼，它们在经济上比德国更不发达。如果说，它们也会产生所谓"迟来的"资产阶级，那么，这岂不是意味着德国才是资产阶级发展的典型，而不是法国？实际上，马克思也解释过，1848年法国革命中的资产阶级为什么不想对国家实行直接的政治控制："因为资产阶级留恋那个时期，当时它占居统治地位而不用对自己的统治负责；当时介于资产阶级和人民之间的虚构的权力既为资产阶级的利益效劳，又替资产阶级掩护；当时资产阶级有个戴着王冠的替罪羊，每当无产阶级要向资产阶级本身射击的时候，炮弹总是落在替罪羊的身上，而一旦这个替罪羊成了资产阶级的累赘以及资产阶级想把自己的政权确立为专为自身服务的政权，资产阶级就自动同无产阶级联合起来反对它。资产阶级把国王作为防备人民的避雷针，而把人民作为防备国王的避雷针。"①

《雾月十八日》延续了这一观点："当资产阶级的统治还没有充分组织起来，还没有获得自己的纯粹的政治表现时，其他各个阶级的对抗也不能以纯粹的形式出现，而在出现这一对抗的地方，它也不能实现那种使一切反对国家政权的斗争转化为反对资本的斗争的危险转变。"②马克思在这段话里划分了两个斗争领域，即"反对国家政权的斗争"和"反对资本的斗争"，而且更为重要的是，马克思强调从前者转向后者是危险的，这种转化的前提是资产阶级统治的充分组织化。但是，马克思对下面的问题至少在当时还语焉不详：无产阶级究竟是等待资产阶级的统治充分成熟之后再进行夺权行动？还是不等其成熟时就夺权？这个问题直接关系到后来第二国际时期伯恩斯坦与卢森堡的核心争论，也关系到后来十月革命的成功。众所周知，列宁选择不等资产阶级的统治充分发展，立即进行武装夺权。

---

① 《马克思恩格斯全集》第5卷，人民出版社1958年版，第532页。
② 《马克思恩格斯文集》第2卷，人民出版社2009年版，第515页。

然而这是否可以回溯性地认为，马克思当年的判断模棱两可呢？其实在政变之后的情势中，马克思只能做出这样谨慎的判断。熟悉欧洲革命历史的人们都了解，1871年巴黎公社的情势变化了，相应地，马克思在《法兰西内战》里的表达更加激进化。而1917年俄国革命的情势与欧洲大陆其他国家的革命情势迥然不同，因此从事后看，列宁的确做出了最契合俄国当时情势的革命选择。

接下来还是回到1848年革命中的"资产阶级"。以"资产阶级"为中心，我们不难把握这一时期整体的革命情势：一方面，封建绝对主义国家拒绝向革命让步，另一方面，资产阶级不同程度地不愿发挥革命作用，甚至还可能因惧怕无产阶级而扮演了反革命的角色。所以总体上看，19世纪四五十年代的资产阶级在经济上逐渐成为占支配地位的社会力量，但是在政治上并没有成为一个支配性的阶级。

资产阶级作为议会内的政治统治阶级，"总是用理论上的浮夸来弥补自己实践上的卑下"①。而议会外的资产阶级，即金融贵族和工业资产阶级，并不买议会内资产阶级的账，他们指责立法权和行政权的斗争是对秩序的破坏，嫌弃斗争妨碍了自身私人利益的实现。这种对议会内外的资产阶级矛盾的考察，在马克思日后触及英国的议会制度时继续延展开来。资产阶级作为统治阶级的两难，在英国政治中表现得最为突出。英国统治阶级内部再多元也超不出议会制度的框架。其实法国也是如此，只有在议会制共和国这种国家形式里，法国资产阶级的两大集团(即正统派和奥尔良派)才能联合起来，"从而把本阶级的统治提到日程上来，以代替本阶级中的一个特权集团的统治"②。

那么，在议会制的框架里，这些政治上的统治阶级是如何生存的呢？它们只能在利益的整合与分裂下生存。这看似是矛盾的，但却构成了19世纪议会政治的特色。资产阶级若想作为政治阶级得以自立，那么就不

---

① 《马克思恩格斯文集》第2卷，人民出版社2009年版，第531页
② 《马克思恩格斯文集》第2卷，人民出版社2009年版，第499页。

能不借助其他阶级的帮助，并且必须以独立的势力在政治上代表自己阶级的利益。因此在必要的时候，资产阶级内部的各个派系会联合起来，这点在法兰西第二共和国时期突出表现为"秩序党"的形成。在危机时代，这样的利益整合是不难达成的。然而，一旦危机过去，当社会和国家的"安宁"成为主要目的的时候，资产阶级原本很功利性的联合自然也就迅速土崩瓦解了。

在这种情况下，尽管资产阶级的内部派系各怀鬼胎，但是资产阶级与国家机器的紧密联系是无论如何也分不开了。这种联系非常矛盾，上文已经分析过资产阶级革命"积蓄—挥霍"的时间性，如今看来，这种属性终究还是由"资产阶级"本身所带来的。一方面，"（法国资产阶级）以国家薪俸形式来补充它用利润、利息、租金和酬金形式所不能获得的东西"。另一方面，"资产阶级的政治利益又迫使它每天都要加强压制，即每天都要增加国家政权的经费和人员，同时又必须不断地进行反对社会舆论的战争，并由于猜疑而去摧残和麻痹独立的社会运动机关，如果不能把它们根本割掉的话"①。资产阶级就在这种不断的"积蓄—挥霍"循环里耗尽自己的能量，最终面对路易·波拿巴的政变只能束手就擒。

不过归根结底，议会内的资产阶级还是对议会外的资产阶级产生消极影响。在1848年革命中的法国，议会外的、在经济上占支配地位的资产阶级，他们的确受到商业危机的影响，不过商业危机对法国政治局势的影响"只是局部的，而且是很微小的"②。换言之，商业危机不过只是一种短暂的停顿，按理说不会对资产阶级的生活产生太大影响。但是正因为政治情势的添油加醋，反倒使得议会外的资产阶级每天都被"关于政变和恢复普选权的种种谣传、议会和行政权的斗争、奥尔良派和正统派的攻讦"所折磨、搅扰和麻痹，最终导致资产阶级在一片混乱中"气急败坏地向自己的

---

① 《马克思恩格斯文集》第2卷，人民出版社2009年版，第512页。
② 《马克思恩格斯文集》第2卷，人民出版社2009年版，第551页。

议会制共和国喊道：'无终结的恐怖，还不如以恐怖告终！'"①，从而投入路易·波拿巴的怀抱。

第二节　无产阶级革命的创造性

在具体展开对"无产阶级革命"的讨论之前，我们不妨继续看阿伦特的以下判断："法国大革命以来，对每次暴动的解释，不管是革命的还是反革命的，言必称滥觞于1789年的运动，是它的延续，这已经习以为常了，仿佛平静的、恢复秩序的时光只不过是一种短暂间歇，其间地下激流涌动，积攒力量，只等再度迸发冲上地面。"②面对习以为常的"资产阶级革命"，马克思需要做出某种突破。换言之，在马克思的革命理论中需要一种具有原则高度的"革命"概念，一种摆脱资产阶级革命的循环、与过去革命划界的概念。这项工作的首要任务是为它命名，马克思给出的答案是"无产阶级革命"。

一、从"未来"汲取诗情的无产阶级革命

马克思在《雾月十八日》里说："19世纪的社会革命不能从过去，而只能从未来汲取自己的诗情。"③如何理解从"未来"汲取诗情？我们接下来把"过去""现在"和"未来"三个维度统一起来考虑。

首先需要清楚马克思对待"过去"的立场。本雅明曾说："过去的真实意象一闪而过。我们只能抓住过去的意象，而且这种意象在识别的瞬间闪

---

① 《马克思恩格斯文集》第2卷，人民出版社2009年版，第553页。

② ［美］汉娜·阿伦特著、陈周旺译：《论革命》，译林出版社2011年版，第39页。

③ 《马克思恩格斯文集》第2卷，人民出版社2009年版，第473页。

现，从此再不复见。"①既然"过去"的意象一闪而过，那么如何在"现在"真正发挥过去意象的作用？这是革命首先需要面对的问题。《雾月十八日》的开篇告诉我们，1789 年法国大革命时期的英雄是如何成功地使用罗马过去意象的。反观 1848 年革命，它对"过去"意象的使用却是失败的："自以为借助革命加速了自己的前进运动的整个民族，忽然发现自己被拖回到一个早已死亡的时代。"②

其次，马克思如何理解"过去"与"现在"的关系。在这一层关系上，我们不妨继续借鉴本雅明的理解。他于 1940 年在《历史哲学论纲》里有下述略显粗俗的话："历史唯物主义者不可能没有一个现在的观念，现在不是一种过渡，而是说在现在，时间停顿(einsteht)并停止。因为这一观念界定了历史唯物主义者自己书写历史所立足的现在。历史主义给出的是过去的外在意象；而历史唯物主义提供的则是与过去有关的经历，一种独一无二的忍受(dasteht)经历。历史唯物主义者任由他人在历史主义的妓院里被那个叫'从前'的娼妓榨干。历史唯物主义者始终控制着他自己的力量——精力十足到炸开历史的连续体。"③实际上，这条论纲是由本雅明之前的判断转换而来的。他在 1937 年曾写道："历史主义呈现了过去的永恒形象，而历史唯物主义则呈现了对过去的特定体验——一种独特的体验。史诗的要素被建构性的元素取代，这被证明是这种体验的前提。那些被紧紧束缚在历史主义的'从前'里的巨大力量，在这段体验中得到解放。历史唯物主义的任务是让一种对历史的体验产生作用——这段历史是每个现在的源起。历史唯物主义直接指向一种针对现在的意识，这一意识引爆了历史的连续体。"④相比之

① Walter Benjamin. *Walter Benjamin Selected Writings Volume* 4，1938-1940［M］. Boston：Harvard University Press，2006：390.

② 《马克思恩格斯文集》第 2 卷，人民出版社 2009 年版，第 472 页。

③ Walter Benjamin. *Walter Benjamin Selected Writings Volume* 4，1938-1940［M］. Boston：Harvard University Press，2006：396.

④ Walter Benjamin. *Walter Benjamin Selected Writings Volume* 3，1935-1938［M］. Boston：Harvard University Press，2006：262.

下，1937 年的表述比 1940 年的表述要平和许多，而且其中至少有两个变化：一个是，历史主义过去的"永恒"意象变成过去的"外在"意象，这个改动是为了与历史唯物主义的"内在"体验相对应；另一个是，本雅明后来使用了一对术语——"a stand（einsteht）"与"the stand（dasteht）"。我们认为，他这是有意在使用"stand"的双关内涵，既表现时间的"停顿"，也表现历史唯物主义者对过去受压迫历史的"忍受"。

最后是"过去"与"未来"的关系。在这层关系上，我们需要离开本雅明，回到马克思的立场上来。因为本雅明的观点是从"过去"看到"未来"："预言者的目光被迅速后退的过去点燃了。也就是说，先知已经离开了未来：过去的光线在他面前没入时间之夜，他在过去渐弱的光线中看到了未来的轮廓。"①而马克思则主张忘记"过去"，不是从"过去"，而是从"未来"汲取无产阶级革命的诗情。当马克思说"一切已死的先辈们的传统，像梦魇一样纠缠着活人的头脑"②的时候，实际上没有表达出太多对"过去"的好感。"梦魇"一词通常被理解为精神的重压，这并非一个褒义的形容词，而且马克思之后以"学习语言"为例，更能表明他的态度："就像一个刚学会一种新语言的人总是要把它翻译成本国语言一样；只有当他能够不必在心里把新语言翻译成本国语言，能够忘掉本国语言而运用新语言的时候，他才算领会了新语言的精神，才算是运用自如。"③马克思在这里表达了忘记过去历史的观点，但是这种"忘记"不可等同于历史虚无主义。他所谓"忘掉本国语言"，即是忘掉那种继承而来的语言。实际上马克思指的是不要"因循守旧"，不要像 1848 年革命那样对过去的革命进行拙劣模仿。至于"新语言的精神"，指的就是新革命的精神，即马克思之后提到的"无产阶级革命"的精神，它不再是旧的资产阶级革命的幽灵。

---

① Walter Benjamin. *Walter Benjamin Selected Writings Volume* 4，1938-1940［M］. Boston：Harvard University Press，2006：407.
② 《马克思恩格斯文集》第 2 卷，人民出版社 2009 年版，第 471 页。
③ 《马克思恩格斯文集》第 2 卷，人民出版社 2009 年版，第 471 页。

众所周知，马克思并没有否认 1789 年法国大革命伟大的世界历史意义，但是，马克思与本雅明的根本差异，或许也是和许多激进革命者的根本差异就在于："不是为了让革命的幽灵重行游荡。"①马克思认为未来的无产阶级革命不是在"过去"，而是在"未来"，所以他才会说："19 世纪的革命一定要让死人去埋葬他们的死人。"②

在此还需要强调的是，马克思在《雾月十八日》里没有谈论"现在"。我们认为这很大程度是因为他认为无产阶级革命是"彻底的"："它还处在通过涤罪所的历程中。它在有条不紊地完成自己的事业。"③即无产阶级革命是一个地下的、在"后台"运作的、需要一段潜伏期的过程。当然，"现在"的缺席也与当时的具体情势密不可分，也即，反革命势力的强大与革命一方内部意识形态的纷争，使马克思暂时没有把"现在"纳入到自己的革命政治光谱里。

二、"诗情"与"想象"：马克思对浪漫主义遗产的批判使用

马克思在《雾月十八日》里区分了两种革命，分别是重复过去的资产阶级革命和"从未来汲取诗情"的无产阶级革命。德蒙·瑞恩（Dermont Ryan）在解读马克思的"诗情"时使用了亚里士多德的用词——"poiein"。④ 亚里士多德区分了"historia（调查、探究）"和"poiein（making）"的异同。在马克思那里，无产阶级革命的工作是"创造"，而非仅仅是"调查"，而且，马克思在《雾月十八日》里使用的是"die poesie"，而不是"die dichtung"（文学），这使得这种联系更加直接。

为了进一步厘清"诗情"与"无产阶级革命"的关系，不妨先看"诗情"意味着什么。英国诗人雪莱（Percy Shelley）曾经为"诗"辩护。马克思很钦

① 《马克思恩格斯文集》第 2 卷，人民出版社 2009 年版，第 472 页。
② 《马克思恩格斯文集》第 2 卷，人民出版社 2009 年版，第 473 页。
③ 《马克思恩格斯文集》第 2 卷，人民出版社 2009 年版，第 564 页。
④ Dermont Ryan. The Future of an Allusion: Poïesis in Karl Marx's The Eighteenth Brumaire of Louis Bonaparte[J]. *SubStance*, 2012, 41 (3).

佩雪莱，他曾说，雪莱本质上是一个革命者，他将永远是社会主义的先锋之一。对雪莱的政治倾向定位，不会因他过早离世而有疑义："雪莱去世太早了，甚至都来不及成为一个空想社会主义者，因为欧文和傅立叶的实验尚在未来，当然，更来不及成为马克思主义者。不过，因为他对阶级斗争的洞察，左派人士往往把雪莱归为左派。"[1]他的《仙后麦布》后来被誉为"宪章派的圣经"，《安那其的面具》和《奥兹曼迪亚斯》都表明雪莱是一个勇于向权力讲真话的革命诗人，他知道工人需要信心来反抗压迫，所以他写诗歌就是为了激励他们。

当然，与这里讨论主题最为密切的还是雪莱在1821年为回应友人而作的《为诗辩护》。1821年，雪莱的知交皮科克（Thomas Peacock）写了一篇文章，题为《诗的四个时代》。他认为现代诗歌的应用太低，所以诗人应该转向更有用的学科，如经济学和政治经济学。雪莱的回应就是为诗歌和诗人辩护，称他们是人类想象力生活的一部分。他承认有糟糕的诗人，但那不应该代表诗歌本身。他把《为诗辩护》与政治联系起来，他在《一种改革的哲学观》里再次重复了《为诗辩护》中的话。在此过程中，雪莱并没有将诗歌局限于文学艺术上，而是包含了富有想象力和原创性的思想，当然也包括戏剧和散文等文学形式。

雪莱在《为诗辩护》中解释诗歌如何影响未来："诗人们……是法律的制定者，文明社会的创立者，人生百艺的发明者……依据诗人生存的时代和国家的情况，在较古的时代，诗人都被称为立法者或先知；一位诗人本质上就包含并且综合这两种特性。因为他不仅明察客观的现在，发现现在的事物所应当依从的规律，他还能从现在看到未来，他的思想就是结成最近时代的花和果的萌芽。"[2]

---

[1]　Jacqueline Mulhallen. *Percy Bysshe Shelley*: *Poet and Revolutionary*［M］. London: Pluto Press, 2015: 130.

[2]　［英］雪莱著、缪灵珠译：《为诗辩护》，载中国社会科学院文学研究所编：《古典文艺理论译丛（卷一）》，知识产权出版社2010年版，第83页。

"诗人"与"现在"的关系，就像马克思所说的真正的"翻译"与"过去"的关系。诗人不仅明察现在，"发现现在的事物所应当依从的规律"，而且"从现在看到未来"。这与马克思的想法很相似："哲学家们只是用不同的方式解释世界，问题在于改变世界。"①未来的哲学家不再是解释者、翻译者，而是"诗人"。

那么，"诗人"的形象在何种意义上才能称得上革命的"先驱"呢？雪莱如是说："在一个伟大民族觉醒起来为实现思想上或制度上的有益改革而奋斗当中，诗人就是一个最可靠的先驱、伙伴和追随者。……诗人是世间未经公认的立法者。"②对他来说，诗人是一个具有想象力、具有远见而且具有同情心的人。雪莱为诗所作的辩护至今仍然提醒我们，科学本身并不比艺术更好或更有用，掌握科学知识也需要有想象力和洞察力作为保证。我们需要对未来的洞察，同时也希望把它们付诸实践。所以，既要务实又要有想象力，我们是在为诗情、为新的思想和意想不到的要素留出空间。在雪莱眼中艺术可以成为一种政治鼓舞，而且应该位于政治思想的最前方。

诗人所具有的想象力就是"从未来汲取诗情"的能力，"想象即创造"③，"想象"为革命者提供了一个走出历史"重演"的出口，是一种能在"现在"读出"未来"的工具，"想象"使主体可以跳出当前环境的限制。但是也必须承认，"想象"与"幻象"的区分在马克思那里并不是特别明确，这与他赋予"无产阶级革命"的实践性分不开。

当马克思复述黑格尔的表述——"这里是罗陀斯，就在这里跳跃吧！这里有玫瑰花，就在这里跳舞吧！"主要是为了强调无产阶级革命的"实践"本质，而非"模仿"本质。"跳舞"这个行为根本上区别于之前革命所上演的

---

① 《马克思恩格斯文集》第1卷，人民出版社2009年版，第502页。
② [英]雪莱著、缪灵珠译：《为诗辩护》，载中国社会科学院文学研究所编：《古典文艺理论译丛(卷一)》，知识产权出版社2010年版，第112页。
③ [英]雪莱著、缪灵珠译：《为诗辩护》，载中国社会科学院文学研究所编：《古典文艺理论译丛(卷一)》，知识产权出版社2010年版，第80页。

戏剧性表演，即无产阶级革命需要的是真正的"行动"，而不是资产阶级革命的"重演"，而且，当马克思确信"19世纪的社会革命……只能从未来汲取诗情"时，也更多是一种命令的意味，而非一种论证。马克思没有解释为什么那些原本习惯于"重复"的人们在某一时刻会突然放弃"重复"的策略，而且从马克思之后的历史事实中可以得到证明：虽说无产阶级革命者"必须"从未来汲取诗情，但这并不意味着他们"将会"从未来汲取诗情。因此，出现在《雾月十八日》开场白中的命令，毋宁是一种告诫。

　　然而，"想象"未来是一回事，想象的产物即"意象（image）"又是另一回事，如马克思在《雾月十八日》里批判民主派时说道："弱者总是靠相信奇迹求得解救，以为只要他能在自己的想象中驱除敌人就算打败了敌人。"[1]马克思想要强调，"从未来汲取诗情"不等于"崇拜未来的意象"。真正的革命者的确是为了未来而工作，但是他们决不崇拜未来。虽然在《雾月十八日》的标题里出现了路易·波拿巴，这说明路易·波拿巴是这篇文章批判的对象，但是马克思恐怕真正要批判和讽刺的其实是"社会民主派"，批判那些不抵抗甚至默许路易·波拿巴成功的党派们，批判那些被"拿破仑"的名称所迷惑的人们。如果说，马克思在亲身经历1848年德国革命之后更加清楚地认识到资产阶级是革命的背叛者，那么，当马克思重新审视1848年法国革命的历史时，他发现"社会民主派"才是无产阶级革命真正的背叛者。

　　不过，路易·波拿巴也表现了另一种意象，而且他的意象恰好克制了法兰西资产阶级的意象："当资产阶级毫不违反法国演剧格式的迂腐规则，十分严肃地表演最纯粹的喜剧时，当它一半被骗一半信服自己的大型政治历史剧的庄严时，一个把喜剧仅仅看做喜剧的冒险家当然是要获得胜利的。"[2]我们从马克思的上述表述中可以清楚看到路易·波拿巴和资产阶级对待历史的不同态度，这种不同直接决定了路易·波拿巴将取得

①　《马克思恩格斯文集》第2卷，人民出版社2009年版，第475页。
②　《马克思恩格斯文集》第2卷，人民出版社2009年版，第523~524页。

最后的胜利。当资产阶级在"严肃地表演"时，路易·波拿巴则戴上"拿破仑"的面具，自顾自地演着自己的"模仿剧"。资产阶级不知从哪儿来的自信认为拿破仑的历史不会再重演。

在这一意义上我们或许能够理解，为什么《雾月十八日》用大量篇幅来批判法兰西第二共和国的"代议制政治"，不仅是因为法国的无产阶级不以自己的名义行动，还把革命的领导权让给那些所谓的"代表"，还因为代议制政治"使得一个平庸而可笑的人物有可能扮演了英雄的角色"①，这是一个更大的社会政治症候，几乎所有 1848 年参加革命的法兰西人都被他们想象出来的意象所误导了，所以马克思才会说："在历史的战斗中应该把各个党派的言词和幻想（Einbildungen）同它们的本来面目和实际利益区别开来，把它们对自己的意见（Vorstellungen）同它们的真实本质区别开来。"②马克思批判地继承并发展了"想象"这个浪漫主义的范畴，而且把它作为一种在无产阶级革命工作中至关重要的、不可或缺的工具。

三、马克思的不断革命理论

在马克思的革命规划里，"资产阶级革命"与"无产阶级革命"之间是否存在一个过渡性质的革命呢？这就是接下来要讨论的"不断革命"问题。

在资产阶级革命的历史上，平民参与革命并不是什么新鲜事。比如乔治·勒费弗尔（Georges Lefebvre）在对法国大革命的四种革命类型的划分

---

① 《马克思恩格斯文集》第 2 卷，人民出版社 2009 年版，第 466 页。
② 《马克思恩格斯文集》第 2 卷，人民出版社 2009 年版，第 499 页。在这里，"想象"分别指"幻想"和"意见"。马克思思想强调，设想在观念中存在的东西，既是一种设想未来的力量，同样也可能会是迷惑我们的来源。其实，马克思所使用的一系列词，都具有"想象"的意思。大体可以分为两类：一类是概念化的能力。Vorstellung 可以意味着"idea（观念）"、"conception（概念）"、"opinion（意见）"、"illusion（错觉）"，以及"imagination（想象）"。另一种是赋予观念一种力量。Einbildung 也可以指想象，不过它也可能意味着"vanity（虚荣）"和"deceit（欺骗）"。

里，就有"城市市民革命"和"农民革命"。可见，在1848年之前，资产阶级可能并不是参与革命进程的唯一的、必然的社会力量，即便它比现有统治者的人数更多，但整体看它仍然属于少数。资产阶级的领导者不得不以普遍权利的欺骗口号来动员群众，这是少数阶级领导并推翻旧制度所必需的，但同时也掩盖了剥削将以新形式继续存在的事实。马克思显然也注意到平民在资产阶级革命中的作用，即资产阶级革命平民式的恐怖，而后者正是让资产阶级恐惧的力量。

这再次引起马克思质疑资产阶级的革命能力，这种质疑不仅关涉资产阶级在人数上不占优势，而且意味着，如果不是底层平民的步步紧逼，资产阶级的绝大多数成员无论如何也不会采取可能使革命成功的必要行动。马克思通过资产阶级在经济条件上的不充分成熟和在政治行动上的优柔寡断，表明资产阶级作为一个革命阶级的不称职，之后需要由另一个社会阶级的代表来代替资产阶级进行政治行动。很显然，这个漫长的过程在1848年的德国还未完全开始。资产阶级妥协与不彻底的本性，使得代表资产阶级的利益进行革命的行动者(不仅是无产阶级)有可能发现，在这样的革命情势下，他们自己的目标是不可能实现的。就像恩格斯在《德国农民战争》里所分析的，虽然闵采尔代表了农民的共产主义抱负，但这些抱负在当时是无法实现的，因为真正有能力实现这些抱负的唯一社会力量——工人阶级——还没有成熟到足以作为一种能动性来行动。因此，闵采尔所能希望实现的只是"统治条件已成熟"的那个阶级的目标。

马克思在1847年早已经指出了这一点："当使资产阶级生产方式必然消灭、从而也使资产阶级的政治统治……的物质条件尚未在历史进程中、尚未在历史的'运动'中形成以前，即使无产阶级推翻了资产阶级的政治统治，它的胜利也只能是暂时的，只能是资产阶级革命本身的辅助因素(如1794年时就是这样)。"[1]当时的马克思认为无产阶级推翻资产阶级统治的

---

[1] 《马克思恩格斯全集》第4卷，人民出版社1958年版，第331~332页。

物质条件还不存在；但是到了 1850 年，他认为如果这种物质条件不存在，那无产阶级也可以在短时间内把条件创造出来。这种思想的变化就是马克思"不断革命（permanent revolution）"理论的基础。

研究马克思革命理论的知名学者哈尔·德雷珀（Hal Draper）认为，"不断革命"源于法国大革命，当时随着大众阶级越来越多地参与其中，事件以一系列越来越激进的形式出现，其结果就是把革命推到资产阶级可以接受的限度之外。但是这些激进的社会力量无法维持一个新的社会，最后使它又回落到资产阶级的统治。因此，"不断革命"意味着一种连续的、不间断的、逐步升级的环节。①

马克思在 1843 年公开使用"不断革命"概念，如《论犹太人问题》里说："只有宣布革命是持久的，才能做到这一点。"②再如《神圣家族》里说："（拿破仑）用不断的战争来代替不断的革命，从而完成了恐怖主义。"③然而，在 1848 年德国革命时期，"不断革命"并不专属于他们，而可以看做"民主派"，即小资产阶级、农民、工人阶级和左翼资产阶级自由派联盟的共同所有。不过他们的目标是建立"社会共和国"，即仿照法国大革命雅各宾统治时候最激进状态的政体。

在 1848 年德国革命的过程中，马克思先后持有三个版本的"不断革命"理论，随着资产阶级愈发表露出对绝对主义政权的亲近，这三个版本也愈发激进。第一个版本是，资产阶级与民主派结盟推翻现存政权，然后民主派排除资产阶级而建立"社会共和国"。第二个版本是，随着资产阶级更关心他们的财产是否受到威胁，而不是如何应对绝对主义，况且民主派为了自己的社会共和国而希望开辟新路，虽然这条路仍在资本主义的界限里，即希望促进资本主义的迅速发展，但同时也在酝酿一场新的革命。第

---

① Hal Draper. *Karl Marx's Theory of Revolution Volume* 2：*The Politics of Social Classes*[M]. Delhi：Aakar Books, 2011：201-206.

② 《马克思恩格斯全集》第 3 卷，人民出版社 2002 年版，第 175 页。

③ 《马克思恩格斯全集》第 2 卷，人民出版社 1957 年版，第 157 页。

三个版本是，当人们清楚地看到"民主派"内部的非工人阶级不再愿意推动革命向前，革命除了对抗由绝对主义和大资产阶级联合起来的反革命之外，别无他选。如果依照法国大革命的情况，革命不断升级的最后结果就是无产阶级在更高级的资本主义革命中取得胜利。①

在马克思恩格斯这一时期堪称最激进的著作里，即《共产主义者同盟中央委员会告同盟书》（1850年3月）中，就包含了最后一个"不断革命"版本。这部作品表达了两个主题：第一，资产阶级自由派和改良主义的社会民主派在当权时将是工人阶级最危险的敌人，因此，第二，工人阶级需要保持绝对的组织独立和政治独立。除了这个文本高潮迭起的修辞之外，马克思始终都在谋划一个更为现实的革命日程。例如他写道："如果说德国工人不经过较长时间的革命发展过程，就不能掌握统治权和实现自己的阶级利益，那么这一次他们至少可以确信，这一出即将开始的革命剧的第一幕，将与他们本阶级在法国取得直接胜利同步上演，因而第一幕的进展一定会大大加速。"②德国工人阶级必须保持他们对于小资产阶级的组织独立和政治独立，即使在封建绝对主义国家被完全推翻之后，还要继续维护自己的阶级利益。同年晚些时候，马克思在《法兰西阶级斗争》中继续确认了这一立场，他仍然坚持德国工人应该从法国最先进的工人运动中获得激励和灵感。尽管如此，马克思仍然不忘强调资本主义进一步发展对于"无产阶级革命"的必要性："只有工业资产阶级的统治才能铲除封建社会的物质根底，并且铺平无产阶级革命唯一能借以实现的地基。"③

最后，有关这一时期马克思恩格斯对"无产阶级革命"的判断是否过于乐观问题，历史已经有了定论，恩格斯也在1895年《法兰西阶级斗争》"导言"里自觉承认了这一点。我们只想在此明确，"不断革命"是马克思恩格

---

① Hal Draper. *Karl Marx's Theory of Revolution Volume* 2：*The Politics of Social Classes*[M]. Delhi：Aakar Books, 2011：229-258.

② 《马克思恩格斯文集》第2卷，人民出版社2009年版，第198~199页。

③ 《马克思恩格斯文集》第2卷，人民出版社2009年版，第88页。

斯基于 1848 年革命具体情势而提出的革命策略，它有非常强烈的历史限度，所以审度这一概念的当代价值时需要谨慎，而且这一革命过渡时期的策略，后来变为"无产阶级的革命专政"，表明马克思已经从单纯的革命话语进入国家理论的论域。然而无论马克思如何变换说法，他始终没有放弃"无产阶级"这一革命主体角色。

第三节　无产阶级的革命主体性

"无产阶级（proletariat）"的概念原型应是古罗马共和国时期形容最低等人群的专有概念。到了 19 世纪三四十年代，随着工人运动的发展，欧洲出现"无产阶级"的诸多变体，都以"自由雇佣工人"的近代定义而出现。而在这之前，它更多带有贬义，即"无产阶级"是与"贱民（rabble）"、"流氓（knave）"等直接相关的带有贬义的术语。19 世纪法国的奥斯曼男爵曾把无产阶级形容为"游牧的暴民"，梯也尔则声称："这些异质的暴民，这些无家无居所的流浪暴民，他们如此机动，以致根本没法儿把他们约束在一个地方。"①而正是这样的一个词，成为马克思"无产阶级革命"的决定性力量。

一、作为普遍阶级的无产阶级

马克思在 1843 年创造性阐释"无产阶级"概念的时候，并没有处理无产阶级中的"流氓"属性。他只是赋予无产阶级"霸权的""普遍的"力量，但是对概念本身的贬义属性还没来得及清理。在《〈黑格尔法哲学批判〉导言》里，他所描述的无产阶级是一个普遍阶级，它因为贫穷而没有私有财产。

如果从思想史的角度看，我们还可以读出马克思对黑格尔法哲学的批

---

① Louis Chevalier. *Labouring Classes and Dangerous Classes in Paris during the First Half of the Nineteenth Century*[M]. London：Routledge and Kegan Paul，1973：364-365。

判性发展。马克思认为，德国的矛盾在于其哲学的发展超出了其政治的发展，实际上甚至超出欧洲一般政治情势的发展。他认为这种哲学（或观念）与实际情势的冲突亟待一场激进革命，而革命行动显然不包括在黑格尔的逻辑里。"观念"必须完全具体化，只有资产阶级社会完全解放了自己，并在它之上和之外占有黑格尔所建构的抽象国家，观念才能实现这一具体化。然而，政治国家与市民社会之间的矛盾本身就是市民社会内部矛盾的表现，即诸社会阶级之间的矛盾。邻国法国的各个社会阶级至少在一段时间内都成功地进入了激进革命的状态："在法国，人民中的每个阶级都是政治上的理想主义者，它首先并不感到自己是个特殊阶级，而是整个社会需要的代表。因此，解放者的角色在戏剧性的运动中依次由法国人民的各个不同阶级担任，直到最后由这样一个阶级担任，这个阶级在实现社会自由时，已不再以在人之外的但仍然由人类社会造成的一定条件为前提，而是从社会自由这一前提出发，创造人类存在的一切条件。"①

当时的德国人民显然还远没有达到法国人民这样的政治觉悟，这一现状在黑格尔关于现代国家的"抽象而不切实际的思维"中得到"最系统、最丰富和最终的表述"②。这就是为什么马克思认为德国未来的革命不可能出现在一个特定的阶级中，而只能通过资产阶级社会所有阶级的彻底解体，才能真正解决社会和国家、现实和观念的二元对立。无产阶级就是实现这一可能性的工具。通过无产阶级，观念才会成为现实。因此，如果说马克思并没有完全否弃黑格尔哲学，也是在以下意义上说的，即马克思试图为人类主体的观念和现实提供一个更为稳固的基础，他用无产阶级的革命辩证法代替了黑格尔的观念，而且更重要的是，马克思还继承了黑格尔一个更深层的特征，即意识的觉醒。

意识觉醒是黑格尔《精神现象学》辩证法中非常重要的概念，在马克思那里也成为人类解放的驱动力。意识的觉醒并不是对某些事物状态的被动

---

① 《马克思恩格斯全集》第 3 卷，人民出版社 2002 年版，第 212 页。
② 《马克思恩格斯全集》第 3 卷，人民出版社 2002 年版，第 207、206 页。

反映。无产阶级意识到人的异化的行为，这本身就意味着内在于人自身的矛盾的存在。这种矛盾是真实存在的，是要求解决的，因为从对象性层面看，它表达了一种经验的情境，即人在他自身之外作为一种对象而存在；从主体性层面看，它表达了人对这种情境的否定，人作为一个不可分割的主体，对他来说，不可能把自己当做纯粹的对象性存在。而对马克思而言，作为革命主体的无产阶级经历了人类最极端矛盾的境遇，所以其才能够彻底地解决这一矛盾。马克思恩格斯在《德意志意识形态》里延续了这一判断："（无产阶级）必须承担社会的一切重负，而不能享受社会的福利，它被排斥于社会之外，因而不得不同其他一切阶级发生最激烈的对立。"①

在 1848 年革命之前，马克思至少从以下三点出发处理无产阶级的属性：第一，对拥有"彻底的锁链"的无产阶级的具体化。无产阶级之所以具有成为普遍阶级的潜力，其原因在于其"没有财产"，从而使其与"有钱有教养的世界"②相对抗。无产阶级除了劳动能力之外一无所有，所以无产阶级为了生存下去就必须出卖劳动力。第二，无产阶级被迫集体行动。在工厂、矿山和办公室里可不能像土地等级划分农民那样划分工人。这表明，作为一种经济形态的无产阶级的简单存在，并没有赋予其革命的结构性能力。雇佣劳动对资本来说固然重要，因为随着竞争的积累，它是制度的组成部分，但是，雇佣劳动者不一定能够在资本主义发展的每一个阶段都挑战权力。18 世纪和 19 世纪，农村劳动者和佣人都占了无产阶级的大多数，但他们都无法推翻这个制度。因此，不仅要归功于资本主义创造了工人阶级，还要归功于资本主义将工人集中在一起从而形成集体局面的特殊方式。将工人聚集在一起的事实，对雇主来说会产生一种必然违背意愿的后果：除了造成集体剥削的现实之外，它还创造了发挥他们集体力量的可能性。第三，工人阶级必须意识到自己的地位和作用，并采取相应的行动。也即是说，无产阶级必须形成自身的阶级意识。但是这种意识是由什么组

---

① 《马克思恩格斯文集》第 1 卷，人民出版社 2009 年版，第 542 页。
② 《马克思恩格斯文集》第 1 卷，人民出版社 2009 年版，第 538 页。

成的呢？在冲突发生的时候，被剥削阶级并没有充分地，或至少是一致地意识到他们为什么在战斗。当然，大多数无产阶级或多或少都具有某种形式的阶级意识，但是仍然停留在"我们/他们"的层面。而在马克思看来，仅有"我们/他们"的意识是不够的，而要让工人阶级在革命中"抛掉自己身上的一切陈旧的肮脏东西"，"普遍地发生变化"①。

无产阶级只有经过革命的淬炼，才能从革命实践的经验和教训中意识到自己的地位和角色，才能形成自己革命的阶级意识。马克思把"无产阶级"视为一个更广泛的革命能动性的核心。他发现了作为革命阶级的无产阶级，而且以一种不同于资产阶级的方式去认同这一阶级，这无疑加强了马克思的革命信念，即只有"无产阶级革命"才是真正的革命。

二、1848 年革命时期的无产阶级

然而，一旦进入实际的革命之后，情况和马克思之前所想的就不大一样了。

从 1848 年二月革命开始，到 1848 年六月起义为止，"手持武器夺得了共和国的无产阶级，在共和国上面盖上了自己的印记，并把它宣布为社会共和国。这样就表露出了现代革命的总的内容"②。不过这个"社会共和国"的内部却极其复杂："浮夸的空话同实际上的犹豫不决和束手无策相混杂，热烈谋求革新的势力同墨守成规的顽固积习相混杂，整个社会表面上的和谐同社会各个成分的严重的彼此背离相混杂。当巴黎无产阶级还陶醉于为它开辟的伟大前景并且认真地埋头讨论各种社会问题。"③当然，巴黎无产阶级的这种陶醉并没有持续太久，因为在 1848 年六月事变之后，无产阶级就退出革命舞台了，一部分无产阶级开始醉心于"不去利用旧世界自

① 《马克思恩格斯文集》第 1 卷，人民出版社 2009 年版，第 543 页。
② 《马克思恩格斯文集》第 2 卷，人民出版社 2009 年版，第 476~477 页。
③ 《马克思恩格斯文集》第 2 卷，人民出版社 2009 年版，第 477 页。

身所具有的一切强大手段来推翻旧世界，却企图躲在社会背后，用私人的办法，在自身的有限的生存条件的范围内实现自身的解救"①。

在巴黎无产阶级退场的这段时间里，是社会民主派登场表演的时候。所谓社会民主派，是小资产者和工人的联合。在无产阶级退场之后，法国革命舞台上的"革命者"角色暂时由社会民主派接演。社会民主派的形成有两方面原因：一方面，1848年六月起义失败之后，小资产阶级察觉到自己的物质利益受到威胁，而且那些议会内的代表力量也遭到反革命的迫害。因此，其就开始和巴黎工人接近。另一方面，议会中的山岳党因为同路易·波拿巴和正统派进行斗争，又重新获得声望，山岳党和法国社会主义的领袖们顺势结成了同盟。

马克思揭露社会民主派产生的背后其实是无产阶级和小资产阶级各自力量的变化，"无产阶级的社会要求已被磨掉革命的锋芒，发生了民主主义的转折"，而"小资产阶级的民主主义要求则丢掉了纯政治的形式而显露出社会主义的锋芒"②。但是，这种联合而来的新山岳党和之前的旧山岳党相比，不过是人数上发生了变化而已，其本质仍是一样，即"以民主主义的方法来改造社会"："它要求把民主共和制度作为手段并不是为了消灭两极——资本和雇佣劳动，而是为了缓和资本和雇佣劳动之间的对抗并使之变得协调起来。"③

社会民主派的这种妥协做法受到马克思的猛烈抨击，这无疑是《雾月十八日》的"重头戏"。我们从马克思对社会民主派的批判中总结出后者在1848年法国革命期间活动的几个特点：

第一，空话连篇。对于秩序党，马克思从未指望过他们。而对于社会民主派，马克思则非常失望。社会民主派说得天花乱坠，而一旦到了将他们的话付诸行动的时候，他们就退缩了："一旦(社会民主派)必须实地战

①《马克思恩格斯文集》第2卷，人民出版社2009年版，第478页。
②《马克思恩格斯文集》第2卷，人民出版社2009年版，第500~501页。
③《马克思恩格斯文集》第2卷，人民出版社2009年版，第501页。

斗时，震耳欲聋的宣战前奏曲就变成怯懦的唠叨；演员不再认真表演了，戏也就停止了，像吹胀了的气球一样，针一刺就破了。"①

威廉·克莱尔·罗伯茨（William Clare Roberts）对这个话题的讨论很有意思。他认为马克思的《雾月十八日》就像莎士比亚的《哈姆雷特》一样。马克思对社会民主派的批判是《雾月十八日》的一出"戏中戏"，就像《哈姆雷特》里哈姆雷特让戏子演给王后看的那出戏一样。②哈姆雷特对母亲的复仇是通过让演员在舞台上把她的过错表演出来，马克思则通过编写社会民主派这个1848年法国革命的"剧中人"在法兰西第二共和国舞台上的表演剧本，来控诉那些曾经与他非常接近的民主派人士。这种控诉至少以下面三种方式产生作用：

首先，马克思与社会民主派、与那些可能把马克思也归入其中的观念论者划界，从而巩固马克思自己的身份。马克思以批判其他革命者的方式，捍卫自己以及那些真正革命者的身份。罗伯茨认为，这种划界策略是马克思整个写作生涯中极为强硬的"修辞"之一。这是一项"自我净化"工作。其次，马克思面向读者（即公众）训斥社会民主派，公开这些伪革命者的名字，斥责他们的失败，批判他们的革命策略。马克思希望这些社会民主派在《雾月十八日》的镜像里看到他们自己的丑态，然后进行自我审判。我们甚至可以认为，马克思希望当时的读者在阅读《雾月十八日》时也会产生此感，仿佛马克思已经洞察了自己属于哪一派。应当说，马克思在《雾月十八日》里所精心描绘的派系斗争直至失败的过程，可能让读者面红心虚，使读者直面自身的罪责。最后，马克思诱使那些在《雾月十八日》中认识到自己罪过的人去通过革命行动来赎罪。《雾月十八日》给革命者提供了一种选择：要么继续坚持民主主义，然后接受未来的失败和惩罚；要么停止这条错误的道路，转而选择与革命的工人阶级联合起来行动。其实，这

---

① 《马克思恩格斯文集》第2卷，人民出版社2009年版，第503页。

② William Clare Roberts. Marx Contra the Democrats：The Force of The Eighteenth Brumaire[J]. *Strategies*，2003，16（1）：60.

种选择本身就表明，革命者除了行动起来别无他法，甚至可以认为这是马克思的一种"修辞勒索"，但是这种"勒索"不仅承诺了因宽恕罪孽而带来的人心慰藉，还承诺了因革命胜利而带来的完全安宁。

遗憾的是，除了第一点以外，《雾月十八日》在其余两点上都难称成功。但是请别忘了，哈姆雷特的"戏中戏"也只是在《哈姆雷特》这个剧本中才发挥作用。人们总是很容易在一个计划好的世界里，创造出那些把具体情节呈现出来的"桥段"，然而，在没有"剧作者"的历史舞台上，要想如编剧那样安排好一切，几乎是不可能的。马克思不是历史剧的作者，而且就算人民是剧作者，人民也难以按照历史的日历、按部就班地在这出戏剧中演好自己的作品。因为"情势、关系和条件"无不随着时间的推移在急剧变化着。无产阶级革命者即便在不断惊恐地后退，又或在不断变强的敌人面前更加强壮地挺立，但若是连"罗陀斯"都不能识别，连"玫瑰花"都未能看到，那又何谈"跳跃"，何谈"跳舞"呢？

第二，社会民主派容易被反革命派引诱和喜欢自欺。社会民主派的这个特点，分别通过1849年六月事件和1850年三四月的立法国民议会议员补选表现出来。

1849年，立法国民议会于5月28日刚一开幕，秩序党就向山岳党发起挑战。此时秩序党意识到，无产阶级的力量在街头，而小资产阶级的力量却在议会。因此，秩序党认为必须趁这两股力量还没结合起来之前，把山岳党从议会引诱到街头，使其自我摧毁。果不其然，笃信宪法和议会的山岳党很轻易地落入陷阱。法军炮轰罗马的行径违反了宪法的第5条和第54条，山岳党因此在6月11日弹劾路易·波拿巴及其内阁。隔天，弹劾案遭到议会否决，山岳党愤而退出议会，第二天举行示威游行。社会民主派的和平示威，除了向世人宣告自己的懦弱之外，没有起到任何实质性的作用。当里昂等地发动工人起义时，议会的山岳党人也拒绝加入。这些小资产阶级的代表们不仅欺骗了他们所代表的小资产阶级，而且还把自己的懦弱传染给了无产阶级。

到了 1850 年，三四月份进行的立法国民议会议员补选原本是社会民主派夺取政权的大好机会。但是很遗憾，补选变成一场"空洞的宣言和表面的运动"："它没有迫使对手在人民热情高昂和军队情绪良好的时机出来斗争，反而……用新的竞选把巴黎弄得疲惫不堪，使人民的激昂的感情在这一新的临时竞选把戏中消耗掉。"①

第三，社会民主派失败的人民策略。社会民主派一直以为，宪法某一抽象条文的破坏将激起重大的利益冲突，但问题是，他们代表的是小资产阶级，是资产阶级和无产阶级之间的中间阶级，所以社会民主派自以为完全超然于阶级斗争之上。他们认为，秩序党代表特权阶级，而他们和其他社会力量则一起代表"人民"，自信地认为他们的利益就是"人民"的利益。因此，他们并没有仔细考察各个阶级的立场和利益，也没有审视自己的斤两，而是认为只要社会民主派一声令下，人民就会冲向压迫者。可是事实恰恰相反，社会民主党的利益对人民来说没有吸引力，反倒把自己的软弱无能一展无遗。

然而在 1851 年 12 月 2 日政变之后，马克思面对的无产阶级问题发生了变化：为什么巴黎无产阶级没有在政变后举行起义？在马克思看来，是因为无产阶级已经对当时的社会民主派彻底失望了，他们"不愿意在山岳党的旗帜下作战"②。山岳党或者说小资产者和工人联合起来的社会民主派的做法，上文已经见识到。社会民主派一直寻求在"合宪法的"领域里解决问题。也即是说，社会民主派染上了一种马克思称为"议会迷"③的病。对于这种病，威廉斯的以下判断倒是很适用："将革命解释为缓慢而和平地建立共识的过程，这充其量不过是局部的经验和希望，说得难听点就是一种持续的虚假意识。"④其实在 1848 年二月革命之后，革命基本上进入了议

---

①　《马克思恩格斯文集》第 2 卷，人民出版社 2009 年版，第 518 页。
②　《马克思恩格斯文集》第 2 卷，人民出版社 2009 年版，第 563 页。
③　《马克思恩格斯文集》第 2 卷，人民出版社 2009 年版，第 536 页。
④　Raymond Williams. *Modern Tragedy*[M]. London: Chatto & Windus, 1966: 79.

会内部的斗争期,看似为了寻求共识,实质上不过是"以稳定进步的幻想来安慰自己"①。法兰西第二共和国在 1848 年宪法的幌子下,各党派都以制度稳定进步的幻想来安慰自己,以保证社会安宁、维持社会秩序为己任,自然不会允许任何以暴力手段干扰议会治理的行为存在(如 1848 年六月起义),至于那些和平示威的手段(如 1849 年六月事变)就更加不可能对政体构成任何威胁了。

恩格斯则从另一角度给出对这一问题的解释。他指出了当时法国所面临的"阶级均势"的事实,也即是说,当时的法国没有哪个社会力量有足够的力量压制其他力量,而只能与某些社会力量联合去压制其他力量或其他联合起来的力量。

首先,路易·波拿巴与无产阶级并非针锋相对:"路易·拿破仑从别人那里抢去的任何东西,都不是从工人阶级那里……抢去的。"②当然,这并不是说路易·波拿巴不想掠夺工人阶级,而是在 1848 年六月起义失败之后,巴黎的工人阶级已经一无所有了。而且,假如无产阶级真的起来反对路易·波拿巴,那实质上是在支持议会的复辟及其专政;假如无产阶级立即宣布主张成立革命政府,那会吓坏中间阶级,把他们推到路易·波拿巴和军队一边。可见,不管无产阶级的主观想法是否真如恩格斯所说的那样,至少可以肯定的一点是:在政变之后,无产阶级的选择会直接决定原先两个对垒阵营的力量强弱,而且只要行动起来,无论是反对路易·波拿巴的专政,还是成立革命的无产阶级专政政府,都是为他人作嫁衣。所以,从这点出发,无产阶级按兵不动反倒是更好的选择。此外,恩格斯还提到,工商业的繁荣也使得工人阶级有工可做、有酬可领,在能够保证自身基本生存的时候,"那就不会发生骚动,更不要说革命了"③。

似乎是为了和恩格斯所说的情况相对应,马克思在 19 世纪 50 年代的

---

① Raymond Williams. *Modern Tragedy*[M]. London: Chatto & Windus, 1966: 79-80.

② 《马克思恩格斯全集》第 11 卷,人民出版社 1995 年版,第 260 页。

③ 《马克思恩格斯全集》第 11 卷,人民出版社 1995 年版,第 262 页。

政治经济学批判中，很自然地从前期反复提到的"无产阶级"转移到"工人阶级"，当然，他本来也没有刻意区分二者，正如《共产党宣言》里说："无产阶级即现代工人阶级。"①

三、"流氓无产阶级"的理论效应

在理解无产阶级方面，还需要特别关注马克思在这一时期使用的另一个相似概念——"流氓无产阶级"。晚近以来，后一概念在革命政治的论域里渐渐有取代"无产阶级"之势，所以我们接下来很有必要讨论马克思究竟是如何理解和使用"流氓无产阶级"的。

总体来看，"流氓无产阶级"似乎是马克思所使用的一个相对而言不那么重要的概念，但是在马克思的革命政治里，尤其在关乎激进阶级的时候，其实际上占据着重要位置。在1848年革命时期，和流氓无产阶级联系密切的是巴黎"别动队"。"别动队"在1848年法国革命中扮演的角色很关键，同时也让马克思和恩格斯陷入两难。因为一方面，如果别动队的成员是不同于无产阶级的流氓无产阶级，那么后者的行为与前者相比有何不同？另一方面，如果流氓无产阶级也属于无产阶级，那么，六月起义的对垒双方都来自同一个群体，则无产阶级这个概念本身就需要重新界定了。事实上，他们使用"流氓无产阶级"概念就有回应上述问题的意图。这一概念使马克思可以大胆区分"真正的工人阶级"和其他同样被统治者剥夺权利但在政治上无意识的群体。前者是由工人组成的，他们在"无产阶级"的范畴下稳定、老成、紧密地结合在一起；相反，后者年轻、不稳定，排除在工人阶级的共同体之外。"无产阶级"肩负着推翻资本主义秩序的历史使命，而"流氓无产阶级"虽然也能够英勇地自我牺牲，但缺乏对集体利益和长远利益的理解，因此是危险的、不可靠的。

① 《马克思恩格斯文集》第2卷，人民出版社2009年版，第38页。

　　有学者总结，马克思在 1848 年革命时期对"流氓无产阶级"的界定大体包括以下几方面：第一，流氓无产阶级是对当时"危险阶级"这一共同观念的强化，尽管包括马、恩在内的社会主义者试图修改这一共同观念，但是"无产阶级"容易与"流氓无产阶级"混淆。第二，流氓无产阶级是从前资本主义和资本主义社会形式中产生的，但是他们被先前的社会阶级所遗弃或驱逐。第三，流氓无产阶级是那些拒绝以固定工作养活自己的人。第四，流氓无产阶级是潜在的罪犯。第五，对于马克思来说，流氓无产阶级由那些容易被非法勾当所诱惑的人群组成，如马克思批评的"金融贵族"，他们的生活方式和道德观与流氓无产阶级是一样的。① 按照索伯恩（Nicholas Thoburn）②的观点，"流氓无产阶级"至少表现出以下三个属性：第一，逆历史性。尽管马克思在《雾月十八日》里认为路易·波拿巴的阶级基础是保守的农民，但流氓无产阶级才是路易·波拿巴所领导的闹剧式复辟的帮凶。他们虽不是历史倒退的始作俑者，却都是名副其实的帮凶。流氓无产阶级在历史倒退中发展起来，转而又助推历史的倒退。他们在路易·波拿巴的教唆下，换上过去的戏服，加入 1848 年革命的"嘉年华"。这实际上是一种伪装，是对过去身份的喜剧式重复，但效果却出乎意料的好，过去的戏服并没有让当下的身份变得不真实，反而巩固了它。在革命的时刻，法兰西人不是质问、批判并最终克服他们继承而来的"戏服"和"身份"，而是反动地回到过去的认同中。第二，非生产性。流氓无产阶级不仅是"失业者"，更是"根本不愿做工的人"③。马克思把七月王朝的"金融贵族"视为流氓无产阶级也是基于他们不工作这一点。法国的"社会精英"扮演了"社会渣滓"的角色，他们和那些参与工业生产的阶级不可相提并论。第三，政治行动的自发性与摇摆性。马克思对流氓无产阶级的批判

① Mark Cowling. *Marx's Eighteenth Brumaire*：（*Post*）*modern Interpretations*［M］. London and Sterling, VA：Pluto Press, 2002：229.

② Nicholas Thoburn. Difference in Marx：the Lumpenproletariat and the Proletarian Unnamable［J］. *Economy and Society*, 2002, 31（3）：441-444.

③ 《马克思恩格斯全集》第 36 卷，人民出版社 1975 年版，第 437 页。

大多是基于后者在政治行动上的表现。一开始，流氓无产阶级并非都是反革命的，他们是被统治阶级收买之后才开始反革命的。但前提是，他们的确很容易陷入起义的狂热。

不管流氓无产阶级的内涵如何丰富，这个概念本身就很暧昧。首先，马克思使用"流氓无产阶级"的现实效果并不理想。他并没有成功地区分革命的无产阶级和伪革命的无产阶级，且现实中也没有产生一批真正清楚革命情势，拥护马克思的革命策略的革命者。其次，这个阶级有多重伪装，诸如"金融贵族""职业密谋家""文丐"等。在很多英文文献对"流氓无产阶级"的翻译里，把德文的 lumpenproletariat 译为"social scum（社会骗子）"、"dangerous classes（危险阶级）"、"mob（暴民）"、"swell-mob（趾高气扬的暴民）"、"ragamuffin（衣衫褴褛的人）"、"ragged-proletariat（衣衫褴褛的无产者）"，等等。马克思恩格斯也用过其他术语来代替"流氓无产阶级"，如法语"la bohème（浪荡汉）"和意大利语"lazzaroni（流浪汉）"。所有这些都有不同的、具体的意义，往往用以指代一个显在的群体。最后，流氓无产阶级遍布于历史发展的各个阶段，如恩格斯说道："流氓无产阶级一般地是在过去几乎所有的社会发展阶段中都出现的现象，只是发展程度各不相同罢了。"[1]可见，其不是一个整齐划一的社会群体。

这种概念上的暧昧，使得人们往往把"流氓无产阶级"视为对马克思概念体系的异质入侵。不过我们认为，"流氓无产阶级"不是在"资产阶级"与"无产阶级"之间的入侵，异质性本就是"无产阶级"的属性，"流氓无产阶级"只是分享了这一属性而已。所以，"流氓无产阶级"本质上是从"无产阶级"中分离出来的概念，其功能就在于实现对"无产阶级"的蒸馏。

上文已经谈到，马克思在 1843 年使用"无产阶级"的时候，还没有处理它与生俱来的"流氓"贬义。这项工作在《德意志意识形态》和《共产党宣言》里开始，它的最终完成是在马克思经过 1848 年欧洲革命的洗礼之后。

---

① 《马克思恩格斯全集》第 7 卷，人民出版社 1959 年版，第 395 页。

《德意志意识形态》中以德文 lumpenproletariat 来描述古罗马时期处在自由民和奴隶之间的"plebians（平民）"："介于自由民与奴隶之间的平民，从来没有超出流氓无产阶级的水平"①，以及马、恩批判施蒂纳时认为，所谓"唯一的"无产阶级包括那些在各个时代都出现过的"ragamuffin"，这样的流氓无产阶级在施蒂纳那里却成了工人，成了普通的无产者。《共产党宣言》里延续了这一观点："流氓无产阶级是旧社会最下层中消极的腐化的部分，他们在一些地方也被无产阶级革命卷到运动里来，但是，由于他们的整个生活状况，他们更甘心于被人收买，去干反动的勾当。"②

我们认为，马克思对"流氓无产阶级"概念的使用，是为了把"无产阶级"从资产阶级所赋予其的"贱民"意象中解放出来。他把所有与"无产阶级"有关的旧式意义都转移到"流氓无产阶级"身上。虽然他的这种做法或许有些过度，但是对于他所考虑的革命阶级形式而言，这又是一种必要的选择，而且，马克思笔下的"流氓无产阶级"不是特指某一种已经固定下来的特殊团体，或许更应视为一种身份认同的趋势。在这一意义上，究竟革命主体是"无产阶级"还是"流氓无产阶级"，其中体现了马克思与巴枯宁的重要分歧。传统意义上二者的分歧集中在国家主义与反国家主义的争论上，但我们认为，更为重要的区别可能在"无产阶级"和"流氓无产阶级"身上。

当马克思认为，革命的无产阶级作为内在于资本主义生产关系的要素而出现时，巴枯宁则认为工人与资本的结合将破坏革命的主要力量。巴枯宁革命模式中的革命能动者是那些受过教育的失业青年，是那些从所有社会阶层中，特别是从土匪、盗贼、穷苦大众中产生的各式各样的边缘人，以及那些被社会排斥的、尚未被资本主义劳动体系吸纳的人。总之，就是那些可以纳入马克思"流氓无产阶级"概念中的人们。

初看之下，巴枯宁与马克思都意识到"流氓无产阶级"在政治行动上的自发性。这些人被他们本能的愤怒所点燃，正是这种内在于他们身份中的

---

① 《马克思恩格斯全集》第 3 卷，人民出版社 1960 年版，第 26 页。
② 《马克思恩格斯文集》第 2 卷，人民出版社 2009 年版，第 42 页。

对革命的狂热(而不是在资本主义内部的阶级成分)赋予了他们革命的角色。然而仔细对比即会发现,二者对"流氓无产阶级"的定位有着质的不同。请看巴枯宁的如下论述:"马克思轻蔑地,但相当不公正地谈到这个'流氓无产阶级'。在他们之中,而且只有在他们之中,而不是在工人的资产者阶层中,才有即将到来的社会革命的全部智慧和力量的结晶。人民起义本质上是一种本能的、混乱的、破坏性的起义,它总是伴随着巨大的个人牺牲和公共、私人财产的巨大损失。群众是随时准备牺牲自己的,这就把他们变成了一个残酷的野蛮群体,能够实现那些看似不可能的英雄事迹。因为他们拥有很少或根本什么都没有,所以他们不会因财产所有权的责任而沮丧。在危机时刻,为了自卫或胜利,他们会毫不犹豫地烧掉自己的房子和社区,以及毫无威慑力的财产,因为它属于他们的压迫者……的确,这种消极的激情远不足以达到革命事业的高度;但是没有它,革命就不可能。革命需要广泛的和无所不在的破坏、不断翻新的破坏,因为只有这样,才会有新的世界诞生。"①

尽管我们可以从上述言论中看到,巴枯宁的"流氓无产阶级"概念比马克思的更加包容,但是,他们二人对这一概念的态度截然不同。巴枯宁极力赞同作为从资本主义社会关系中被排除出去的"流氓无产阶级"存在,而马克思的"流氓无产阶级"毋宁是一种修辞策略,他表达了一种存在于革命非常时期的身份认同趋势。在巴枯宁那里,"流氓无产阶级"作为无政府主义观念的现实化身,而马克思则把将"流氓无产阶级"蒸馏出去的"无产阶级"视为共产主义的现实化身。马克思谈"流氓无产阶级"是为了警示革命者不要成为"流氓无产阶级",而巴枯宁谈"流氓无产阶级"则是为了鼓动所有符合这一概念的人群一起加入革命起义的队伍里来。

最后一个疑问:如果说马克思为了净化"无产阶级"而选择批判"流氓无产阶级",那么,是否也可以认为马克思是在把"流氓无产阶级"作为革

---

① Sam Dolgoff. *Bakunin on Anarchy: Selected Works by the Activist-Founder of World Anarchism*[M]. London: Allen & Unwin, 1971: 334.

命失败的"替罪羊"呢？换言之，马克思是用"流氓无产阶级"来为"无产阶级"的某些部分没有按照正确的革命方式行事而辩解吗？为了进一步看清"流氓无产阶级"的本质，下面不妨迂回两位当代左翼理论家拉克劳与齐泽克在这个问题上的分歧。

拉克劳认为，马克思那里的"无产阶级"是客观存在的社会群体，而"流氓无产阶级"则是"非群体（non-group）"、一种剩余，其在社会中没有特定的地位。而齐泽克则认为，马克思那里的"无产阶级"和"流氓无产阶级"实际都是社会剩余，只不过是两种不同的形式而已，而且从马克思的分析中还可以看到这么一种矛盾，即"流氓无产阶级"看似比"无产阶级"要更加彻底地排除在社会机体之外，但是，其实际上又比无产阶级要更加顺利地进入社会大厦之中。如果以康德对"否定判断（negative judgement）"和"无限判断（infinite judgement）"的区分作为标准，那么，流氓无产阶级不是一种"无限判断"，即其不是一个"非群体"（"非群体"意味其既是群体又不是群体，这本身就脱不了概念暧昧的指责）。相反，流氓无产阶级是一种"否定判断"，其不是一个群体。其被所有阶层排斥的情况不仅巩固了其他群体的身份，还使流氓无产阶级成为一个漂浮的因素，因而可以被任何阶层或阶级利用。再看工人阶级，其虽然是一种"肯定判断（positive judgement）"，即其是一个群体，但是，就其作为一个在社会结构内的群体而言，其又自在地是一个"非群体"、是"无限判断"，也即是说，其立场自在地就是矛盾的。具体表现在，工人阶级是一种生产力，社会（以及那些当权者）需要他们来进行社会的再生产，进行他们统治的再生产，然而，尽管工人阶级如此重要，但他们依然没有在社会中找到合适的位置。①

齐泽克的上述观点有一定合理性，但我们并不想纠结于"流氓无产阶级"究竟是不是群体。因为如果把马克思的"流氓无产阶级"视为一种修辞策略的话，那么反倒是拉克劳的"命名"理论更具启发意义。比如奥利弗·

---

① Slavoj Žižek. *In Defense of Lost Causes*[M]. London：Verso, 2008：285-286.

马夏特(Oliver Marchart)在评述拉克劳的《民粹主义的理性》时，有一个表述很有意思："每当一个名字在霸权冲突的过程中被'写在天空中(written in the sky)'时，这个名字就像云一样，会在一些地区投下阴影。"①这个比喻很巧妙。我们不禁联想到朗西埃(Jacques Rancière)曾讲述过一个关于"空中之名(a name in the sky)"的故事。② 这个故事说的是聚集在阿文丁山(Aventine Hill)上的古罗马平民们，通过给自己命名来赋予自己代表性，从而建立起与罗马城中的贵族秩序所不同的另一种秩序。他们因此被赋予了言说的权利，不仅可以说出自己想要什么、遭遇过什么以及对什么感到愤怒，而且可以展现自己的智慧。"名称"是说话之人在自己共同体的符号秩序中划出的一块地方，而这个共同体之前在罗马城里还没有任何有效的权限。平民为自己命名，这个行为实际上侵犯了罗马城原本的秩序。③

同样地，马克思的"无产阶级"也可以看成是这样的"空中之名"，他用"无产阶级"为那些受压迫的社会底层人民命名。相比之下，"流氓无产阶级"并不是另一个"空中之名"，而是"无产阶级"这朵云彩在地上投下的阴影。当马克思在《雾月十八日》里批判"没有肉体的影子"④时，可见他心目中的无产阶级革命的能动者绝不是作为影子的"流氓无产阶级"。但问题是，当马克思为"无产阶级"命名的时候，"流氓无产阶级"这一阴影也随之而生、挥之不去。这也是马克思在革命问题上总是与无政府主义、民粹主义纠缠不清的原因之一。事实是，马克思当年对于"无产阶级"与"流氓无产阶级"的区分仍然只是理论上的工作，而现实中真要做出如此区分却非常困难，而且就像齐泽克所言，"流氓无产阶级"进入"社会"这座大厦之

---

① Oliver Marchart. In the Name of The People：Populist Reason and the Subject of the Political[J]. *Diacritics*, 2005, 35(3)：17.

② Jacques Rancière. *Disagreement： Politics and Philosophy* [M]. Minneapolis：University of Minnesota Press, 1999：23-25.

③ Jacques Rancière. *Disagreement： Politics and Philosophy* [M]. Minneapolis：University of Minnesota Press, 1999：25.

④ 《马克思恩格斯文集》第2卷，人民出版社2009年版，第496页。

中要比"无产阶级"更为顺利。恐怕巴枯宁正是抓住"流氓无产阶级"的这一特点，才把其视为"社会革命"的承担者。

本 章 小 结

本章主要讨论了资产阶级革命与无产阶级革命问题，以及资产阶级、无产阶级分别作为革命主体所发挥的作用。马克思充分肯定资产阶级革命的历史意义，但也揭露了资产阶级革命的重复性，它自身"积蓄—挥霍"的特性往往只能使革命至多止步于政治革命。无产阶级革命则不同，当马克思认为无产阶级革命应从"未来"汲取自己的"诗情"时，他充分发挥了"想象"的作用，也充分展现出无产阶级革命不同于资产阶级革命的创造性。资产阶级在革命中具有软弱性，而且尽管其在经济上占支配地位，但在政治上不能单独地占据统治地位。马克思早年曾赋予无产阶级以普遍阶级的角色，但是1848年革命时期的巴黎无产阶级早早退场，而且在路易·波拿巴发动政变之后，无产阶级也没有采取革命行动，这是为了不助长任何一方的力量，反过来也是为了保存自身的有生力量。马克思从"无产阶级"分离出"流氓无产阶级"的做法，在理论层面是一个净化和蒸馏革命主体的妙招，但是在现实革命的层面则捉襟见肘。这既是马克思与巴枯宁在革命能动性问题上的歧见，也是马克思主义与无政府主义、民粹主义粘连的原因。

第五章 《雾月十八日》的国家问题

本章重点讨论《雾月十八日》中的国家问题。在讨论之前，我们不妨先回顾为坊间所熟知的马克思的"阶级国家论"。如果说，市民社会是在阶级对立的基础上存在的，那么建立在市民社会之上的国家上层基础也只能是阶级国家。在马克思的相关讨论里，情况确实如此。如他在《新莱茵报·政治经济评论》第 4 期的一篇书评里说道："资产阶级国家不过是资产阶级用来对付它的个别成员和被剥削阶级的相互保险的公司。"①国家会随着阶级的废除而最终被废除："废除国家只有作为废除阶级的必然结果才有意义，随着阶级的废除，自然就没有必要用一个阶级的有组织的力量去镇压其他阶级了。"②

不过马克思上述这些话都写于《雾月十八日》之前。路易·波拿巴的出现，包括他发动的政变，让革命情势变得简单，却让国家问题变得复杂。日本左翼学者柄谷行人曾为此引用俄国革命的历史予以说明："革命似乎要消灭旧有的国家机器，但是，这马上会招来外部的干涉，故为了保卫革命而只能依存于旧有的军队和官僚机构。这样一来，旧有的国家机器不仅得以保存，甚至得到强化。任何仅从内部来理解国家的企图都不会导向国家的废除，而是使国家重焕生机。"③

---

① 《马克思恩格斯全集》第 10 卷，人民出版社 1998 年版，第 350 页。
② 《马克思恩格斯全集》第 10 卷，人民出版社 1998 年版，第 351 页。
③ Kojin Karatani. *The Structure of World History：From Modes of Production to Modes of Exchange*[M]. Durham and London：Duke University Press, 2014：175.

其实从马克思后来的政治经济学批判计划来看，他还没来得及谈"国家"问题，所以，后人对马克思如何思考国家问题的理解，要么聚焦在1843年马克思对黑格尔国家哲学的批判上，要么停留在"国家消亡论"上。与这两种观点相比，《雾月十八日》成了一种例外状态。

第一节　再遇"国家"：从《黑格尔法哲学批判》到《雾月十八日》

马克思在《雾月十八日》的第七部分讨论了国家官僚制问题，但是这种讨论与他1843年批判黑格尔国家哲学的时候相比，发生了一些微妙变化。马克思在写作《黑格尔法哲学批判》时，"行政权"部分是最少的，而关于"立法权"的篇幅是最大的。他在立法权部分对等级制和代表制的批判，表明他对人民"自我立法"寄予厚望。但是他视为标杆的、"富有政治素养"①的法国却开起了历史的倒车。在法兰西第二共和国里，一开始占尽优势的立法权面对毫不占优势的行政权，无能到步步退让，最终全面溃败。而那些有资格参加普遍选举的选民们，完全没有达到《黑格尔法哲学批判》里马克思对"人民"的期望。在制宪议会时期是如此，在立法国民议会时期也是如此。其中当然不排除"议会民主制"本身的结构性问题，以及议会内外资产阶级的貌合神离。但是1848年革命期间发生的种种事态终归使马克思不得不重新关注行政权，重新关注国家官僚制。对于马克思而言，回到国家官僚制，就势必绕不开黑格尔。正如20世纪法国史学家傅勒所言："正是黑格尔将国家的观念置于这部法国革命及其失败的历史的核心。"②从这一点看，马克思在《雾月十八日》里还是无法摆脱1843年他在批判黑格尔国

---

① 《马克思恩格斯全集》第3卷，人民出版社2002年版，第149页。
② [法]弗朗索瓦·傅勒著、朱学平译：《马克思与法国大革命》，华东师范大学出版社2016年版，第11页。

家哲学时遇到的问题。尽管他当年看似决绝地颠倒了"政治国家"与"市民社会",但历史的发展,或者更确切地说,历史的"倒退"发展使他无法回避"国家"。

一、行政权与立法权的博弈

黑格尔在《法哲学原理》中曾对权力的各自独立安排发表过相关看法。如他在第 272 节的附释中说道:"行政权和立法权各自独立,马上就会使国家毁灭。"①黑格尔不否认国家权力有区分的必要,但是他还认为:"当人们谈到这些权力各不相同的效力时,切忌陷于重大错误,以为每一种权力似乎都应该自为地抽象地存在着,但其实,各种权力只应看成是概念的诸环节而被区分开来。如果相反地各种差别是抽象而自为地存在着的,那么,分明是两个独立自主的东西不可能形成统一,就必然要发生斗争,其结果,或者整体错乱不堪,或者统一又借助权力重新建立起来。"②黑格尔做出上述判断的依据在于他对法国大革命这一历史事实的把握:"法国大革命时,时而立法权吞噬了所谓的行政权,时而行政权吞噬了立法权。"③

1848 年革命时期的法国再一次印证了黑格尔的上述判断。1789 年的法国最终走向拿破仑的第一帝国,1848 年的法国最终也走向"拿破仑"的第二帝国。两个年代的法国不约而同地陷入了"整体错乱不堪"局面,继而又借助军事力量重新建立起统一。我们不禁猜测,如果马克思因为法国的具体情势而回想起黑格尔在《法哲学原理》里所说的上述判断,他是否会反思自己在 1843 年的批判呢?而且至少从传下来的文献看,马克思在《黑格尔法

---

① [德]黑格尔著、邓安庆译:《法哲学原理》,人民出版社 2016 年版,第 412 页。

② [德]黑格尔著、邓安庆译:《法哲学原理》,人民出版社 2016 年版,第 413 页。

③ [德]黑格尔著、邓安庆译:《法哲学原理》,人民出版社 2016 年版,第 413 页。

哲学批判》里并没有对上引黑格尔的这一部分作任何批注。

1848 年革命的法国历史的确如黑格尔所预想的那样发生了，路易·波拿巴以独裁者、继而以皇帝的形象完成了国家权力的统一。当然，马克思不会像黑格尔所说的那样："崇敬国家，如同崇敬一个尘世的神物。"但是马克思是否会同意黑格尔的如下观点，即"如果把握自然界就已困难，那么领会国家更是无比棘手"①呢？其实马克思与黑格尔都正确地提出了问题，但各自给出了不同的解答：黑格尔的回答是作为整体的国家的权力统一，而马克思则意在推翻国家上层建筑。

黑格尔之所以对法国大革命表露出这样的态度，与他自身的体悟有关。"和所有同时代人一样，黑格尔认为革命事业的失败在于不能建立一个长治久安的国家。这个问题随着拿破仑的倒台而重新出现在每个人的心目之中，黑格尔以忧郁的笔调提出了这一问题：'我正好年届五旬，在这个时常惴惴不安的恐惧和希望的时代度过了三十年，我希望这种恐惧和不安一劳永逸地一去不还。现在，我不得不看到这种状况还在无休止地继续。'"②这不仅是黑格尔的希望，也是 1848 年法兰西那些"议会迷"们的希望。而在无产阶级的阶级意识还没有发展成熟到足以真正进行无产阶级革命之前，或许革命的街头仍然是流氓无产阶级的舞台。

对黑格尔来说，政治稳定是后革命时代必须解决的首要问题。这在一定程度上解释了：为什么在 1848 年革命之后，尤其是在 1848 年六月革命之后，法兰西几乎所有的政治派系都发生了不同程度的"右转"？同时解释了：为什么路易·波拿巴有关"秩序""稳定"和"安宁"的话语能够吸引如此多法兰西人民（包括立法国民议会议员）的关注和支持？因此，人们不难理解黑格尔何以会赋予"行政权"（也即官僚制）在维持国家权力方面的重要

---

① ［德］黑格尔著、邓安庆译：《法哲学原理》，人民出版社 2016 年版，第 413 页。

② ［法］弗朗索瓦·傅勒著、朱学平译：《马克思与法国大革命》，华东师范大学出版社 2016 年版，第 13~14 页。

角色。纵观黑格尔之后的历史也可以证明,官僚制的确是维持政治稳定的最好工具。就此而言,马克斯·韦伯继承了黑格尔的这一观念,甚至更加彻底,如他认为:"德国人如果竟被完全剥去了官僚统治的甲壳,就会丧失所有的方向感和安全感。"①

马克思则不同,他关注"立法权"。他认为立法权是关键,马克思充分肯定立法权之于政治国家的重要意义。但是马克思也明白,人们之所以追求立法权,是因为它具有"形式上的政治意义"。立法权的"立法"职能和"代表"职能在大革命之后富有政治素养的法国表现得很明显。但是,马克思在《雾月十八日》里分析的立法权实际与他之前的判断有所不同。法兰西第二共和国的立法权并没有像马克思之前设想的那样发挥"立法"职能,而只是对"代表"职能过分重视,而且陷入了与以总统路易·波拿巴为代表的行政权的争权斗争之中。

立法国民议会里代表者与被代表者的分歧背后是政治利益与经济利益的分裂,导致议会内的秩序党与议会外的资产阶级群体的隔阂日益加深,最终走向决裂。路易·波拿巴正是利用了这种情况,最后以极具煽动性的言论赢得了议会外资产阶级的支持。资产阶级的支持对于路易·波拿巴政变以及他之后的统治来说具有决定性意义。当然,政变事件本身具有突发性,但政变的整个酝酿过程由来已久。其实在这之前,立法权就在与行政权的博弈中越陷越深。这种博弈不是大开大合的公开对抗,而是在看似琐碎的小事上,行政权把立法权的特权一点点消解。

在议会与总统斗争的开始阶段,后者并不是主动出击的:"波拿巴本人好像完全退隐了,代他行动的是秩序党。"②总统颇有心机地把立法国民议会推上舞台,让它成为"公众日常批评的对象"③。当然,路易·波拿巴

---

① [德]马克斯·韦伯著、阎克文译:《经济与社会》(第二卷),上海人民出版社2010年版,第1660页。

② 《马克思恩格斯文集》第2卷,人民出版社2009年版,第490页。

③ 《马克思恩格斯文集》第2卷,人民出版社2009年版,第485页。

也不是静观其变，而是利用自己的行政权力，频繁地任免内阁成员，让秩序党的精力都耗费在和内阁傀儡打交道上，让他们以为，"打击了总统的内阁阁员也就是打击了总统本人"①。另外，波拿巴政府的内阁越是听话，路易·波拿巴就越是明目张胆地把全部行政权集于一身，从而利用行政权来达到个人目的，而且立法国民议会自身的运行程序也为路易·波拿巴作了嫁衣，在 1849—1851 年的三年时间里，议会每年都会在 8—11 月休会一次，每一次休会都让行政权更加强大，让立法权因内部的分裂和相互攻讦而更加不得人心，在马克思看来这正是立法权受限于议会形式的"失策"②表现。

路易·波拿巴采用了"欲擒故纵"的策略，每当在他与秩序党的冲突貌似要扩大的时候，他都主动退让，这无疑给了秩序党一方自我感觉良好的错觉。鉴于总统过着"隐居的生活"，政治权力斗争的矛头开始指向立法国民议会内部，主要是秩序党为了确立它在议会内一家独大的权力而排挤山岳党。秩序党的确成功了，甚至这种成功不费吹灰之力，因为山岳党的可笑行径使自己自行退出了议会制共和国的舞台。但秩序党却并没有因此而获得想象中的议会权力优势，反而让路易·波拿巴乘虚而入。秩序党自食其果，它曾在 1849 年 1 月 29 日使用暴力解散制宪议会，路易·波拿巴也在 1851 年 12 月 2 日使用暴力政变结束了立法国民议会的生命。

在马克思看来，路易·波拿巴对立法国民议会的胜利，就是"行政权对立法权的胜利"，也意味着"不讲空话的权力对讲空话的权力的胜利"③。原先国家中的一种权力（即总统权、行政权）从议会制共和国的限制中解放出来，成为无限制的绝对权力。原本在立法国民议会中，国民将普遍意志上升为法律，而现在面对行政权，国民则放弃自己的意志，服从他人的意志。法国逃脱了一个阶级的专制，却又走向一个人的专制，而结果是所有

① 《马克思恩格斯文集》第 2 卷，人民出版社 2009 年版，第 536 页。
② 《马克思恩格斯文集》第 2 卷，人民出版社 2009 年版，第 509 页。
③ 《马克思恩格斯文集》第 2 卷，人民出版社 2009 年版，第 563 页。

斗争正酣的力量都在枪杆子的权威面前沉默不语。

但这里出现了一个绕不开的问题，即马克思对"人民"的理解和使用。法国的"普选权"实际已成为立法权和行政权争相利用的工具，也即"国民的大量的选票变成了政治舞台的入场券"①。马克思清楚地意识到，1848年以来的选举变革证明了"资产阶级的实际统治越强大，它对人民群众的精神统治就越软弱"②。一旦有其他阶级利用普选权来直接反抗资产阶级的统治，那么后者的报复就是取消普选权。但反过来并不意味着路易·波拿巴恢复普选权的要求就是真正为人民着想，他不过是出于赢取农民选票以巩固自己统治地位的私心。这些情况显然与1843年马克思有关"选举改革（即普选）"和"全体人民立法"的观点立场有所抵牾。接下来我们需要了解的正是这一问题。

二、人民与"真正的民主制"

马克思所讨论的"人民"最好与"真正的民主制"联系起来考虑。马克思对"真正的民主制"的定义如下："在民主制中，国家制度本身只表现为一种规定，即人民的自我规定。……在民主制中，国家制度、法律、国家本身，就国家是政治制度来说，都只是人民的自我规定和人民的特定内容。"③就此而言，"真正的民主制"的根本在于"自我规定"，在于对作为主权者的集体主体的界定。对于马克思而言，"真正的民主制"不是形式上的统治类型，而是本质上的立法程序，它既是一种人民作为主权者的国家制度，也是人民作为自我立法的民众（demos）所发挥的功能。④

很显然，马克思如此的"民主制"在黑格尔那里是没有位置的，因为黑

---

① 《马克思恩格斯文集》第2卷，人民出版社2009年版，第496页。
② 《马克思恩格斯文集》第2卷，人民出版社2009年版，第520页。
③ 《马克思恩格斯全集》第3卷，人民出版社2002年版，第39~41页。
④ Alexandros Chrysis. *"True Democracy" as a Prelude to Communism：The Marx of Democracy*[M]. London：Palgrave Macmillan, 2018：192.

格尔只是把民主作为"形式的要素"纳入国家构成要素之中，但是在马克思"真正的民主制"里，民主"应当成为在整个国家机体中创立自己的合乎理性的形式的现实要素"①，而且马克思还认为，黑格尔所谓一切人"应当"参与国家事务的说法也不准确："如果谈的是现实的国家成员，那就不能说这种参与是一种应当的事。否则谈的就必定是那些应当和希望成为国家成员而实际上却并非国家成员的主体。"②可见，马克思是"全体人民参与国家事务"的坚定支持者。

其实黑格尔对"人民"素来不友好，他从根本上反对国家制度由"人民"来制定："国家制度应由谁来制定？这一问题似乎很清楚，但稍加切近地考察，马上就显得毫无意义。因为它的前提是不存在任何国家制度，而只存在一大堆集合在一起的单纯原子式的个体。一大堆人究竟如何能够达成一种国家制度，是通过自己还是他人，是通过诸善、思想还是权力，那就只得听其自便了，因为概念跟一大堆人是风马牛不相及的。"③由单个人组成的一群合众和一大堆人，都是一些无机的意见和意愿，是一种反对有机国家的力量。所以，"人民"对"国家制度"所起的作用往往是破坏性的："在凡是只有君主和人民的专制国家中，人民所起的作用，如果起作用的话，单纯就是作为破坏性的群众来对抗组织。但群众进入国家而变得有组织的时候，就以合法而有序的方式贯彻他们的利益。反之，如果不存在这种手段，那么群众的呼声往往就只是粗野的。在专制国家中独裁者所以对人民小心翼翼，往往都是拿周围的人出气。"④

但是请注意，黑格尔不否认人民参与国事这一事实，他反对的只是让人民"直接"参与。他认为，人民如果直接参与政治的话，会使政治生活悬

① 《马克思恩格斯全集》第3卷，人民出版社2002年版，第144页
② 《马克思恩格斯全集》第3卷，人民出版社2002年版，第146页。
③ ［德］黑格尔著、邓安庆译：《法哲学原理》，人民出版社2016年版，第417页。
④ ［德］黑格尔著、邓安庆译：《法哲学原理》，人民出版社2016年版，第445页。

在空中，"因为它的基础只是任性和意见的抽象的单一性，从而就是偶然性的东西，而将不会是自在自为稳固的、有理有据的基础"①。退一步说，如果一切人真的都"应该"参与国家事务，那么前提是一切人都"懂"国家事务，但这几乎不可能。正因为黑格尔对"人民"的偏见，所以他始终对普选保持距离："选举或者是某种完全多余的东西，或者可以归结为意见和任性的低劣游戏。"②法兰西第二共和国的历史在很大程度上应验了黑格尔的上述判断，法兰西人民在 1848 年 12 月 10 日的总统选举中，最终选出了"小丑"路易·波拿巴。在黑格尔那里，人民参与国家事务只能通过议会制。

马克思的观点则与黑格尔相反，他认为："要使国家制度不仅是经受变化，从而要使这种幻想的外观最后不被暴力粉碎，要使人有意识地做他一向无意识地被事物本性逼迫着做的事，就必须使国家制度的运动，使前进成为国家制度的原则，从而必须使国家制度的实际承担者——人民成为国家制度的原则。"③

作为一种"伟大的根本的普遍的革命"的法国大革命正是在"立法权"的层面完成的："正因为立法权代表人民，代表类意志，所以它进行斗争，反对的不是一般的国家制度，而是反对特殊的陈旧的国家制度。"④所以大革命的根本问题只能是："人民是否有权为自己制定新的国家制度？对这个问题的回答应该是绝对肯定的，因为国家制度一旦不再是人民意志的现实表现，它就变成了事实上的幻想。"⑤在此，马克思坚信"人民"在"立法权"里非常重要。遗憾的是，1848 年革命的法国，甚至整个 19 世纪的法国

---

① ［德］黑格尔著、邓安庆译：《法哲学原理》，人民出版社 2016 年版，第 446～447 页。

② ［德］黑格尔著、邓安庆译：《法哲学原理》，人民出版社 2016 年版，第 452 页。

③ 《马克思恩格斯全集》第 3 卷，人民出版社 2002 年版，第 72 页。

④ 《马克思恩格斯全集》第 3 卷，人民出版社 2002 年版，第 73 页。

⑤ 《马克思恩格斯全集》第 3 卷，人民出版社 2002 年版，第 73 页。

都没有为马克思这一系列观念的实现提供佐证与发展的可能。法国"人民"在 1848 年 12 月的总统大选中票选出路易·波拿巴已经是一场闹剧，而且在第二共和国的立法权里几乎看不到"人民"。当然，不仅是 1848 年革命的历史，整个 19 世纪的历史都缺乏足够的事实来解释人民的"自我立法"与人民的"自治"，而这个问题直接关系到马克思与无政府主义者的划界。

首先应当明确，马克思的"真正的民主制"不是一套战术手段，而是一个战略目标。在"真正民主制"的社会里，政治不是私人事务，也不是特定群体的事务，而是集体活动的对象。透过"真正的民主制"可以看到马克思革命政治的两大支柱：一个是超越市民社会和政治国家的分离，另一个是形成一个新的政治共同体。此时，马克思开始自觉地与无政府主义保持距离。"真正的民主制"实是对无政府主义的修正，马克思从一开始所用的概念就与无政府主义者不同。"真正的民主制"不是无政府状态，它是对"代议制"国家的终结。也即是说，虽然"真正的民主制"向民众开放，但这种开放并不意味着不确定，而是一种自我建制。"真正的民主制"中的"自治"不在于按照法律行事，而在于对法律及其基础的无限的自我追问，以及根据这种问责，创造、制定继而言说法律的能力。自治是一种理性的反思性活动，它同时以个体理性和社会理性的形式在无尽的运动中创造自身。①

在这一意义上，"真正的民主制"不是一种无所不包的战略，而是一个开放的行动视域，即民众通过改变其成员的集体和个人生活，以尽可能直接的方式参与到属于民众的民主形式中去。在这一点上，列斐伏尔（Henri Lefebvre）虽然不赞同马克思有关"真正的民主制"的说法，但是他的基本判断还是有道理的："对他（即马克思——引者注）来说，民主意味着对政治真相的揭露。他并不将民主视为体系，而是看作一个过程，这个过程本质上被归结为一场为了民主的斗争，因为民主可以一直被推进或被迫后退，

---

① Cornelius Castoriadis. *Power*, *Politics*, *Autonomy*［M］. Oxford：Oxford University Press，1991：164.

所以这个过程永远不会结束，斗争的目的是超越民主和民主国家，以建立一个没有国家权力的社会。"①列斐伏尔此处的措辞很讲究，马克思意图建立一个"没有国家权力的社会"，而非一个"没有政治的社会"。换言之，马克思并不认为"政治"在未来的无国家社会里是多余的。

我们从上述分析里可以感受到马克思的"人民"与自由主义议会民主制的"人民"的不同："自由主义议会民主制中的公民，只是一个从人及其真正需要中抽象出来的东西。由于他（或她）的政治存在只是在投票这一短暂的过程内持续，所以他（或她）最终是一个没有属性、没有基本政治效能的男人（或女人）。"②在议会制民主中，通过选举的政治骗局，由原子式个人聚集而成的人民，被赋予了被选举者合法性的假象。这就是议会制民主所谓的人民主权，这种类型的主权其实并不构成真正的政治主题。在这一意义上，巴迪欧的以下观点不无道理："现实的国家绝非源自投票，而是源自对资本主义必需品，以及对这些必需品所不断需要的反人民手段的忠诚（我们先别管那些从形容词'人民的'那里衍生出来的不容置疑的、牵强附会的价值观），这种忠诚根深蒂固，而且这种情况越来越明显、越来越无耻。如此一来，民主的政府把他们口口声声代表的人民，变成资本化了的实体。"③

从这一角度看，法兰西第二共和国的确再现了议会制民主的"人民"幻象。但是，这一症候之所以出现的根源仍在于马克思所批判的资本主义社会。人类需求和日常生活的私人化，以及人际关系所具有的非人格化、物化特征，日益证实了政治冷漠现象，政治实际上已经变成一种为特定利益服务的强权政治。因此，只要资本主义社会还继续存在，那么随着其自身

---

① ［法］亨利·列斐伏尔著，谢永康、毛林林译：《马克思的社会学》，北京师范大学出版社 2013 年版，第 100 页。

② Alexandros Chrysis. "*True Democracy*" *as a Prelude to Communism*：*The Marx of Democracy*［M］. London：Palgrave Macmillan, 2018：200.

③ Alain Badiou. *What Is A People*？［M］. New York：Columbia University Press, 2016：25.

的发展，空洞的政治形式主义(其典型自然是国家官僚制)不仅不会自行消亡，反而可能会愈发稳固。

三、代议制批判：从"数量"到"利益"的视域转换

当我们从《雾月十八日》回望《黑格尔法哲学批判》时会发现，当年马克思所指的黑格尔在代议制上的矛盾，几乎就是法兰西第二共和国现实矛盾的真实写照。黑格尔多次以大革命时期的法国为参照，所以当1848年的法国重演了大革命时期的法国时，代议制的矛盾同样也重演了。马克思在写作《雾月十八日》时可能会对此深有感触，从而不得不重新审视黑格尔的国家哲学。相应地，我们也需要重新审视马克思与黑格尔在国家哲学论域里的关联。

黑格尔对代议制的看法主要体现在《法哲学原理》的第309节："既然选派议员是为了咨议和决定普遍的事务，所以它的意义在于：因信任而被确定下来从事这些事务的个体，比选民们更懂这些事务，并且他们也不会为某个自治团体或同业公会的特殊利益而反对普遍利益，相反本质上是使这种普遍利益发挥效用。"①"实行代表制含有这种意义，即同意并不直接通过一切人来表达，而应通过全权代表来表达，因为在代表制下单个人现在不再是作为无限的人格来竞争。"②

马克思对此批判黑格尔除了要求有"代表君王的官僚机构"，还要求有"代表人民的官僚机构"。③市民社会通过议员参与国家政治，这本身就是社会与国家分离的表现。黑格尔对代议制问题的讨论存在"形式"与"物质"的双重矛盾，但马克思在《黑格尔法哲学批判》中只谈了前一个矛盾，即

---

① [德]黑格尔著，邓安庆译：《法哲学原理》，人民出版社2016年版，第450页。

② [德]黑格尔著，邓安庆译：《法哲学原理》，人民出版社2016年版，第451页。

③ 《马克思恩格斯全集》第3卷，人民出版社2002年版，第154页。

"形式"的矛盾："市民社会的议员所组成的团体并不通过'指令'、任命的形式同他们的任命者发生联系。议员在形式上是被任命的，但他们一旦真正被任命，他们就不再是被任命者了。"①而且总体来看，1843年的马克思只是从"数量"多少的方面批判代议制，即立法权不应是"个别"议员的立法行动，而应是"全体"人民的立法行动："（立法）是市民社会惟一的政治行动，所以全体人员应当并且希望同时参与这种行动。"②所以不必奇怪马克思会倾向"普选"，而且他自己也说，他"不从哲学上"（尽管其措辞依然很哲学），而是从"利益"方面考察选举改革："选举构成现实市民社会的最根本的政治利益。通过不受限制的选举和被选举，市民社会才第一次真正上升到自身的抽象，上升到作为自己真正普遍的本质的存在的政治存在。……选举改革就是在抽象的政治国家的范围内要求这个国家解体，但同时也要求市民社会解体。"③可见，马克思确实在1843年赋予"普选"很高地位。但是如果马克思继续谈代议制在"物质"方面的矛盾，那么马克思对普选的态度可能会有所保留。遗憾的是，马克思对这一方面打算"以后再谈"，只是先给出一个一般界定："议员被任命为普遍事务的代表，但实际上他们是特殊事务的代表。"④

这一讨论最终在《雾月十八日》里完成了："在历史的斗争中更应该把各个党派的言辞和幻想同它们的本来面目和实际利益区别开来，把它们对自己的看法同它们的真实本质区别开来。"⑤利益斗争最突出的表现自然是马克思对立法国民议会内部秩序党内两大派系（奥尔良派和正统派）的分析，它们彼此分离是由于两种不同的财产形式（即资本与地产）之间的竞争。而立法国民议会内部的社会民主派也只是代表了小资产阶级的利益，真正代表无产阶级利益的议会代表在当时的议会里并不存在。至于农民阶

---

① 《马克思恩格斯全集》第3卷，人民出版社2002年版，第153页。
② 《马克思恩格斯全集》第3卷，人民出版社2002年版，第147页。
③ 《马克思恩格斯全集》第3卷，人民出版社2002年版，第150页。
④ 《马克思恩格斯全集》第3卷，人民出版社2002年版，第153页。
⑤ 《马克思恩格斯文集》第2卷，人民出版社2009年版，第499页。

级，他们并没有明确的议会代表，所以在选举中只能选择路易·波拿巴。

进一步看，《雾月十八日》里揭示的代议制矛盾，恰好对应了马克思在《黑格尔法哲学批判》里对黑格尔的批评，他指出黑格尔在代议制上建立了两个绝对矛盾：“一个是：代议制的基础是信任，是人对人的信任，另一个是：它的基础不是信任。确切地说，这是纯形式的游戏。”①与这两个绝对矛盾相比，现实中的法兰西第二共和国的代议制矛盾恐怕要更加糟糕、更加尖锐。其中第一个绝对矛盾干脆不存在了，因为第二共和国的代议制根本不存在“人对人的信任”。连议会内外的资产阶级都各怀鬼胎，更不消说人民对议员的信任了。而第二个绝对矛盾则愈发加深了，因为法国的代议制已经完全沦为“纯形式的游戏”，不仅在立法这项本职工作上没有结果，而且还处处受行政权的牵制甚至威胁。至此，我们不禁会产生一种感觉，即黑格尔的法哲学并非像马克思所认为的那样，在“轻率地”②讨论代议制问题。相反，黑格尔所说的就是事实本身，因为身为一个致力于建构德意志国族精神的哲学家，他必须具备一定程度的政治敏感度。当然反过来也可以认为，马克思当年对代议制的拒斥态度，是由于他在《莱茵报》时期就已经对普鲁士当局的议会表现印象极差，而且尚处激进民主主义立场的马克思对代议制本就不大关注，因为他追求的毕竟是人民主权。

最后我们不妨作一小结。在 1843 年，马克思通过批判黑格尔的国家哲学，完成了对政治国家的哲学批判。但是，经过 1848 年革命之后，我们明显感受到在哲学批判层面可能存在的理论与现实的抵牾。我们认为，这很大程度上与马克思缺乏相应的政治实践感直接相关，甚至可以怀疑，在之后的政治经济学批判研究中，马克思会不会在有意地悬置国家问题。当然，他之所以这么做，也可能是因为他不可能按照黑格尔的套路来建构一种国家哲学(这恰恰是他反对的)。这使得他必须深入物质基础、深入市民

---

① 《马克思恩格斯全集》第 3 卷，人民出版社 2002 年版，第 157 页。
② 《马克思恩格斯全集》第 3 卷，人民出版社 2002 年版，第 156 页。

社会，而且，他没有相关的政治经历，缺乏至少在那个时代研究国家问题所必需的政治实践感，也即卢格在 1842 年批判黑格尔法哲学时所谓"政治感，即国家建设的情怀"①。总之，对于国家建构问题，马克思在观念和经验上都没有太多优势可言，或者毋宁说，马克思本就意不在此。② 他赋予自己的使命是批判与革命，即批判和打碎国家机器。因此，我们也理解，与黑格尔相比，马克思并没有形成如前者那样的"民族精神"意识。他关注的是物质层面的解放，如 1848 年德国革命的时候，马克思所强调的德意志统一更多是领土意义上的统一，是通过革命、通过战争的统一。至于德意志境内的人民对德意志国家（包括普鲁士国王、德意志皇帝）的认同问题，他没有过多关心。比如，他在《新莱茵报》上评论普鲁士国王拒绝法兰克福国民议会授予普王的德意志皇冠时，马克思讽刺的是普鲁士国王的封建守旧以及法兰克福国民议会里那些资产阶级的妥协软弱，但是并没有提及当时普鲁士人民的政治态度。其实，诸如此类都是马克思在 19 世纪未能言及的东西，它们并不能成为后人苛责马克思的理由。

第二节　马克思对波拿巴主义国家的批判

马克思对路易·波拿巴的基本定位是"流氓无产阶级"的首领，但是，如果暂且悬置路易·波拿巴的"流氓"属性，那么结论可能会有所不同。如

---

① ［德］卢格著、姚远译：《黑格尔法哲学与我们时代的政治》，载复旦大学当代国外马克思主义研究中心：《当代国外马克思主义评论》（第 16 辑），人民出版社 2018 年版，第 92 页。

② 对于这一点，诺曼·莱文则认为马克思曲解了黑格尔。鉴于马克思忽略了主体性在黑格尔思想中的重要性，他认为黑格尔那里真正的主体是观念，因而把黑格尔曲解为一位思辨哲学家。马克思忽略了伦理在黑格尔思想中的作用，并因此曲解了"老师"的真意。黑格尔的消失最明显表现在马克思拒绝处理黑格尔思想中的伦理维度，尤其是在政治哲学领域。具体可参见：［美］诺曼·莱文著、周阳等译：《马克思与黑格尔的对话》，中国人民大学出版社 2016 年版，第 355~356 页。

杰夫·沃特金斯(Geoff Watkins)和罗杰·普莱斯(Roger Price)分别认为，关于路易·波拿巴的传说在法国政界极具影响力，而且波拿巴主义政权为现代化提供了一条有效途径。此节同样先暂且悬置波拿巴主义国家的"流氓"特性，主要关注国家官僚制与其阶级基础问题。

一、马克思对官僚制的批判

"官僚制"是马克思在1843年批判黑格尔国家哲学时引入的概念，而不是从黑格尔文本中直接摘取的概念。在马克思对"官僚制"的使用中，它既可以指国家行政系统，也可以指在这一系统中工作的人，而且通常指向后者。① 从这一点看，马克思基本遵循了当时德法学界、报界和政界对"官僚制"的使用，即"它不仅被视为一种权力掌握在官员手中的治理形式；它也是这些官员的集体称号"②。它兼有"贵族制"和"民主制"的内涵："贵族制"大多数时候指的是一个特殊的社会阶层，而不是一种治理形式；"民主制"则通常指的是实现人民意志的制度形式。马克思那里的"官僚制"既指一个特殊的社会阶层，又指向一种制度形式。

黑格尔在《法哲学原理》里只用了11节内容(第287～297节)讨论"行政权"，马克思认为这些"不配称为哲学的阐述"③，大部分内容都可以原封不动地出现在普鲁士法典中。马克思从根本上反对黑格尔分离政治国家与市民社会的做法，前者代表普遍利益，后者由特殊利益组成，然后通过等级制度、同业公会的独立权和官员的崇高道德，政治国家与市民社会得以重新结合。马克思认为这是一幅完全扭曲的画面：普遍利益和特殊利益之间的理论对立是虚幻的，官僚们用它来为自己的特殊利益辩护，一纸资历是他们脱离市民社会的标志，国家的真正目的淹没在秘密的、机械的行

① Martin Albrow. *Bureaucracy*[M]. London: Macmillan, 1970: 69.
② Martin Albrow. *Bureaucracy*[M]. London: Macmillan, 1970: 20.
③ 《马克思恩格斯全集》第3卷，人民出版社2002年版，第57页。

动中，淹没在对权威的信任以及对更高职位的追求中。行政权是属于全体人民的，只有当特殊利益真正成为全体人民的利益时，官僚制才会彻底结束。

马克思揭示了德国官僚制的一系列经验层面的特征：首先，官僚制的特点是无能。正如马克思所言："上层指望下层了解详情细节，下层则指望上层了解普遍的东西，结果彼此都失算。"但这种无能却已经变成了一种制度的牢笼："官僚制是一个谁也跳不出的圈子。"其次，官僚制的普遍精神是秘密，所以，"公开的国家精神及国家信念，对官僚制来说就等于泄露它的奥秘"。正是这种神秘化导致人们对权威的崇拜："权威是它的组成原则，而神化权威则是它的信念。"最后，官僚制内部是"粗陋的唯物主义"和"粗陋的唯灵论"。一方面，"国家的目的变成了他（即官僚分子）的私人目的，变成了追逐高位、谋求发迹"；另一方面，官僚制"想创造一切"："它把意志推崇为始因，因为它只是活动着的存在，而它的内容是从外面得到的。……对官僚来说，世界不过是他活动的对象而已。"①

马克思对"官僚制"的批判构成《黑格尔法哲学批判》的一个重要部分，这的确是他曾经思考过、批判过的问题。但是自那以后，《黑格尔法哲学批判》既没有完成和发表（直到1927年才公开问世），而且其内容也没有被他自己引用。那么，为什么马克思会这样处理"官僚制"问题？

首先需要明确，马克思那里的"国家"和"官僚制"实际上是同义词："没有对官僚制的界定，国家亦不能成其为国家。"②就像《德意志意识形态》里对国家的界定："国家不外是资产者为了在国内外相互保障各自的财产和利益所必然要采取的一种组织形式。"③《共产党宣言》接着说道："是一个阶级用以压迫另一个阶级的有组织的暴力。"④单纯的政治革命无法真

①　《马克思恩格斯全集》第3卷，人民出版社2002年版，第60~61页。

②　Hal Draper. *Karl Marx's Theory of Revolution Volume* 1: *State and Bureaucracy*[M]. Delhi: Aakar Books, 2011: 484.

③　《马克思恩格斯文集》第1卷，人民出版社2009年版，第584页。

④　《马克思恩格斯文集》第2卷，人民出版社2009年版，第53页。

正扫除这种"有组织的暴力",还需要一场目的在于实现社会的经济和政治体制根本转变的社会革命。

当然,这暂时只是理论上的可能,现实中的官僚制却愈发表现为一种近乎自治的力量,它按照自己的生存方式发展着,以自己的利益统治着社会的其他部分。这显然与马克思后来对国家问题的思考是相左的。因为在马克思的思想谱系里,官僚制必须被视为一种寄生附属物,就像马克思眼中路易·波拿巴的法国。法国的行政权有着庞大的官僚和军事机构,这是一个寄生在法国社会上的有机体。如果说,仅仅是执行政府形式安排的机构,就能够对社会的未来产生决定性影响,那么,资产阶级和无产阶级的社会两极分化也会被这种国家官僚制所制止,如此一来,无产阶级革命也就无用武之地了。实际上,1848 年革命的法国恰恰证明了这一点,这自然给马克思的这一信念带来很大挑战。

这不禁使人怀疑,马克思处理官僚制的方式可能会为他自己带来一些短视。《黑格尔法哲学批判》一开始就把官僚制贬低到一个无足轻重的地位,这几乎掩盖了其所面临的问题。后来在《德意志意识形态》中,他看到官僚制在德意志各邦兴起,并由于任何利益集团都无法支配其他利益集团而获得异常的独立性。这个过渡阶段在德国持续的时间比在其他地方都要长,但即便如此,它根本上仍是为资产阶级的利益服务。然而仅仅在三年后,马克思说,1848 年的普鲁士自由派政府在柏林三月革命之后成立,它是资产阶级的代表,必然取代旧的官僚制。"旧官僚不甘沦为资产阶级的奴仆,因为到目前为止,它一直是资产阶级的专横导师。"①最后到《雾月十八日》,马克思看到法国广大的小农为官僚制提供了一个非常合适的基础。路易·波拿巴的政权代表了农民群众,但同时又维护了资产阶级的秩序,这种情况充满了矛盾。

虽然马克思发现了在不同社会中都有官僚制的存在,它们服务于不同

---

① 《马克思恩格斯全集》第 6 卷,人民出版社 1961 年版,第 16 页。

的阶级，但是他并不认为在无产阶级革命"之中"和"之后"，国家官僚制会给社会带来什么问题。在《共产党宣言》里，他设想无产阶级在"公共权力丧失政治性质"之前，"把一切生产工具集中在国家即组织成为统治阶级的无产阶级手里"①。在《法兰西内战》中，他对未来政治权力形态的观点最重要的来源是，他认为所有行政职位都可以通过选举来填补，而它们的现任者将真正对自治的公社负责，而且在马克思眼中，国家官僚制终究是暂时性的、过渡性的，由于它是一种阶级统治的工具，因此在一个没有阶级的社会里，它将不复存在。

的确，马克思终其一生也没有过多重视官僚制问题，他无法预见官僚制在20世纪的发展。其实不仅是马克思，与他同时代的人几乎都不具备这个能力。巴枯宁为此抓住这一点批判马克思，他认为，每个国家都必然以军事和官僚集权为基础，而马克思和他的追随者们的思想必然会导致少数"原先是工人的人"在一个强大的集权国家中统治群众，而这些是马克思等人拒绝承认的。② 这种情况当然不是无政府主义的"独角戏"，官僚制问题也吸引了那些批判19世纪社会趋势的保守主义者、自由主义者和社会主义者。其实在我们看来，正是马克思对官僚制的这种特殊态度，反倒使得他与当时的革命者、思想家区分开。当然，它毕竟在一定程度上影响了马克思日后的研究，如他对东方社会专制主义的判断。

尽管如此，马克思对国家官僚制的批判仍然具有独特意义，他不仅揭示了作为一种经验现象的国家官僚制，同时还揭示了官僚制内部斗争的复杂性，这有助于我们透视当代的政治制度："官僚制表现为一个庞大的人际关系网络，依赖关系代替由客观的劳动分工所定义的关系，在这里，帮派集团的分组和他们之前的斗争叠加在等级制度的形式之上，并且往往根据他们自己的需求不断地重塑它。在主要政党之间的最重要职位的分配，似乎就像在政权更迭时从战利品中分一杯羹一样，这种情况在今天比在以

① 《马克思恩格斯文集》第2卷，人民出版社2009年版，第52页。
② Martin Albrow. *Bureaucracy*[M]. London：Macmillan, 1970：72.

往任何时候都要更为明显。"①

当然，马克思也只是把"官僚制"作为一个一般范畴来使用，而没有解释它的具体功能。现在来看，这恐怕是经典马克思主义国家理论的缺憾所在。但在当年的情势下，马克思以这种方式批判国家官僚制也合情合理。不过，把国家官僚制视为寄生机体，在今天确实已经不够用了。因为事实上，在资本主义社会的背景下，官僚制是必要的；要使对官僚制的批评真正有效，就不得不同时考虑资本主义的社会组织问题。如此一来，官僚制已经跳出了国家论域，而成为所谓"市民社会"的中心议题。就像韦伯所说，在国家范围内会产生官僚机构，在私有经济范围内，则会产生一个官僚制企业。② 我们不能说马克思生前没有触及这个问题，如柄谷行人说："马克思在《资本论》中，讨论了从每个生产者横向联合的制造业阶段到由资本纵向管理的工场阶段的转化，这正对应着私人企业的官僚化。马克思所说的工业无产阶级，就是这种官僚化所塑造的人们。与此相反，无政府主义的兴盛一定是在工业资本不发达……的地方。这意味着，资本主义的发展同时也是官僚制的发展。"③但是，马克思毕竟没有就此进一步展开，因为"资本论"只是"政治经济学批判"的开始而已。如今看来，官僚制的发展已经愈发限制了革命的可能性："（官僚制）使得依靠暴力创造全新的权威结构这个意义上的'革命'变得越来越不可能了——从技术上说，因为它控制着现代交通工具（电报等等），还因为它的内在结构日趋理性。在这个过程中，'革命'已被'政变'取而代之。"④

---

① Claude Lefort. *The Political Forms of Modern Society*: *Bureaucracy*, *Democracy*, *Totalitarianism*[M]. Cambridge: The MIT Press, 1986: 94.

② ［德］马克斯·韦伯著、阎克文译：《经济与社会》(第二卷)，上海人民出版社2010年版，第1095页。

③ Kojin Karatani. *The Structure of World History*: *From Modes of Production to Modes of Exchange*[M]. Durham and London: Duke University Press, 2014: 180.

④ ［德］马克斯·韦伯著、阎克文译：《经济与社会》(第二卷)，上海人民出版社2010年版，第1129页。

二、波拿巴主义国家的形成因素

我们在进入《雾月十八日》的官僚制问题之前有必要明确以下一种区分，即"作为阶级社会中的国家之必然附属的官僚化"和"作为一种病理症状的过度官僚化"①。波拿巴主义国家的"官僚制"实际指后者。马克思把国家官僚制称为"寄生机体"②，也是在"过度官僚化"的意义上说的。但是另一方面，马克思仍表达了如下观点：路易·波拿巴能成功发动政变并最终加冕称帝，法兰西的国家官僚制起了很大作用。在路易·波拿巴彻底接管法国之前，官僚制看似隐藏在市民社会和由普遍选举所产生的议会背后，而在路易·波拿巴接管之后，法国的国家机器才似乎成了完全独立的东西。

马克思的这个说法或许暗示了国家机器不能以自己的力量直接登场，法国的独立只有在路易·波拿巴作为超越议会的皇帝而独立存在的时候才有可能，他获得至上权威的过程很有特点："路易·波拿巴只是用掠夺而来的东西再分配，结果人们却将此作为'赠与'来接受。因此，他被再现为向一切阶级赠与的至高存在者，即皇帝。也就是说，通过将'赠与—还礼'这一相互交换的外在表现，投射到由国家机器所实行的'掠夺—再分配'这一实际交换上，路易·波拿巴作为皇帝的权力才得以确立起来。"③实际上，这个过程早在大革命时期就已经存在。虽然大革命被坊间称为资产阶级革命，但是革命真正活跃的能动者是城市小生产者和工匠，而且最终掌权的也非资产阶级，而是拿破仑·波拿巴。正是通过拿破仑·波拿巴，作为民族国家的法兰西才得以出现在欧洲乃至世界最重要的位置上。就这点而

---

①　Hal Draper. *Karl Marx's Theory of Revolution Volume* 1：*State and Bureaucracy*[M]. Delhi：Aakar Books，2011：510.

②　《马克思恩格斯文集》第 2 卷，人民出版社 2009 年版，第 564 页。

③　Kojin Karatani. *The Structure of World History*：*From Modes of Production to Modes of Exchange*[M]. Durham and London：Duke University Press，2014：178.

言，1848 年革命把这个"桥段"重演了一遍。

1848 年革命过后带来的问题是，马克思关于资产阶级与无产阶级对决的预测至少表面看来"落空"了，而且法兰西路易·波拿巴和普鲁士俾斯麦的出现，似乎证实了国家的独立性。马克思在《雾月十八日》里并没有忽略这一方面，尽管如此，他依然坚持认为，一旦废除了经济基础层面的资产阶级与无产阶级的对立，那么作为意识形态上层建筑的国家也会消失。而且，马克思后来把国家放到更大的蓝图中考虑，如"国家"在他庞大的政治经济学批判计划里就占有一席之地。但是对于现实的革命而言，国家问题又是马克思无法回避的，这背后或许有"理论家"与"革命家"之间的张力。马克思尚且如此，试问那些和马克思同时代的激进革命者，又如何能在革命之时准确把握国家问题呢？作为理论家、观察者的马克思显然比单纯的起义者要看得更远，我们能从 20 世纪的革命者那里清楚地感受到马克思当年的洞察力。列宁在十月革命胜利之后所直面的问题恰恰就是国家问题，即如何依托国家机器来保存十月革命的胜利果实才是苏联的当务之急。同样，1949 年中华人民共和国成立之后面对的问题也是国家上层建筑的建设问题。然而一旦触及"国家"，那么"官僚制"就是挥之不去的影子，"国家"这朵云投射在地上的阴影就是"官僚制"。如果我们被地面"无肉体的影子"（即官僚制）所迷惑，可能就会陷入法兰西第二共和国的状态。

那么，在法国官僚制的形成过程里，路易·波拿巴扮演了怎样的角色？是否真的只是因为路易·波拿巴超越了议会权力，国家独立性才成为可能？马克思没有否认这点，但他终究不是在"为政变主角作历史辩护"。为此，卡弗提醒读者留意议会制民主的结构性缺陷。他认为，马克思在《雾月十八日》里揭示了当时第二共和国代议制民主的资产阶级本质，并追溯了秩序党是如何将法国交到一个骗子手中的命定般的轨迹。① 用马克思

---

① Peter Baehr, Melvin Richter. *Dictatorship in History and Theory: Bonapartism, Caesarism, and Totalitarianism* [M]. Cambridge: Cambridge University Press, 2004: 125-126.

的话说，这是一个让人"心惊肉跳"的"可怕前景"①。"可怕"形容的不仅是无产阶级的赤色无政府状态，而且指向资产阶级的代议制民主："阶级政治因富人在代议制民主的政治制度中的所作所为而精疲力竭，所以阶级政治的互动包括和独裁的调情。民主制度没有受到这种阶级斗争的完美保护，公职人员可能堕落到背叛民主实践，而且选民也可能被其领导者的民主资历所愚弄。那个成为独裁者的男人或女人，不一定都是伟大的。"②

　　综上所述，波拿巴主义国家的成因至今仍是一个存在争议的问题。但我们认为，马克思在《雾月十八日》里其实已经同时涉及"结构"与"个体"两方面，而且从他之后的研究轨迹来看，更加偏重"结构"一面。不过现在看来，马克思其实在这两方面又都有不同程度的欠缺：一方面，在一定的历史情势中，个体可能会在很大程度上影响政治制度的发展走势，而结构本身推动变革的力量往往不那么强大和明显；另一方面，即便结构的能量可能会因为其内部的阶级派系斗争而精疲力竭，但结构的自愈能力依然强大，这是马克思当年不曾特别关注的一点。比如，经政变建立的、不道义不合法的法兰西第二帝国苟延残喘了18年，而在战乱中建立的法兰西第三共和国竟风雨飘摇了70年。

三、波拿巴主义国家的阶级基础

　　如果把马克思对波拿巴主义国家的分析放到阶级分析的范式里，那么势必要面对国家权力的阶级基础问题。马克思在《雾月十八日》里说道："国家权力并不是悬在空中的。波拿巴代表一个阶级，而且是代表法国社会中人数最多的一个阶级——小农。"③实际上，小农阶级并非把波拿巴当

---

①　《马克思恩格斯文集》第2卷，人民出版社2009年版，第560页。
②　Peter Baehr, Melvin Richter. *Dictatorship in History and Theory: Bonapartism, Caesarism, and Totalitarianism*[M]. Cambridge: Cambridge University Press, 2004: 126.
③　《马克思恩格斯文集》第2卷，人民出版社2009年版，第566页。

做自己的代表，而是当做他们所敬仰的无限统治权。换言之，他们可能压根儿就没把路易·波拿巴视为"总统"，而是径自视为"皇帝"。

《雾月十八日》里对小农既是阶级又不是阶级的判断，基于马克思早年在《哲学的贫困》里对"自在阶级"与"自为阶级"的区分："经济条件首先把大批的居民变成劳动者。资本的统治为这批人创造了同等的地位和共同的利害关系。所以，这批人对资本说来已经形成一个阶级，但还不是自为的阶级。在斗争(我们仅仅谈到它的某些阶段)中，这批人联合起来，形成一个自为的阶级。"①法国农民的经济生活条件使他们作为一个自在阶级而存在，但是，各个小农并没有在斗争中联合起来，相互之间只是停留于地域上的联系，没有形成全国性的政治组织，所以他们还不是自为阶级。

路易·波拿巴能够把农民阶级变为拥护自己的阶级，至少有两个原因：其一，法国农民的处境因为议会的立法活动而变得非常艰难，他们"比任何时候都苦于粮价低落"，"苦于赋税和抵押债务日益加重"②。其二，更为根本的原因是，法国农民作为一个自为阶级的成熟程度还远远不够："他们不能代表自己，一定要别人来代表他们。……保护他们不受其他阶级侵犯。"③正是后一原因，马克思认为波拿巴主义国家的官僚统治最终将倒塌的条件是，法国农民对路易·波拿巴的复辟感到失望，继而抛弃自己对于小块土地的信念。如此一来，失去农民支持的波拿巴主义国家的全部上层建筑，也就烟消云散了。

基于这一观念，马克思在 1852 年的时候才会对农民阶级意识的觉醒抱有很大希望。但是在 1869 年《雾月十八日》的第二版里，马克思删去了对农民阶级可能加入无产阶级革命"合唱"的判断。按马克思自己的话说，这些修改表明 1852 年的版本是"现在已经不再能理解的暗示"④。可见，1869

① 《马克思恩格斯文集》第 1 卷，人民出版社 2009 年版，第 654 页。
② 《马克思恩格斯文集》第 2 卷，人民出版社 2009 年版，第 514 页。
③ 《马克思恩格斯文集》第 2 卷，人民出版社 2009 年版，第 567 页。
④ 《马克思恩格斯文集》第 2 卷，人民出版社 2009 年版，第 466 页。

年的革命情势较之 1852 年，已经发生了很大变化。法兰西第二帝国经过 17 年的发展之后，官僚制已经愈发完善，农民的立场恐怕已经不再能决定性地左右波拿巴主义国家的命运。

而且，马克思虽然说路易·波拿巴代表了小农阶级，但却没有说路易·波拿巴"只"代表了小农阶级。实际上，路易·波拿巴看似还代表了其他不同层级的阶级，如中等阶级、下层阶级(农民和人民大众)、流氓无产阶级等，但本质上，他又在和他看似代表的那些阶级对抗着。这正是波拿巴主义的矛盾之处。在这一意义上，有必要区分"路易·波拿巴"其人和"波拿巴主义"。让"路易·波拿巴"登上政治舞台的是小农阶级，但是"波拿巴主义"的背后却是资产阶级，或者更广泛地说，是中等阶级。如果从中等阶级的角度看，是他们的政治态度决定了波拿巴主义的形成，而如果从路易·波拿巴的角度看，则是："要完整地保持它(即中等阶级——引者注)的社会权力，就应该摧毁它的政治权力。"①这才是波拿巴主义的关键。只有作为一个阶级的资产阶级，或者整个中等阶级在政治上毫无价值的时候，以路易·波拿巴为代表的行政权才能最大限度地发挥它的政治价值。

然而，矛盾也就在这里，马克思说道："他之所以能够成为一个人物，只是因为他摧毁了并且每天都在重新摧毁这个中等阶级的政治力量。所以他又自命为中间阶级的政治力量和著作力量的敌人。可是，既然他保护中等阶级的物质力量，那么就不免要使这个阶级的政治力量重新出现。"②路易·波拿巴一边被这种与中等阶级的矛盾折磨着，另一边又要像个魔术师一样，不得不以不断翻新的各种花样来吸引观众。马克思认为波拿巴主义国家不能称之为国家，它"使整个国家机器失去圣光，渎犯它，使它成为可厌而又可笑的东西"③。从此处我们能感受到，马克思对国家问

① 《马克思恩格斯文集》第 2 卷，人民出版社 2009 年版，第 516 页。
② 《马克思恩格斯文集》第 2 卷，人民出版社 2009 年版，第 574 页。
③ 《马克思恩格斯文集》第 2 卷，人民出版社 2009 年版，第 577 页。

题的分析鞭辟入里，早年市民社会与政治国家的分立，以及前者之于后者的优先性，仍然占据着马克思的思想高地，而且深刻影响了他的某些判断。

恩格斯在同一时期对波拿巴主义国家的阶级本质也发表过一些看法。他的解释倒是能提供一种补充："路易-拿破仑的统治并没有结束阶级之间的战争。它只是暂时中止了时时标志着这个或那个阶级夺取或保住政权的企图的流血冲突。这些阶级当中没有一个阶级有足够的力量发动一次可望取得胜利的新的战斗。"①在恩格斯看来，波拿巴主义国家的阶级性本质上是一种"阶级均势"，也即是说，不存在一个压倒其他所有阶级的阶级，各个阶级之间互相掣肘，即便是阶级内部的各派系也暗怀鬼胎。应当说，恩格斯的这个看法并不与马克思的看法相冲突，而是更为直白地点明了问题的关键所在。

总之，马克思和恩格斯在1852年对波拿巴主义国家所作的判断，只能说是在特定历史情势中做出的判断，如果从事后看，肯定存在某些不合理之处，所以不必奇怪马克思在1869年的第二版里对第七部分的改动幅度最大。尽管如此，波拿巴主义国家和资产阶级的关系还是较为明朗的。我们以德雷珀的相关判断来作为讨论波拿巴主义国家的结束："波拿巴主义国家服务于拥有生产工具的阶级的社会经济利益；而这些资产阶级反过来在波拿巴主义国家的政治统治下，心甘情愿地享受这一利益，只要它不妨碍他们自己获利的方式即可。照这么看，统治阶级和他们不直接控制的国家之间存在着一种特殊的共生关系（symbiosis）。但这种安排本身就埋下了瓦解的种子。加速的现代化一方面意味着成熟的资产阶级开始精神抖擞，另一方面，波拿巴主义国家会开始超出它为社会经济秩序服务的价值。"②

---

① 《马克思恩格斯全集》第 11 卷，人民出版社 1995 年版，第 266 页。

② Hal Draper. *Karl Marx's Theory of Revolution Volume* 1: *State and Bureaucracy*[M]. Delhi: Aakar Books, 2011: 409.

第三节　马克思的国家机器理论

阿尔都塞指出："国家首先是马克思主义经典作家所称的国家机器。"
所谓"国家机器"，不仅指"与合法的实践需要有关的专门机构，即警察、
法院、监狱的存在和必要性"；"还有军队……当警察及专门的辅助部队
'被事件所超越'时，军队终归作为补充性的镇压力量直接进行干预；而位
于这些集合之上的则是国家、政府和行政的首脑"①。这是阿尔都塞对"国
家机器"的基本判断。一般而言，在国家机器理论方面，马克思主义经典
作家至少有以下四个要点：第一，国家是镇压性的国家机器；第二，必须
区分国家权力和国家机器；第三，阶级斗争目标指向国家权力，以及使用
国家机器的阶级（或阶级的、阶级派系的联盟）将把持国家权力作为目标；
第四，无产阶级要摧毁资产阶级国家机器，必须先夺取国家权力，而且在
第一阶段，代之以一个完全不同的、无产阶级的国家机器，然后在后一阶
段启动一个激进的过程——国家的解体（即国家权力的终结、所有国家机
器的终结）。② 这基本符合马克思对待国家机器的基本态度："工人革命的
第一步就是使无产阶级上升为统治阶级，争得民主。"③这个无产阶级首先
要争得的"民主"，就是"无产阶级专政"，这也是后来马克思在 1875 年所
指认的，从资本主义社会到共产主义社会的"革命转变时期"④里必须存在
的无产阶级国家机器。

---

① Louis Althusser. *Lenin and Philosophy and other Essays* [M]. New York: Monthly Review Press, 1971: 137.

② Louis Althusser. *Lenin and Philosophy and other Essays* [M]. New York: Monthly Review Press, 1971: 141.

③ 《马克思恩格斯文集》第 2 卷，人民出版社 2009 年版，第 52 页。

④ 《马克思恩格斯文集》第 3 卷，人民出版社 2009 年版，第 445 页。

一、1848 年革命中马克思的"专政"话语

首先必须明确，马克思那时的"专政"与如今的"专政"意义有所不同：它并不是专制、暴政、绝对主义或独裁统治的同义词，而且最重要的是，它并没有反对民主。

1. "专政"的历史

"专政（dictatorship）"概念可以追溯到古罗马共和国时期的"dictatura"，它指一种持续了三个多世纪的宪制机构，这一机构供一个受信任的公民为了暂时且有限的目的而紧急行使权力，行使权力的时间最多 6 个月。其目的是维持共和国的现状。所以，"专政"被视为保卫共和国、抵抗外来敌人入侵或内部政权倾覆的堡垒；事实上它和坊间今天理解的"专政"正好相反，古罗马的专政直接针对的是今天那些人们可能谴责的、想要实行独裁统治的人。至少在恺撒成为独裁者之前，它是起作用的。

如果从"专政"概念的历史看，那么其现代版本更接近"戒严状态"，这也是法兰西第二共和国时期资产阶级统治者屡试不爽的手段。"戒严"延续了罗马专政的特点，如它是基于宪法的，因此是合法的，而不是暴政；它是暂时的；它是有限的，不能创设新的法律或宪法。当然，它也离不开军事力量的支持。在这一意义上，很难将这种机制和反民主联系起来，它更多指向"危机治理"。至于左派"专政"的历史则始于 1796 年巴贝夫领导的所谓"平等的密谋"，在法国大革命失败之后，邦纳罗蒂于 1828 年出版了《为平等而密谋》一书，详细地描述了这场运动的经过。该书引导着（实际上是误导着）未来 20 年的"布朗基主义者"。邦纳罗蒂描述了密谋者对过渡的革命政府在起义胜利之后掌权问题的讨论。他坚信革命政府将是进行革命的小团体的专政，在一段不确定的时间内将单独实行过渡期专政，他们的任务是教育人民，直到人民最终达到民主的水平。他认为，根本不存在

工人的专政，因为正如剥削的社会必然被推翻一样，工人也必然会解体。这些无疑深刻影响了布朗基和 19 世纪三四十年代的布朗基主义者对"专政"的理解。

在 19 世纪的政治话语中，"专政"既可以包括看似最民主的议会的"专政"，也可以包括人民群众的"专政"。马克思对"专政"的使用不仅受到这个词的悠久历史的影响，还受到他刚刚经历的革命情势的影响。他对"专政"的创造性贡献在于，把这个古老的政治术语应用到某个"阶级"的政治权力上。

2. 1848 年革命爆发后的"专政"

革命本质上意味着进入危机和紧急状态，所以，如果按照专政的古老意义，那么在革命时期出现专政再自然不过。

其实在 1848 年革命的政治话语里，从"左"到"右"都会使用"专政"这一字眼。如路易·勃朗和拉马丁，他们分别可算是二月革命之后法国资产阶级临时政府中"左"与"右"的代表。路易·勃朗主张通过推迟议会选举而延续"专政"，以便允许人民接受一段时间的再教育。他认为，临时政府应该"认为自己是革命所任命的专政者，这是不可避免的，在所有必需的环节都完成之前，没有义务去寻求普选的制裁"。拉马丁这位想把革命转入保守的诗人，也称他自己和伙伴们为"专政者"。①

当然，"专政"并非极端分子或盲目革命者的专属，它也是民主派运动的一部分。比如，19 世纪 40 年代的激进民主主义者们也提"专政"，真正的社会主义者魏特林主张"弥赛亚专政"，即单个领袖的专政，俄国无政府主义先驱巴枯宁则主张"秘密专政"。当然，最为坊间熟知的还是 1848 年六月革命之后卡芬雅克将军的"军事专政"（其实"军事专政"并非当时法兰西的官方术语，官方说法是"戒严"）。卡芬雅克的军事专政开现代专政的

① Hal Draper. *The "Dictatorship of the Proletariat" from Marx to Lenin*［M］. New York：Monthly Review Press，1987：14.

先河，它为 1848 年 11 月法国宪法中关于"戒严状态"的规定提供了基础（写入宪法第 36 条），1849 年 8 月 9 日的法律对此予以确认，它成为法国宪政的基本法，在 20 世纪仍然有效，直到 2004 年才被正式废除。1848 年革命后期，这条宪法为柏林和维也纳的"军事戒严机构"提供典范，同时还为路易·波拿巴的"专政"扫清了道路，尽管路易·波拿巴不自称专政，而是称第二"帝国"。以此观之，在 1848 年革命之后，"专政"逐步蔓延成为几乎整个欧洲的制度。

至于马克思，他在《新莱茵报》上首次提及"专政"，不过这个词不是出自他的原话，而是出自他所引用的康普豪森的话："政府（指法兰克福国民议会）没有实行专政，它也不可能实行专政，它不愿意实行专政。"①马克思对德国三月革命之后没有实行强有力的专政而指责康普豪森："国民议会本来应该处处以专政的办法反对腐朽政府的反动企图，这样它就能在人民中间取得强大的力量，在这种力量面前任何反动势力都会碰得头破血流。"②

这时的"无产阶级专政"还没有出场。马克思的想法是，夺取政权的行动不是由工人阶级来完成（当时的工人阶级才刚刚组织起来），而是由资产阶级自由派来完成，后者的历史任务就是将"国王—官僚—封建"的旧制度连根拔起，继而建立一个资产阶级民主社会，无产阶级可以在其中发展阶级斗争，以夺取最终的胜利。但是，德国资产阶级在很大程度上正是因为看到革命的无产阶级在背后施压，所以拒绝将这出戏演到底。相反，他们转而依附绝对主义政府的权力以维护自身的利益，寻求对抗未来无产阶级威胁的靠山。

马克思基于1848—1849年德国革命中吸取的最重要教训，看到了资产阶级的真面目。德国的资产阶级无力也无心将他们自己的资产阶级民主革命进行到底。德国的革命本应该继续前进，从一个阶段到另一个阶段，直

① 《马克思恩格斯全集》第 5 卷，人民出版社 1958 年版，第 30 页。
② 《马克思恩格斯全集》第 5 卷，人民出版社 1958 年版，第 46 页。

至政权最终落到革命的无产阶级手中。马克思恩格斯在 1850 年将这一过程总结为"不断革命"，也即是在无产阶级夺取政权之前，革命不能停下。这实际上就把"无产阶级的权力"（实际也就是"无产阶级的专政"）引入马克思的视野和著作中。所以，当马克思在 1852 年致魏德迈的信中坦言，他在阶级斗争问题上添加的新内容之一是"无产阶级专政"，这是完全合理的。

3. 1848 年革命转入低潮后的"无产阶级专政"

要实现向共产主义社会的转换，无产阶级首先必须"夺取政权"，这是马克思的一个基本观点。在 1848 年革命之前，马克思使用了"无产阶级将利用自己的政治统治"①，即无产阶级成为政治统治阶级。"无产阶级专政"实际上和"无产阶级的政治统治""无产阶级夺取政权"的意思一致，而且，从"统治"到"专政"的转换对于马克思而言恐怕不存在任何问题。

他在《法兰西阶级斗争》里首次使用"无产阶级专政"，尽管只出现了几次，但足以引发巨大的理论效应。如他在这部著作的第一部分提到 1848 年法国革命里的大胆的革命战斗口号："推翻资产阶级！工人阶级专政！"②"工人阶级专政"也就是"无产阶级专政"，因为至少在当时，马克思没有严格区分"无产阶级"与"工人阶级"。至于"推翻资产阶级！工人阶级专政！"这个口号在当时的法国是否真的出现过，其实也不重要，重要的是，马克思在这个文本里将"工人阶级专政"与"推翻资产阶级"并置，他是在用"工人阶级专政"来解释"推翻资产阶级"意味着什么，而且在紧随其后的一段时间里，马克思使用"资产阶级恐怖"和"资产阶级专政"③来指认资产阶级共和国中的资产阶级统治。

最为著名的还是马克思在第三部分所写的："无产阶级就日益团结在革命的社会主义周围，团结在被资产阶级用布朗基来命名的共产主义周

① 《马克思恩格斯文集》第 2 卷，人民出版社 2009 年版，第 52 页。
② 《马克思恩格斯文集》第 2 卷，人民出版社 2009 年版，第 104 页。
③ 《马克思恩格斯文集》第 2 卷，人民出版社 2009 年版，第 104 页。

围。这种社会主义就是宣布不断革命，就是无产阶级的阶级专政。"①这段话很容易引起人们的误解，认为"无产阶级的阶级专政"是当时布朗基和布朗基派的观点。之所以说这是一种"误解"，是因为："布朗基经常被认为是创造了'无产阶级专政'的人，但从没有人能够证明他在任何场合使用过这个词。"②因此，将马克思与他们混为一谈势必是马克思所不愿意的。

其实细看即会发现，"用布朗基来命名的共产主义"并非马克思本人的做法，而是当时作为敌人的"资产阶级"的做法，这反映出当时那些反革命的政治家们把"布朗基"视为"革命的妖魔（bogey）"③。当时法国的资产阶级非常清楚，他们最危险的敌人是布朗基，哪怕以"布朗基"之名也能掀起一阵风浪，而且不仅是资产阶级，作为小资产阶级民主派代表的路易·勃朗也清楚地意识到布朗基的威力："把事情算到布朗基头上是多么聪明的做法，这能更好地吓退资产阶级。"④所以，当马克思提到"布朗基"，我们也可以认为这是他所采取的一种话语策略，而不能断言"无产阶级专政"是布朗基或布朗基派曾使用过的措辞，也不能以此等同看待马克思与布朗基的革命政治。布朗基派当然也说"专政"，但那是少数密谋者的专政。而在马克思那里，专政意味着统治，而且是无产阶级的统治，它不是一个人、一个小集团、一个群体或一个政党的统治，它意味着一个阶级的统治。在这一意义上，阶级统治即阶级专政。

如果结合当时具体的革命情势看，马克思在1850年使用无产阶级专政的目的也是将其作为对马克思周边的布朗基派进行再教育的话语工具。"无产阶级专政"不是布朗基派所持有的观念，恰恰相反，它是马克思用以

---

① 《马克思恩格斯文集》第 2 卷，人民出版社 2009 年版，第 166 页。

② Alan Spitzer. *The Revolutionary Theories of Louis-Auguste Blanqui* [M]. New York：Columbia University Press，1957：176.

③ Hal Draper. *Karl Marx's Theory of Revolution Volume* 3：*The Dictatorship of The Proletariat* [M]. Delhi：Aakar Books，2011：181-183.

④ Hal Draper. *The "Dictatorship of the Proletariat" from Marx to Lenin* [M]. New York：Monthly Review Press，1987：24.

对抗布朗基派专政的观念。"无产阶级专政"的产生是为了向那些想要成为革命者的人展示，除了布朗基主义之外，还有另一种革命的方式，即属于马克思的方式。可见，马克思使用"无产阶级专政"至少有两个考虑：一个是维持与布朗基派的革命统一阵线，另一个是自觉地区别于布朗基派所主张的少数密谋者专政。无论出于哪种考虑，"无产阶级专政"在马克思的理解里都意味着"无产阶级统治"，即无产阶级通过革命夺取政权，建立无产阶级国家。

4. 马克思、魏德迈与奥·吕宁论"无产阶级专政"

如果从马克思与布朗基主义的关系出发可以得出以上判断，那么从马克思与魏德迈的关系出发，还可以进一步补充解释"无产阶级专政"。马克思对"无产阶级专政"最为经典的表述，也是被广为征引的文本，恐怕还是在1852年3月5日致魏德迈的信中："（2）阶级斗争必然导致无产阶级专政；（3）这个专政不过是达到消灭一切阶级和进入无阶级社会的过渡。"① 如果把"无产阶级专政"替换为"无产阶级统治"，人们在理解上也不会产生任何问题。但是马克思为什么还是要与自己至交的私人通信中使用"专政"，而不使用他们都熟悉的"统治"呢？在德雷珀的考证中，有两个事实值得一提：

第一个事实是，魏德迈在去美国之后，曾写过一篇题为《无产阶级专政》的文章。这篇文章涉及《共产党宣言》中的工人阶级统治问题。不过标题中的"无产阶级专政"直到文章的最后一段才出现。魏德迈指出，任何革命都需要"专政"，然后提出"集中在大城市的无产阶级"专政，而不是作为"普遍阶级"的"无产阶级"专政。看来魏德迈没有完全领会马克思的"阶级专政"概念。不过问题是，当他在写一篇浓缩《共产党宣言》观点的文章时，为何会以《无产阶级专政》为题，而不是以《无产阶级的政治统治》为题呢？

---

① 《马克思恩格斯文集》第10卷，人民出版社2009年版，第106页。

这或许是因为魏德迈受到《新德意志报》的编辑同事奥托·吕宁的影响，后者明确反对马克思所谓"工人阶级的统治和专政"。这牵涉到第二个事实。

吕宁是马克思恩格斯在《共产党宣言》中批判过的德国"真正的社会主义者"的一员，他主张阶级和谐，支持社会改良。吕宁曾在《新德意志报》中针对马克思的《法兰西阶级斗争》逐章评论。马克思为此在1850年6月写下《致〈新德意志报〉编辑的声明》予以回应，他在这一声明中说道："在今年6月22日贵报的一篇杂文里，您指责我维护了工人阶级的统治和专政，而您和我相反，提出要根本消灭阶级差别。这个修正，使我莫名其妙。"①

马克思为什么会觉得"莫名其妙"？因为吕宁的关注点只是无产阶级的"统治"。他认为只要还有"统治"存在，那么就仍然存在阶级差别。但是马克思认为，无产阶级的阶级统治或阶级专政，作为一个过渡阶段是必要的。况且马克思并没有否认"最终要消灭阶级差别"。吕宁试图跳过"过渡阶段"的想法，实质上表现出当时德国"真正的社会主义"与马克思恩格斯"科学社会主义"的根本分歧。

魏德迈与吕宁在当时是《新德意志报》的同事，而且魏德迈和马克思的深厚友谊也是众人皆知的，所以，魏德迈仿佛扮演了吕宁和马克思之间的调停角色：他使用"无产阶级专政"，却又没有完全把握马克思使用"无产阶级专政"的真正意图。所以，当马克思在私人致信里向魏德迈"谈到自己"时，使用了"无产阶级专政"，这既是为了和吕宁、和德国主张社会和谐与改良的"真正社会主义者"划清界限，也是为了再次向自己的好友魏德迈解释"无产阶级专政"的意义。

有些遗憾的是，在1848年革命的时代，马克思的理论势力暂时还难以和布朗基派（以及之后的巴枯宁派）分庭抗礼。所以，马克思后来在很长一段时间里都没有再对"无产阶级专政"做出任何解释，这也应该看做在他看

---

① 《马克思恩格斯全集》第10卷，人民出版社1998年版，第449页。

清具体情势之后的慎重选择。

二、马克思与布朗基、布朗基主义的关系

上文已经简略谈到马克思与布朗基、布朗基主义者在无产阶级专政问题上的区别，下面进一步厘清他们之间的关系。

尽管马克思、恩格斯在革命政治理论上与布朗基存在分歧，但他们仍然认为布朗基是一位献身革命、忠于革命、有原则性的革命家。马克思曾在 1861 年的一封信中谈到布朗基："请您相信，我比任何人都更关心那位我一向认为是法国无产阶级政党的头脑和心脏的人的命运。"①不难理解为什么马克思尊敬布朗基，因为后者看待 1848 年革命的许多看法与马克思颇为相似。请看布朗基的以下言论："如果共和国只是以一种政府形式代替另一种政府形式，那共和国将是一个谎言。政府的形式改换是不够的，必须改变它的内容。……人民要工作和面包！人民的生存不能听任充满恐怖和怨恨的资本摆布。""资本的暴政比军事和宗教的暴政更加残酷。""今天的斗争恰好回到了 1789 年的情况。阅读第一次革命的历史，就等于读今天的历史。完全一模一样；同样的语言、同样的地方同样的形容词、同样的变化，简直完全是上次革命的翻版。"②这与马克思在《雾月十八日》里比较1789 年大革命与 1848 年革命的"历史中的重复"和"悲喜剧"思想如出一辙，当然，布朗基没有达到(也不可能达到)马克思那样的思想深度。

虽然布朗基其人令人(尤其令革命者)钦佩，但马克思、恩格斯的整个革命理论和政治实践仍然坚定地反对布朗基主义。当马克思和恩格斯偶尔与布朗基主义者结盟时，他们的目的很明确，就是希望能开展一场基础广泛的国际政治运动。但是他们从未在放弃任何自身原则的情况下去和布朗

---

① 《马克思恩格斯全集》第 30 卷，人民出版社 1974 年版，第 612 页。
② ［法］布朗基著、皇甫庆莲译、许渊冲校：《布朗基文选》，商务印书馆 1989年版，第 46、47、63~64 页。

基主义者结盟，也从未放弃建立独立的工人阶级政党的想法，转而去组织一场密谋活动。

1850 年 4 月中旬，马克思代表共产主义者同盟与流亡伦敦的法国布朗基派、英国宪章派的左翼代表达成了建立"世界革命共产主义者协会"的协定。协定的第一条就是："联合会的宗旨是推翻一切特权阶级，使这些阶级受无产阶级专政的统治，为此应采取保持不断革命的方法，直到人类社会制度的最后形式——共产主义得到实现为止。"①如果结合当时的具体情势，就可以理解马克思如此选择的动机了。在 1848 年革命失败之后，马克思、恩格斯再一次被强大的反动势力所驱逐，但他们仍然希望能有第二次机会，他们还在期待一场新革命浪潮的到来。不过具体情况是："欧洲大陆的情况排除了他们所希望的那种公开的群众组织，只留下秘密协会的可能性。但当时存在的秘密协会要么在法国被布朗基派统治，要么在德国被他们的思想强烈影响着。如果马、恩期望在预期的新变革中对激进的工人阶级政策和行动产生任何影响，他们除了和秘密协会合作之外别无选择。"②

"世界革命共产主义者协会"未曾有过任何实际的政治活动。共产主义者同盟中央委员会分裂以后，布朗基派流亡者倒向维利希-沙佩尔的宗派主义一边，并企图接近伦敦小资产阶级民主协会，即民主联合会。在这种情况下，马克思、恩格斯与宪章派领袖哈尼在 1850 年 10 月初认为应当取消同布朗基派的协定。其实在 1850 年 9 月 15 日的会议中，也即是在标志着"共产主义者同盟中央委员会"正式分裂的会议中，马克思就曾明确表达出自己的立场："我们对工人们说：为了改变现存条件和使自己有进行统治的能力，你们或许不得不再经历 15 年、20 年、50 年的内战，而他们却相反地对工人们说：我们必须马上夺取政权，要不然我们就躺下睡大觉。""我一向反对无产阶级的着眼于一时一刻的意见。我们献身的党，幸运的

---

① 《马克思恩格斯全集》第 10 卷，人民出版社 1998 年版，第 718 页。

② Richard Hunt. *The Political Ideas of Marx and Engels I：Marxism and Totalitarian Democracy*，1818-1850[M]. Pittsburgh：University of Pittsburgh Press，1974：249.

恰恰是还不能取得政权。无产阶级即使取得政权，它推行的不会是直接无产阶级的措施，而是小资产阶级的措施。我们的党只有在条件允许实现它的观点的时候，才能取得政权。"①

在这之后一直到1871年巴黎公社之间，马克思只是零星地提到布朗基和布朗基主义。到了巴黎公社时期，由于布朗基主义在公社中的突出作用，自然引起了马、恩的注意。他们虽然在一定程度上肯定巴黎公社，但对于布朗基主义仍然持坚决的批判态度。如恩格斯指出："对于公社在政治方面的行动和失策，则要由布朗基派负责。"②不过，即便批评再猛烈，布朗基主义者还是支持马克思所领导的第一国际。在巴黎街头的枪声还未平息的时候，在欧陆乃至美国的资产阶级媒体指责巴黎公社可怕暴行的时候、诽谤公社会摧毁西方文明的时候，马克思以《法兰西内战》雄辩而有力地为公社辩护。此外，第一国际还牵头组织在伦敦的公社难民救济工作。布朗基主义者得以在伦敦重新集结，建立了一个新的政治团体——革命公社。

尽管马克思与布朗基主义者在巴黎公社的问题上有某种共识，但是双方的分歧也是非常突出的。比如在对公社历史意义的评价方面："布朗基主义者认为巴黎公社是1793年革命共同体的再现，而马克思则称赞1871年的事件是基于新现实的全新体验。布朗基主义者认为自己是职业革命者的先锋，重新确立了希伯来人的传统，而马克思则认为巴黎公社作为一场无产阶级革命，预示着更广泛的社会变革。布朗基主义者长期以来一直坚持认为，职业革命者需要把普通人的生活情况与专业革命家的生活情况等同起来；马克思对巴黎公社的解释实际上排除了职业革命者精英的角色，不管这些精英如何地支持公社。"③这两方面显然是无法调和的。

当然，如果说巴黎公社时期的布朗基主义者需要马克思，那么反过来

---

① 《马克思恩格斯全集》第10卷，人民出版社1998年版，第733、735页。

② 《马克思恩格斯文集》第3卷，人民出版社2009年版，第108页。

③ Patrick Hutton. *The Cult of Revolutionary Tradition：The Blanquists in French Politics*. 1864-1893[M]. Berkeley：University of California Press，1981：103.

也一样，即第一国际的马克思同样需要布朗基主义者的支持，来对抗巴枯宁主义者和他们破坏第一国际的做法。到1872年底，第一国际内部的派系斗争达到高潮。在海牙代表大会期间，爱德华·瓦扬（Edouard Vaillant）提出了一项反无政府主义的决议，他认为："放弃政治行动，是对工人阶级的首要任务的否定：夺取政治权力的目的是彻底扫除旧社会，并在无产阶级专政之下创造新的社会要素。"为了捍卫这项决议的落实，瓦扬与当时存在于第一国际内部的两股无政府主义（即巴枯宁主义和蒲鲁东主义）相对立，他不满无政府主义者对夺取国家权力的漠不关心，他把他们分别称为"出于无知的禁欲主义者"和"出于政治理性的禁欲主义者"。如此一来，第一国际内部的对抗阵营的双方分别是政治的社会主义者与非政治的社会主义者，是"马克思主义者+布朗基主义者"对抗"蒲鲁东主义者+巴枯宁主义者"。①

在马克思主义者和布朗基主义者投票把巴枯宁主义者开除出第一国际之后，两股力量之间的统一战线也迅速瓦解了。马克思反对布朗基主义者呼吁立即在法国开始革命行动的政治策略。他认为，欧洲大陆的一段漫长的非革命时期正在到来。为了"智斗"布朗基主义，防止他们控制第一国际，马克思提议将第一国际的总部迁往纽约。提议通过之后，布朗基主义者离开了第一国际，第一国际本身也很快淡出了历史舞台。

布朗基主义者离开第一国际之后，"偶尔会谴责第一国际关于国际主义的抽象概念，重申了他们对法国革命传统的承诺"。这些布朗基主义者意识到："他们想要的与其说是世界革命，不如说他们想要得到一种承认，即承认他们的革命经验是对这个世界而言最原初的革命经验。"②所以，他们依然选择在伦敦组织起自己的"革命公社"，试图在瓦扬的领导下重新开

---

① Patrick Hutton. *The Cult of Revolutionary Tradition: The Blanquists in French Politics. 1864-1893*[M]. Berkeley: University of California Press, 1981: 309.

② Patrick Hutton. *The Cult of Revolutionary Tradition: The Blanquists in French Politics. 1864-1893*[M]. Berkeley: University of California Press, 1981: 105.

始工作。1874 年，他们提出了自己的纲领，恩格斯针对这一纲领进行了深刻批判：批判布朗基的革命政治论，揭示布朗基主义的革命是怎样的革命，布朗基主义的专政是怎样的专政："他们之所以被称为布朗基主义者，决不是因为他们属于布朗基本人所创立的集团(33 个在纲领上签字的人中只有两三个人曾同布朗基谈过话)，而是因为他们想要根据布朗基的精神和传统行动"①，并为布朗基在 19 世纪欧洲革命的谱系里进行合理定位："布朗基主要是一个政治革命家；他只是在感情上，即在同情人民的痛苦这一点上，才是一个社会主义者，但是他既没有社会主义的理论，也没有改造社会的确定的实际的建议。布朗基在他的政治活动中主要是一个'实干家'。"②尽管恩格斯批判了布朗基主义者的"革命公社"纲领，但是他仍然赋予这一纲领很高的历史地位："这一纲领向前跨了极为重要的一步。这是法国工人赞同现代德国共产主义的第一篇宣言。……而德国的社会主义工人……会把法国工人接受正确的理论原理(尽管这些原理是从德国来的)这一事实看做良好的预兆。"③

总之，马克思尊敬布朗基，并且也愿意在必要时与布朗基派结成临时的革命统一阵线。正是有这一层关系的存在，在之后的历史发展里，马克思主义与布朗基主义时常纠缠在一起，虽然这在革命实践的层面的确会有所助益，但在理论层面上，无疑导致本就复杂的问题更加复杂了。这个历史遗留问题的清理工作仍旧值得按照历史情势的变化继续下去。

三、现代民族国家与"无产阶级的革命专政"

马克思在《雾月十八日》第二版序言里提到"恺撒主义"，他认为《雾月十八日》的再版对于清除如今流行的，特别是在德国流行的所谓恺撒主义

① 《马克思恩格斯文集》第 3 卷，人民出版社 2009 年版，第 358 页。
② 《马克思恩格斯文集》第 3 卷，人民出版社 2009 年版，第 358 页。
③ 《马克思恩格斯文集》第 3 卷，人民出版社 2009 年版，第 364~365 页。

的书生用语，将会有所帮助。"恺撒主义"与"波拿巴主义"意思相近，但马克思这样说想表达怎样的意思？我们接下来先迂回葛兰西对"恺撒主义"的解读，或许可以把握马克思何以在当时提到这一术语，同时也能进一步延伸到马克思在巴黎公社之后，尤其在《哥达纲领批判》中对待国家机器的基本态度。

"恺撒主义可谓说明了各种力量发生冲突的情势发展到势均力敌的危机状态，也就是说，这些冲突的力量继续下去只能以互相毁灭为终局。"①葛兰西进一步区分了进步的恺撒主义与反动的恺撒主义两种形式："如果恺撒主义的干预协助进步力量获得胜利，即使掺杂了一定的妥协和局限，它仍然是进步的。如果它的干预造成反动势力获胜，其中虽然也有妥协和羁绊，它却具有与前者不同的价值、深度和意义。恺撒和拿破仑一世是进步的恺撒主义的代表，而拿破仑三世和俾斯麦则是反动恺撒主义的代表。"②进步的恺撒主义同时具有"量变"与"质变"的特点，"它表现出国家从一种形式过渡到另一种形式的历史阶段，这个阶段有如此多的、如此本质的创新，它们足以代表一场彻底的革命"。反动的恺撒主义则仅仅是有限的量变，"不存在一种国家形式向另一种国家形式的过渡，只是同一种类型的国家沿着原来路线的演变"③。

在 19 世纪 70 年代初，正是这种反动的恺撒主义开启了以德意志帝国为典型的现代民族国家形式，德意志帝国作为一个以强大的军事实力为依托的民族国家在欧洲大陆屹立起来。1875 年 5 月，德国社会民主工党与全德工人联合会合并成德国社会主义工人党，合并后的纲领（即"哥达纲领"）既是具体情势的产物，又表露出拉萨尔主义的基本原理，而且它还涉及了

---

① ［意］葛兰西著、曹雷雨等译：《狱中札记》，中国社会科学出版社 2000 年版，第 175~176 页。

② ［意］葛兰西著、曹雷雨等译：《狱中札记》，中国社会科学出版社 2000 年版，第 176 页。

③ ［意］葛兰西著、曹雷雨等译：《狱中札记》，中国社会科学出版社 2000 年版，第 178 页。

现代民族国家与国际观念的对立。"哥达纲领"有如下表述："工人阶级为了本身的解放，首先是在现代民族国家的范围内进行活动，同时意识到，它的为一切文明国家的工人所共有的那种努力必然产生的结果，将是各民族的国际的兄弟联合。"①马克思认为，这一条反映出"拉萨尔从最狭隘的民族观点来理解工人运动"②。马克思不否认工人阶级斗争的舞台首先在国内，所以工人阶级的阶级斗争在形式上首先是本国范围内的斗争，是现代民族国家范围内的斗争。马克思在此把德意志帝国视为现代民族国家的典型，而且德意志帝国与国际世界在经济与政治上的联系和互动其实十分密切和频繁。然而，合并后的德国社会主义工人党的国际主义仅仅意识到"各民族的国际的兄弟联合"这一结果，而不是"各国工人阶级在反对各国统治阶级及其政府的共同斗争中的国际兄弟联合"③这一过程。也即是说，它回避了阶级斗争过程中的国际工人联合，而只是把这种联合作为结果，如此就暴露出拉萨尔派甘愿放弃斗争而寻求与当局妥协的意愿，暴露出德国社会主义工人党在国际信念上的薄弱。在我们看来，马克思在这个文本中对待"现代民族国家"的态度其实是一个节点，它既是对之前国家观念的总结，也可视为日后转变的开始。因为当他的视野开始转向"东方社会"后，现代民族国家问题会变得更加复杂，以至于他之前的诸多判断很可能要得到修正或更新。尽管这种思想层面的变化并没有以学术专著的形式呈现，但是这些判断毕竟对于他下判断时所处的那个时期而言是合乎情理的。只不过随着历史情势的变化，马克思自身思考的视域也随之转变，从而主动吸纳了更加丰富的理论资源(尤以人类学、民族学为甚)。

与民族国家问题相对应，马克思在《哥达纲领批判》里讨论了革命过渡时期的无产阶级国家机器问题。在未来共产主义社会中的国家制度是怎样的？"那时有哪些同现在的国家职能相类似的社会职能保留下来？"对于诸

---

① 《马克思恩格斯文集》第3卷，人民出版社2009年版，第438页。
② 《马克思恩格斯文集》第3卷，人民出版社2009年版，第438页。
③ 《马克思恩格斯文集》第3卷，人民出版社2009年版，第439页。

如此类的问题，马克思没有给予明确答复。但他肯定的是，在从资本主义社会转向共产主义社会的时期里，相应地存在一个"政治上的过渡时期"，这个政治国家只能是"无产阶级的革命专政"①。既然德国社会主义工人党明确声明它是在德意志帝国这个"现代民族国家"内活动，而这些陈词滥调只有在承认所谓人民主权的民主共和国内部才是适宜的，那么，"哥达纲领"的这种嫁接就显得不伦不类，也注定没有结果。可是纲领中所提出的政治要求全是民主派在1848年的法国议会形式里早就使用过的陈词滥调，如普选权、直接立法、人民权利、国民军等。这些庸俗的社会民主派当年曾把法兰西第二共和国视为"千年王国"，他们自然没有意识到建立在资产阶级社会之上的国家形式会是最后的国家形式，而在这种国家形式下的资产阶级与无产阶级的阶级斗争相应地也要进行最后的决战。1875年的德国社会主义工人党把"国家"理解为"政府机器"，一种与社会分离而独立于社会的存在，这表明德国社会主义工人党的国家观仍然停留在1848年的水平，即"国家才似乎成了完全独立于社会并对它进行奴役的东西"②。

马克思此时对待"无产阶级的革命专政"的态度主要有两个来源，第一个来源与1871年的巴黎公社运动有关。马克思认为："公社体制会把靠社会供养而又阻碍社会自由发展的国家这个寄生赘瘤迄今所夺去的一切力量，归还给社会机体。"③把国家视为社会身体上的"寄生赘瘤"，这符合后来恩格斯对国家的经典界定："从社会中产生但又自居于社会之上并且日益同社会相异化的力量。"④

第二个来源是马克思对国家阶级统治职能的判断，即国家是阶级统治的工具。他早在1847年就已经意识到，社会内部阶级斗争的制度化表现就是政权："政权正是市民社会内部阶级对抗的正式表现。"⑤作为政治上层

---

① 《马克思恩格斯文集》第3卷，人民出版社2009年版，第444~445页。
② 《马克思恩格斯文集》第2卷，人民出版社2009年版，第565页。
③ 《马克思恩格斯文集》第3卷，人民出版社2009年版，第157页。
④ 《马克思恩格斯文集》第4卷，人民出版社2009年版，第189页。
⑤ 《马克思恩格斯文集》第1卷，人民出版社2009年版，第655页。

建筑之一的国家，是阶级斗争的工具。有产阶级作为既有社会秩序的受益者，当面对底层无产阶级改造社会的反抗时，必然会想方设法利用既有国家机器来压制反抗者，维护社会秩序。在这种情况下，国家是一种镇压和剥削的力量。

但是这个资源并不稳定，很大程度上是因为马克思经历了1848年革命、遭遇了波拿巴主义国家。我们可以从《雾月十八日》前后两个版本的两处改动中体会到马克思在处理国家机器问题时的谨慎。他在1852年版中写道："只是在第二个波拿巴统治时期，国家才似乎成了完全独立于社会并对它进行奴役的东西。"而1869年第二版里这句话变成："只是在第二个波拿巴统治时期，国家才似乎成了完全独立的东西。"①马克思没有明确说国家似乎完全独立于"社会"，也没有点明国家是"对社会进行奴役"。再如，第一版里有如下判断："打碎国家机器不会危及中央集权制。官僚政治不过是中央集权制还受其对立物即封建制度……的低级和粗糙形态。"而在第二版里，这两句话连同之后关于无产阶级革命"合唱"的表述都被删去了，替换成："随着小块土地所有制日益加剧的解体，建立在它上面的国家建筑物将倒塌下来。现代社会所需要的国家中央集权制，只能在军事官僚政府机器的废墟上建立起来，这种军事官僚政府机器是在同封建制度的对立中锻造而成的。"②在我们看来，这两处改动至少暗示了两方面：一方面，马克思肯定国家中央集权制是现代社会（也即资产阶级社会、市民社会）所必需的上层建筑；另一方面，马克思肯定了军事官僚制在对抗过去的封建制度方面具有一定的进步作用。这两方面一并使马克思"打碎国家机器"的判断更加契合"经济基础决定上层建筑"的唯物史观原理，而且他开始历史性地看待国家官僚制，肯定国家官僚制在一定历史阶段内的积极意义，从而体现出马克思应用唯物史观理解具体历史的工作显得更加科学合理。

波拿巴主义国家在后来的恩格斯那里作了"例外"的解释："有这样的

---

① 《马克思恩格斯文集》第 2 卷，人民出版社 2009 年版，第 565 页。
② 《马克思恩格斯文集》第 2 卷，人民出版社 2009 年版，第 573 页。

时期，那时互相斗争的各阶级达到了这样势均力敌的地步，以致国家权力作为表面上的调停人而暂时得到了对于两个阶级的某种独立性。"①法国两次革命之前的波旁王朝和奥尔良王朝是如此，法兰西第一帝国和第二帝国也是如此。我们可以把恩格斯对国家的界定看做他对国家机器阶级统治功能的细致解释。国家是社会发展到一定阶段的产物，当社会自身无力解决自身分裂的对立面时，国家就出现并发挥功能了。"而为了使这些对立面，这些经济利益互相冲突的阶级，不致在无谓的斗争中把自己和社会消灭，就需要有一种表面上凌驾于社会之上的力量，这种力量应当缓和冲突，把冲突保持在'秩序'的范围以内。"②

恩格斯上述关于国家的界定实际上为我们理解"无产阶级的革命专政"提供了帮助。因为他并没有说国家"实质上"超出阶级斗争，而只是说国家"表面上"凌驾于社会之上。国家也没有彻底解决社会冲突，而只是"缓和"冲突，更重要的是，国家把这些冲突保持在"秩序"的范围之内。如果这种秩序是资产阶级社会的秩序，那么建立在资产阶级社会之上的国家机器就是经济上占统治地位的阶级用来防止社会中的对抗发展为革命的一种暴力武器。而如果这种秩序是新兴无产阶级社会的秩序，那么国家就是新的占统治地位的无产阶级用来防止社会中的反革命力量的一种暴力武器。但不管属于哪一种情况，"国家"这种暴力武器毕竟只是暂时的："当无产阶级还需要国家的时候，它需要国家不是为了自由，而是为了镇压自己的敌人。"③

总之，马克思、恩格斯都把"无产阶级的革命专政"看做阶级斗争的工具，是"镇压"社会阶级的暴力工具。为此，恩格斯还批判巴黎公社把革命的权威"用得太少了"④。马克思也认为巴黎公社在利用国家的暴力权威上尚缺火候，而一个社会主义的政府要想在一个国家里取得政权，

---

① 《马克思恩格斯文集》第4卷，人民出版社2009年版，第191页。
② 《马克思恩格斯文集》第4卷，人民出版社2009年版，第189页。
③ 《马克思恩格斯文集》第3卷，人民出版社2009年版，第414页。
④ 《马克思恩格斯文集》第3卷，人民出版社2009年版，第338页。

首先必须采取的措施就是"把广大资产者威吓住",从而才能赢得"持续行动的时间"①。至少从马克思无产阶级革命专政的立场出发,很难导出他具有无产阶级国家社会民主化的倾向。虽然无产阶级革命需要多数人的支持,无产阶级的革命专政也的确是多数人的专政,但这个专政本质上是"革命的",因此,当无产阶级的阶级统治面对阶级敌人时,应该以暴力手段去应对。无产阶级的革命专政之所以要延续国家镇压性的阶级统治功能,直接原因自然是为了维护革命的胜利成果。国家是社会受到威胁时的防御机构,而这些威胁往往又不断以暴力的形式出现,所以国家为了实现其功能,也不得不是一种"有组织有系统的暴力"②。列宁在1917年的苏维埃国家里深刻地体会到这一点,而这恰恰是马克思、恩格斯当年没能亲身经历的情境。在这里,"暴力"往往会成为别有用心的人攻击马克思主义的靶子。我们要回应的有两点:其一,马克思主义的"国家"作为一种"暴力",是作为一种"手段"的暴力。而且通常而言,对于一个政治组织来说,"暴力"既不是唯一的,也不是常用的手段,它完美体现了"为达目的,不择手段"。但是,一旦其他手段失去效力,那么暴力才可能成为政治组织的专用手段,而且是最后的手段。其二,我们同意韦伯的观点:"根据其行动的目的是不可能定义一个政治组织的,其中也包括国家。……只有根据政治组织所特有的手段,即暴力的使用,才有可能对它的'政治'性质进行定义。"③"暴力"作为手段,它是国家特有的,也是它的性质中不可或缺的,甚至不排除在某些情况下,"手段"会上升为"目的"。

如果说马克思、恩格斯更多把国家视为一种统治阶级维持社会现状的保守力量,那么列宁主义"党—国"形式的无产阶级革命专政,实际上成为一种自上而下的、在较长时期里存在的社会革命工具。这是后者对前者的

---

① 《马克思恩格斯文集》第10卷,人民出版社2009年版,第459页。

② 《列宁全集》第31卷,人民出版社1985年版,第78页。

③ [德]马克斯·韦伯著、阎克文译:《经济与社会》(第一卷),上海人民出版社2010年版,第149页。

重大修正，但是二者之间并不存在本质分歧，因为这毕竟是马克思、恩格斯没有条件继续解释下去的问题域，但却是列宁在现实发生的十月革命前后基于俄国具体情势所做出的创造性理论成果。

本 章 小 结

本章主要讨论马克思在《雾月十八日》里如何思考国家问题。当马克思再次遭遇"国家"时，实际上也是再次与黑格尔的国家哲学对话。其中法兰西第二共和国内部行政权和立法权的博弈正好印证了黑格尔在《法哲学原理》里对权力分立的不安。而在1848年12月10日法国总统选举时上演的闹剧，甚至也印证了黑格尔对"人民"的判断，这使我们不得不重新审视马克思在1843年对"人民"与"真正的民主制"的判断。《雾月十八日》继续了《黑格尔法哲学批判》对"代议制"的批判，从早年参与国家事务的"人数多寡"延伸到对"派系利益"的剖析。此外，马克思还延续了对国家官僚制的批判。这一批判牵扯到波拿巴主义国家的形成，马克思同时肯定了作为个人要素的路易·波拿巴，以及法兰西第二共和国整个不完善的政治结构在促成政变发生乃至隔年路易·波拿巴称帝时所起的作用。波拿巴主义国家的阶级基础是保守的农民，但是马克思对农民的考虑带有很强的历史限度。对于农民阶级究竟是不是无产阶级革命的同盟军，马克思日后持保留态度。第三节主要讨论马克思的国家机器理论。首先对他如何理解和使用"无产阶级专政"进行语境还原，继而厘清马克思与布朗基、布朗基派等19世纪职业密谋革命者的关系。最后表明，马克思在《雾月十八日》的第二版之后还在继续思考国家机器问题，他不仅批判了拉萨尔主义的现代民族国家观，还确证了无产阶级的革命专政在革命转换时期存在的必要性。不同于资产阶级国家形式和波拿巴主义（或恺撒主义）国家形式，无产阶级的国家形式是无产阶级专政。

第六章　马克思革命政治的理论延展

　　1848 年革命的失败基本宣告了 19 世纪欧洲革命情势开始转入相对平静期。但是，平静也意味着马克思难以再度遭遇言说"无产阶级革命"的环境。这不能证明马克思放弃了革命的理想，他晚年转向人类学民族学研究的一大原因，也是为了搞清楚社会革命、无产阶级革命是否能在非西方社会生根发芽结果。遗憾的是，受限于各种条件，马克思晚年的革命政治并没有很好地得以展开。幸运的是，马克思之后的马克思主义者，在马克思开辟的革命政治道路上继续前行。本章主要讨论马克思去世之后的几位马克思主义经典作家在革命政治理论方面的延续和发展，主要包括：恩格斯晚年对马克思革命政治理论的发展，列宁在十月革命前后对马克思革命政治的继承与局限，毛泽东在现代中国的革命战争时期对马克思革命政治主题的中国化，以及当代左翼理论家们对《雾月十八日》革命政治的不同理解。

第一节　晚年恩格斯对马克思革命政治的发展

　　晚年恩格斯是受第二国际及国际共产主义运动尊敬的精神领袖。德国社会民主党虽然有些勉强，但也接受了他在 1891 年对《爱尔福特纲领》①的批判。然而，这个政党，以及国际上其他大多数被认为是马克思主义政党的政党，都表现得像改良主义政党一样，支持各自国家的政府。乃至生存到今天的一些政党，有的早已不致力于对资本主义的改良，而是参与到资本主义的管理中。恩格斯需要对这种现象负责吗？他晚年说过的一些话可以理解为他对 1848 年所从事的革命政治活动的回撤吗？在著名的、被伯恩斯坦等人视为恩格斯政治遗嘱的《1848 年至 1850 年的法兰西阶级斗争》"导言"（后文简称《〈法兰西阶级斗争〉导言》）里，他究竟对无产阶级革命持有怎样的立场？应当说，自马克思、恩格斯之后，尤其经过十月革命的发酵之后，国内外学界对诸如此类的问题争论不休。恩格斯与马克思之间的分歧，也因此被人为放大。我们的基本判断是，把"背叛"的标签贴在恩格斯身上是非常荒谬的，恩格斯始终是马克思身边最出色的"第二提琴手"，他无愧于马克思之后国际共产主义运动的杰出领袖。本节将深入探析《〈法兰西阶级斗争〉导言》，理清恩格斯与马克思革命政治的关系，并对恩格斯本人的革命家身份进行合情合理的定位。

一、社会主义革命的递进结构与德国社会民主党的退守

晚年恩格斯与德国社会民主党的牵扯，是影响后人进行思想理论史研究的重要因素，尤其在对待无产阶级革命、社会主义革命问题上更是如

---

① 《爱尔福特纲领》，又称《社会民主党一八九一年纲领》，是在 1891 年 10 月 14—21 日德国社会民主党爱尔福特代表大会上通过的党纲。它由考茨基和伯恩斯坦共同起草。纲领分为两部分：第一部分包括党的革命基本目标和社会主义原则：变资本主义私有制为社会主义所有制，工人阶级夺取政权，使无产阶级和全人类获得解放。第二部分阐述了党的直接政治要求：扩大公民的民主权利，争取普遍、平等和直接的选举权，实行免费教育，规定八小时工作制和禁止童工等。该纲领排除了拉萨尔主义影响，比《哥达纲领》更进一步。但在反对君主制、建立民主共和国和无产阶级专政等问题上仍缺乏明确的要求，以致助长了党内的机会主义与修正主义。

此。科利尔(Andrew Collier)曾把马克思主义的"社会主义革命"结构与德国社会民主党的"社会主义革命"纷争进行对比研究，得出了很具启示意义的结论。我们大体上同意他的研究，因为在马克思、恩格斯的文本里，他们并没有列出社会主义革命的 ABC。所以，一旦形成了某种范式，的确有助于理解，不过这并不意味着这种范式结构是绝对的。正如科利尔所示，将马克思、恩格斯的社会主义革命结构与德国社会民主党的社会主义革命结构作一对比，结果恰好是相反的。

科利尔将马克思、恩格斯的社会主义革命结构，归纳为四个"迫切所愿(Desideratum)"和三个"阻碍(Obstacle)"，组成了以下层层激进的关系：

迫切所愿之一(人道主义立场)：资本主义创造了足够财富，如果使用得当，就可以消除贫困——因此，财富应该以这种方式使用。

阻碍之一(经济限制)：但是，这是不可能做到的，因为市场规律决定了财富的不同分配和使用。

迫切所愿之二(干涉主义立场)：接下来政府应该干预市场机制，以确保财富的使用和分配不是按照他们的要求，而是依循人道主义的路线。

阻碍之二(阶级统治的限制)：但是，政府不可能这样做，因为既得利益集团的权力太过强大。

迫切所愿之三(社会主义立场)：所以，既得利益必须被剥夺，而且必须以经济力量来武装民主。

阻碍之三(政治限制)：但是，经选举产生的政府不可能这么做，因为国家机器中未经选举产生的部分(军队、官僚机构、警察等)比任何选举产生的议会都要强大，而且由于其内部结构和阶级利益的关系，使它们与既得经济利益联系起来；它们将推翻民选政府，而不是让政府来剥夺它们的利益。

迫切所愿之四(革命社会主义立场)：如此一来，任何致力于上述愿望的人都必须作好战斗准备，打碎国家机器，用一种天生的民主机器(如工人委员会、民兵组织等)来取代它，而这种民主机器不能用来对付人民。①

马克思、恩格斯为了论证这些论点，并且还要使人们信服，需要在政治经济学、社会学、政治学等多个方面展开分析，关键是证明这三个阻碍因素的真实存在。不过问题是，这一结构并非无懈可击。如果革命不能发生，或者说即便发生，但革命带来的恶比革命原本打算消除的恶更大，那么这种革命结构很快就会瓦解。科利尔认为，德国社会民主党关于革命的观念就是基于这一点而形成的，这是对马克思、恩格斯革命结构的倒推：首先，德国社会民主党尝试通过议会和平通往社会主义的道路，但政治限制(即阻碍之三)阻止了它；所以社会民主党退回到一种干涉主义的福利经济政策，但在某种程度上，既得利益集团也阻止了这一点(即阻碍之二)；最后，社会民主党不得不继续退回到资本主义的"人道主义"立场，即受人道理念的启发而进行的管理，但由于市场作用，这些理念是无法实行的(即阻碍之一)。②

与德国社会民主党的层层退守不同，激进的社会主义者很容易被唯意志论左右。他们会认为这些所谓的限制都是错觉，因为只要有进行革命的意愿，那么就能进行革命。从根本上说，对革命的唯意志论辩护至少在三个方面站不住脚：首先，无论人们是否承认，这些限制都是真实存在的，即便是那些曾经忽视它们的人，总会在与它们发生冲突的时候发现它们。其次，如果没有这些限制的存在，那么马克思、恩格斯关于社会主义革命的第一个愿望甚至都不会开始，因为只有存在限制，下一步更激进的行动

① Chritopher Arthur. *Engels Today：A Centenary Appreciation*[M]. London：Macmillan, 1996：29-30.

② Chritopher Arthur. *Engels Today：A Centenary Appreciation*[M]. London：Macmillan, 1996：30-31.

才有对象。平心而论，如果善意足以解决社会的所有问题，那么还需要什么革命，还需要什么社会主义呢？最后，退一步说，如果唯意志论者最终能夺取政权，它可能会导致另一种恶的后果产生。

所以，面对德国社会民主党的退守和唯意志论的夹击，我们选择回到晚年恩格斯。他当时面临的问题是：社会主义革命如何"可能"？《〈法兰西阶级斗争〉导言》就是恩格斯对其的答复。

二、武装力量与人数优势：决定革命成败的要素

《〈法兰西阶级斗争〉导言》最终于 1895 年 3 月 6 日完稿，恩格斯在 5 个月之后去世。伯恩斯坦将其视为恩格斯的政治遗嘱，并认为恩格斯在这一文本中否定了自己与马克思的那段暴力革命的历史，转而支持德国社会民主党的改革实践。这一文本在当年发表时，有些更具革命性的观点被删去。但是即便恢复这些观点，也很难断开恩格斯与当时德国社会民主党的关联。

关于恩格斯在这一文本中所表达的许多论点，国内外学界已经讨论得足够多了，比如：对 1848 年革命的总结回顾、对街头斗争的效应性质的判断、对军事技术发展阻碍革命的分析、对社会民主党在议会选举中的成功优势的乐观预测，以及对社会民主党人作好内战准备的警醒，等等。我们在此着重讨论的是恩格斯在《〈法兰西阶级斗争〉导言》的最后所举的历史类比例子，即基督教与德国社会民主党的类比：

几乎整整 1600 年以前，罗马帝国也有一个危险的颠覆派活动过。它破坏了宗教和国家的一切基础；它干脆不承认皇帝的意志是最高的法律，它没有祖国，是国际性的，它散布在帝国各处，从高卢到亚细亚，并且渗入帝国边界以外的地方。它曾长期进行地下秘密活动，但是它在一个相当长的时期内感觉到自己已经足够强大，应该公开活动

了。这个叫做基督徒的颠覆派，在军队中也有许多信徒；整个整个的军团都信奉基督教。当这些军团被派去参加非基督教的国教会的祭典礼仪时，颠覆派士兵们就大胆地在头盔上插上了特别的标志——十字架，以示抗议。连兵营里长官所惯用的惩戒手段也不能奏效。戴克里先皇帝不能再无动于衷地看着他军队中的秩序、服从和纪律败坏下去。他趁着还不太迟的时候采取了坚决措施。他颁布了一道反社会党人法，请原谅，我是想说反基督徒法。颠覆者被禁止举行集会，他们的集会场所被封闭甚至被捣毁了，基督教的标志——十字架等等——一概被禁止，正像在萨克森禁止红手帕一样。基督徒不得担任公职，甚至不能当上等兵。既然当时还没有在"讲体面"方面训练有素的法官，还没有冯·克勒尔先生的那个反颠覆法草案所要有的那种法官，所以基督徒就干脆被禁止在法庭上寻求公道。但是连这项非常法也没有奏效。基督徒轻蔑地把它从墙上扯下来，并且据说他们甚至在尼科美底亚放火烧毁了皇帝当时所在的宫殿。于是皇帝就在公元303年用大规模迫害基督徒来进行报复。这是这类迫害的最后一次。而这次迫害竟起了如此巨大的作用，以致17年之后，军队中绝大多数都成了基督徒，而继任的全罗马帝国君主，即教士们所称的君士坦丁大帝，则宣布基督教为国教了。①

我们可以从这个类比中把握恩格斯写作《〈法兰西阶级斗争〉导言》的意图，即表明"武装力量"和"人数优势"才是真正决定无产阶级革命最终成败的关键。

乍看之下，恩格斯使用基督教的历史与德国社会民主党的历史进行类比很奇怪。我们首先的感触是，其中暗藏了危险的思想史效应，可能他自己当时并没有意识到，这会使社会主义或共产主义很容易陷入宗教的语境

---

① 《马克思恩格斯文集》第4卷，人民出版社2009年版，第553～554页。

陷阱。"救世主""基督再临"这些曾在《雾月十八日》里被马克思批判过的词语，均可能与共产主义、社会主义拉扯不清。

其次，或许我们可以从中得到一个暗示：如果一个被官方压迫的组织要想在经受了苦难之后，成为一个消除了起义和革命的官方机构，那么，这个组织在军队中的"人数优势"是关键。当然，这个组织并没有像社会主义政党所希望的那样，驱逐统治阶级，重建社会秩序。而且，君士坦丁大帝选择将基督教作为罗马帝国的宗教，这说明基督教适应了帝国，帝国也接受了基督教。那么照此说法，社会民主党也可能被德意志帝国选择作为占主导位置的党派吗？马克思主义可以适应德意志帝国，帝国也可以接受马克思主义吗？

其实进一步看，"社会主义"与"宗教"总是格格不入的。关于这个问题，不妨参看在《〈法兰西阶级斗争〉导言》十年之后，卢森堡在《社会主义与教会》一文中的相关讨论。当卢森堡在文中追溯早期基督教的历史时，也触及恩格斯在 1895 年的论域。不过卢森堡不是如恩格斯那样作历史类比，而是直截了当地指出基督教与社会民主党的差异："一种保护人民的宗教要求富人与穷人分享应该属于所有人而不是属于少数人的财富；宣扬人人平等的宗教将会获得巨大成功。但是，这与当今社会民主党提出的要求没什么共同点，后者为了全人类可能的和谐工作和生活，提出生产方式的共同所有。"[1]"早期基督徒认为他们可以通过财富占有者所提供的财富来弥补无产阶级的贫困。这是竹篮打水一场空！"[2]在罗马帝国时期，"劳动不是依靠自由人，而是依靠活在社会边缘的奴隶。基督教没有承诺废除不同人的劳动之间的不平等，也没有废除他们财产之间的不平等"[3]。所

---

[1] Mary-Alice Waters. *Rosa Luxemburg Speaks* [M]. New York：Pathfinder Press，1970：136.

[2] Mary-Alice Waters. *Rosa Luxemburg Speaks* [M]. New York：Pathfinder Press，1970：138.

[3] Mary-Alice Waters. *Rosa Luxemburg Speaks* [M]. New York：Pathfinder Press，1970：142.

以，卢森堡的最后总结是："社会民主党绝不与宗教信仰作斗争。相反，它要求每个人都有完全的意识自由，对每一种信仰和每一种意见都要尽可能地容忍。但是，从传道者利用讲坛作为反对工人阶级的政治斗争手段的那一刻起，工人们就必须同威胁他们权利、妨碍他们解放的敌人作斗争。因为，凡是为剥削者辩护、凡是帮助延长这个悲剧政制的人，就是无产阶级的死敌，不管他穿的是法袍还是警服。"①

所以，恩格斯应当不会指望当时的德皇威廉二世能像过去的君士坦丁大帝对待基督教那样，以马克思主义、社会主义作为其官方意识形态，来取悦德国军团中的社会主义者，并由此维护君主制和资本主义的完整。那么，恩格斯就可能指向另一种意思，即恩格斯之所以对议会斗争这一和平手段抱有好感，是因为他为了揭示国家机构中的"人数优势"对于革命的可能性来说至关重要，这正是他在回顾德、法、意等国的社会主义者在选举中的大好形势时表露出的态度。恩格斯还展望：如果继续保持这种趋势，那么，"我们在本世纪末就能夺得社会中间阶层的大部分，小资产阶级和小农，发展成为国内的起决定作用的力量，其他一切势力不管愿意与否，都得向它低头"②。而且在国家机构的诸多组成里，恩格斯特别指出军队里兵力优势的重要性："巷战今后在大规模革命初期将比在大规模革命的发展进程中要少，并且必须要用较多的兵力来进行。"③不得不说，"将军"恩格斯对军事这种"杀人工业"的敏感程度要明显大过马克思，他把无产阶级革命的成功寄希望于资本主义国家机器中军事力量的瘫痪，无论这种瘫痪是通过军队拒绝向人们开火，还是通过军队站在革命的群众一边来实现。所以，从《〈法兰西阶级斗争〉导言》最后的历史类比中可以推测，当士兵改信社会主义，或者当他们不会向他们认为是自己人的平民百姓开火时，或

---

①　Mary-Alice Waters. *Rosa Luxemburg Speaks* [M]. New York：Pathfinder Press，1970：152.

②　《马克思恩格斯文集》第 4 卷，人民出版社 2009 年版，第 551 页。

③　《马克思恩格斯文集》第 4 卷，人民出版社 2009 年版，第 549 页。这句话在最初发表时被删去了。

者当他们开始怀疑反革命行动的政治合法性时，无产阶级革命就离成功不远了。针对上述三种可能，社会主义者对应提出了三种策略：第一，征召信仰社会主义的士兵；第二，最大限度地获得人民群众的支持，这里的人民群众不包括作为流氓无产阶级的乌合之众和少数革命极端分子；第三，揭露旧秩序在道义上的破产，即如果反动派在选举中失败，那么到时它一旦诉诸军事暴力就是非法的。但是，我们从 20 世纪的历史中可以看到，最后一条策略的作用是何其微弱，比如拉美国家的军事政变层出不穷，一次次地无情打压社会主义政党的政治选举乃至执政活动。

不过这并不影响恩格斯本人的形象塑造，1895 年的恩格斯依旧不改其1848 年及之前的革命者形象，即一个"革命的民主主义者"。之所以是"革命的"，是因为他不相信权力可以在没有武装斗争的情况下完成转移。即便是通过议会选举的方式，也终会有"决战的那一天"。这恰恰表现在当年《〈法兰西阶级斗争〉导言》发表时被删去的一句话："不让这支日益增强的突击队在前哨战中被消灭掉，而是要把它好好地保存到决战的那一天。"①之所以说他是"民主主义者"，是因为他认为，如果没有形成有组织的无产阶级大多数，没有争取到中间阶级大部分人（甚至包括旧国家机器内的相当一部分人）的广泛支持，革命也是不可能的。此时的恩格斯仍然和布朗基主义者所持有的少数职业密谋者起义夺权的革命思想划清界限。同时他也注意到，为了赢得一场革命而需要的群众支持，与为了赢得一场选举而需要的群众支持，二者本质上是不同的。我们可以从当代西方国家政治选举中所出现的各种把戏中看到，当选举沦为一场候选人的政治表演时，这种所谓的"群众支持"与"革命"更是泾渭分明了。当今世界政治情势仿佛再现了路易·波拿巴的时代，政客们既被他们所处的自相矛盾的要求所折磨，同时又像个魔术师，不得不以不断翻新的花样吸引观众的注意。

接下来一个问题是，恩格斯为什么对"人数优势"有如此信心？根本还

---

① 《马克思恩格斯文集》第 4 卷，人民出版社 2009 年版，第 551 页。

是基于他对资本主义社会的判断，尤其是对资本主义社会主要矛盾的判断。在资本主义社会中，除了存在阶级剥削和阶级斗争之外，还存在社会化生产和资本主义占有之间的矛盾，"表现为个别工厂中生产的组织性和整个社会中生产的无政府状态之间的对立"①，这甚至使资本家本身也陷入困境，尤其在进入垄断资本主义时期之后，虽然资本家特定的阶级利益使他反对社会主义，但是国家不会容忍资本主义的剥削太过露骨，所以，资本家或许会对社会主义的一些措施产生某种认同，尽管这根本上也是为了资本家自身的利益。

诸如此类的判断可以证明，恩格斯认为社会主义革命是为了获得比"无产阶级"更宽泛的"绝大多数人"的利益。比如，中间阶级的小资产阶级部分和农民部分，都可能成为无产阶级在革命中去联合的同盟军。革命的"必然性"就是这种"人数优势"指向的一种结果。但仅仅依靠人数优势显然还是不够的："凡是要把社会组织完全加以改造的地方，群众自己就一定要参加进去，自己就一定要弄明白这为的是什么，他们为争取什么而去流血牺牲。"②

《〈法兰西阶级斗争〉导言》中的恩格斯一直坚持着他和马克思一直坚持的革命政治观念：不是少数的革命先锋（此即职业的革命密谋者）在多数人的消极支持下夺取政权，而是有组织的无产阶级多数去夺取政权。其中，大多数非无产阶级（也即中间阶级）会承认这一无产阶级多数在一定程度上代表他们的利益，而那一小撮无法指挥国家军队为自己效忠的投机倒把者，自然会反对无产阶级大多数。

三、革命如何可能：晚年恩格斯的革命现实主义

我们应当如何为恩格斯的《〈法兰西阶级斗争〉导言》在马克思主义革命

---

① 《马克思恩格斯文集》第 3 卷，人民出版社 2009 年版，第 554 页。
② 《马克思恩格斯文集》第 4 卷，人民出版社 2009 年版，第 549 页。

政治理论史上定位呢？这实际上相当于考察：他分析当时革命趋势的立场是什么？随后的历史是证实了还是证伪了他的断言？他所提出的革命药方有效吗？能被日后的无产阶级革命者接受吗？

其实从之后的历史看，对马克思主义革命政治的解释往往围绕以下疑问：它本质上是一种民主主义传统，即主张基于大众阶级广泛共识的基础上进行革命？还是说，它最终指向革命先锋政党的专政传统？如果是从道义上看，那么大多数人都会接受前者。但是革命者指望通过道义来获得斗争的胜利，是罕见的。如果从恩格斯思想的发展轨迹看，晚年的他持有民主主义传统并不奇怪。只是需要清楚，民主主义对于恩格斯自己而言意味着什么？或许，他并不在意他的民主主义情结是否会让无产阶级革命占据道义高地。换言之，他关注的并不是拥有广泛群众基础的民主革命到底是不是好的革命、善的革命，他关注的是民主革命是否是当时唯一"可能的"革命。

科利尔把恩格斯在《〈法兰西阶级斗争〉导言》里所作的预测分为"倾向性预测"和"限制性预测"，前者包括两点，分别是：无产阶级在人口中所占的比例"将"会增加，军事技术改变"将"有利于国家的力量平衡；后者包括三点：社会主义"不可能"在不革命的情况下实现，革命"不可能"在没有大多数人有组织的支持下进行，革命"不可能"排除军队要素而进行。

应当说，这些预测都是恩格斯对当时具体情势的可信分析。但是20世纪的历史要复杂得多，尤其拉美国家的政治情势，基本上佐证了通过非革命道路走向社会主义是不可能的。即便是已经通过选举而掌权的社会主义政党，也会在行政过程中放弃它们的社会主义目标。一方面因为看到履行社会主义承诺的代价之大，另一方面自然有军事因素的掣肘，具体表现就是拉美地区层出不穷的军事政变。当然，游击队是个例外，它可能在与国家军队、官方军队的战斗中最终获胜，不过前提是，这只是在农业占主导地位的国家才有可能做到这一点，而且这一特殊性很难被再度复制。

20世纪被贴上"社会主义革命"标签的革命有很多种方式。如俄国的十月革命是有组织的少数无产阶级领导的革命，并得到了大多数农民的支持，而且民族战争失败还是其导火索；再如军事政变、游击战以及在"准社会主义"国家内部的军队庇护下发生的革命，唯独缺少恩格斯当年所预测的革命，即建立在无产阶级有组织的多数基础上的社会主义革命。虽然新中国的1949—1956年会被冠以社会主义革命之名，但中国共产党领导下的工农联盟实际在新民主主义革命时期就已经实现了成功夺权，这与恩格斯的界定也不一样。因此在这一意义上，20世纪的社会主义革命几乎都是在"例外"状态下发生的。而那种由多数无产阶级及其同盟的利益所驱动的革命、那种无产阶级强大到足以驱逐压迫者的革命并没有发生，甚至也没有可能发生。

这正是矛盾之所在，因为恩格斯认为革命是历史发展的常规部分，即意料之中的、随着历史向前发展势必会发生的部分。就像资本主义在封建社会中不断成长，直到它强大到无法安心退居幕后时，它就会在资产阶级革命中挣脱封建社会的束缚；无产阶级也一样，它在资本主义社会中发展壮大，随着生产力发展、资本越发集中，直到无产阶级通过革命挣脱资本主义社会的束缚。恩格斯、第二国际、德国社会民主党，都把革命作为这一历史运动的理所应当的未来。"量变"终究会转化成"质变"，恩格斯即便在《〈法兰西阶级斗争〉导言》中讨论议会选举手段时也持有这种观点："如果这样继续下去，我们在本世纪末就能夺得社会中间阶层的大部分，小资产阶级和小农，发展成为国内的起决定作用的力量，其他一切势力不管愿意与否，都得向它低头。我们的主要任务就是不停地促使这种力量增长到超出现行统治制度的控制能力，（不让这支日益增强的突击队在前哨战中被消灭掉，而是要把它好好地保存到决战的那一天）。"①

但是，这是否可以作为恩格斯背离马克思的证据？其实并非如此，因为从前几章的分析中可以看到，虽然马克思在《雾月十八日》里考虑了历史

①　《马克思恩格斯文集》第4卷，人民出版社2009年版，第551页。

的倒退现象，但他认为这种倒退毕竟是一种"例外"。之所以倒退，是因为1848年革命还不是"无产阶级革命"，而仍然只是"资产阶级革命"，甚至是非常拙劣的资产阶级革命。历史发展直到革命发生的进步线索是马克思革命政治的一条主线。即便马克思之后在思考俄国是否可能跨越"卡夫丁峡谷"的问题时，如果俄国真的可能跳过资本主义发展阶段，那的确会给马克思的观念带来一定麻烦。但也只是"一定"麻烦，因为"跳跃"本身并不与其历史进步观念相冲突，也即是说，这是进步的跳跃，而不是倒退的回跃。

所以，马克思、恩格斯虽然考虑到"偶然性""例外状态"，但这些并不是重点。《雾月十八日》虽然思考这个看似"例外"的政变，但马克思本质上仍然从一种发展的、合理的序列来解释历史事件的发生。换言之，历史"必然性"始终是核心，只不过无产阶级革命的准备时间需要拉长。就像阿伦特所说："事实上，现代打破了永恒轮回的循环之后，必然性作为历史的一种固有特征却得以幸免于难，并重新出现在这样一场运动中，这场运动本质上是直线式的，故而并不回复到之前已知的那个样子，而是一往无前地延伸到不可预知的未来。"[①]马克思、恩格斯都是在这条"历史必然性"的道路上坚定前行的革命者。

但是，如果人们认为革命总是"例外的"，那么是否需要抛弃"革命是由正常的历史趋势所产生"的判断？不完全如此。因为正是这些常规的历史发展趋势创造了革命发生的必要条件，并决定了当例外情况确实出现时，什么样的革命才是可能的，而且革命者需要时刻准备着，例外情况随时可能会出现。但是面对下面的观念时就需要格外慎重了：如果社会主义运动继续得到越来越多的支持者，并且越来越有组织，那么革命就会在正常发展的事件序列中"自然"发生。历史证明，革命情势总是出人意料，社会主义者最多知道如何抓住情势提供的机会，以及设想革命之后开启社会主义道路的措施。革命者的策略不能带来革命情势，而只能是对革命情势

---

① ［美］汉娜·阿伦特著、陈周旺译：《论革命》，译林出版社2011年版，第43页。

的反应。就此而言，我们或许可以对马克思关于费尔巴哈的第 11 条论纲——"哲学家们只是用不同方式解释世界，而问题在于改变世界"——添加新的解释：在改变这个世界之前，难道不应该合理地解释这个世界吗？马克思没有否认这一点，他的政治经济学批判就是在解释资本主义世界。

总之，我们把晚年的恩格斯视为一个革命现实主义者：一方面他要避免冒险主义(这实质上是布朗基主义和巴枯宁主义)，另一方面他要避免改良主义(这实质上是蒲鲁东主义和第二国际的社会民主主义)。他对那些使革命变得可能的因素的预测(即无产阶级的增长、资本的集中等)和使革命变得困难的因素的预测(即军事技术的进步等)都是基于革命现实主义的立场。他认为，不争取或不消灭军队就不可能进行革命，20 世纪的历史已经证明了这一点。但是，20 世纪的历史还证明了另外一点，即如果没有绝大多数人的献身，革命也有可能发生。虽然他摆脱了唯意志论者认为革命可以凭意志去创造的幻想，但他对革命的"例外"状态也确实没有太过重视。尽管可能存在这些疏忽，恩格斯的革命政治进路仍然堪称革命现实主义的典范：他关注现实的"经济-政治-社会"结构所产生的限制和趋势，没有一厢情愿和固执己见，也没有对经验的过分看重等。

第二节 马克思革命政治在东方社会的发展

"东方社会"的社会革命问题实际上对马克思以欧洲为焦点的革命政治构成了一定挑战。此节主要表现两方面内容，一方面是马克思对东方社会的思考和对东方社会革命的预测，另一方面，是基于东方社会本身的回应，以及其与马克思革命政治的联系。

一、马克思论东方社会问题及其革命前景

东方社会问题在此主要指 19 世纪俄国社会和中国社会的革命问题。马克思对于俄国和中国革命前景的态度大体一致，其中略有不同，因为两国的具体情势毕竟是有差异的。下面不妨先看俄国的情况。

1861 年农奴制改革是俄国历史的重大转折点。在所有欧洲国家中，俄国是农民起义和变革动乱最严重的国家。而在经过农奴制改革之后，一直以来的"东方专制"似乎终于要被打破了，在此之前，东方"一向是反革命安然无恙的堡垒和后备军"①，俄国则是"欧洲全部反动势力的最后一支庞大后备军"②。然而如果一旦找到突破口，那么在这个僵化社会里积压已久的矛盾很快就会无法遏制地爆发出来。此时，"第一国际"还在酝酿中，而东方已露出了亚洲革命与期待已久的无产阶级革命联合起来的可能，这足以让革命者重燃希望。但是，俄国能从落后的前资本主义社会一跃成为社会主义国家吗？抑或说，俄国不得不遵循西方，在资本主义发展的漫长征程中前行？这是讨论俄国革命的核心主题。俄国民粹派认为，俄国历史和社会结构的特殊性可能有助于俄国直接向社会主义过渡。但俄国的马克思主义者则在一开始就困扰于马克思对资本主义历史发展的观察，并因此倾向于对俄国革命的前景持悲观态度，尽管他们没有放弃现实的革命实践和斗争。

马克思首先谴责的就是对所谓历史发展"规律"的任何笼统的、决定论式应用，明确指出《资本论》中的资本主义发展模式只适用于西欧的历史，而不应武断地认为这是普遍的。马克思先学习俄文，而后又研究了与俄国经济发展有关的各种官方和非官方资料，为的是对俄国情势做出准确判断。马克思得出的基本结论是："如果俄国继续走它在 1861 年所开始走的道路，那它将会失去当时历史所能提供给一个民族的最好的机会，而遭受资本主义制度所带来的一切灾难性的波折。"③马克思此时认为，俄国可能不用经过如西欧那样的资本主义发展之路，但是他并没有在这个文本里涉

---

① 《马克思恩格斯全集》第 34 卷，人民出版社 1972 年版，第 275 页。
② 《马克思恩格斯文集》第 2 卷，人民出版社 2009 年版，第 7 页。
③ 《马克思恩格斯文集》第 3 卷，人民出版社 2009 年版，第 464 页。

及俄国民粹派所赞赏的"农村公社"问题。当时的俄国固然是"欧洲革命运动的先进部队"①，但它本质上仍是一个土地私有制相对较新且有限，而农民的公社财产却大量存在的国家。

面对如此情势，俄国的马克思主义者开始怀疑，农村公社是否会像俄国民粹派所坚持的那样，成为该国社会主义转型的基础？又或者说，它注定最终要屈从于私人所有制？1881年2月16日，查苏利奇致信马克思，请他谈谈对俄国历史发展前景和农村公社命运的看法。为了回应查苏利奇的问题，马克思几经易稿，最终的答复是："这种农村公社是俄国社会新生的支点；可是要使它能发挥这种作用，首先必须排除从各方面向它袭来的破坏性影响，然后保证它具备自然发展的正常条件。"②马克思不否认农村公社可以作为俄国社会的新生点，但这一新生有前提条件，即农村公社本身得到保存和自然发展。但是，事实上俄国社会直接过渡的机会不断在减少，因为俄国农村公社受国家和资本家的双重压榨而逐渐衰弱。所以，如果要拯救俄国农村公社，就必须进行一场俄国革命，而且是很快就要革命。

从事后看，社会革命没有在俄国发生，无产阶级革命也没有在欧陆发生，关键阻碍是俄国的国家机器。马克思已经确定了沙皇专制的"半亚细亚"基础，确定了剥削阶级的官僚本性，确定了在专制的重压下市民社会的瘫痪。在这种情况下，唯一可能发展起来的"资本家"将贪婪地寄生于国家的庇护之下。俄国几乎所有真正的发展都被典型的亚细亚体制和国家剥削所阻碍，而这种剥削由于资本家这些"社会新栋梁"的贪婪而显得更加严重。随着社会危机的加剧，对于革命即将到来的预言激增，恩格斯甚至还预言了布朗基主义在革命激进化进程中所起的决定性的推动作用："如果说布朗基主义(幻想通过一个小小的密谋团体的活动来推翻整个社会)有某

---

① 《马克思恩格斯文集》第2卷，人民出版社2009年版，第8页。
② 《马克思恩格斯文集》第3卷，人民出版社2009年版，第590页。

种存在的理由的话，那这肯定是在彼得堡。"①

不过，如今人们在看待 20 世纪初俄国社会变革的时候，真的可以把它视为一场由马克思本人所设想的、在更加先进的欧洲工业社会中发生的"社会革命"吗？这个问题并不好回答，因为马克思、恩格斯的判断其实并不稳定。恩格斯在 1875 年曾经回避了对俄国可能发生的革命作预先定性："生产力只有在资产阶级手中才达到了这样的发展程度。可见，就是从这一方面说来，资产阶级正如无产阶级本身一样，也是社会主义革命的一个必要的先决条件。"②这个判断很理性，但是十年之后，恩格斯态度一反当年："据我看来，最重要的是：在俄国能有一种推动力，能爆发革命。至于是这一派还是那一派发出信号，是在这面旗帜下还是那面旗帜下发生，我认为是无关紧要的。"③乍看之下，"无关紧要"的判断显得很不严谨，但考虑到他和马克思对俄国的了解有限，所以这或许正是一种谨慎的体现。

至于中国社会，情况又有差异。中国可以说是以亚细亚生产方式为基础的社会的经典案例，其地理环境有利于建立一个典型的东方社会，中华文明在这片广袤的疆土上发展，到处都有河流和居民，土地肥沃宜居，有伟大的水利工程。周边地区明显不同的自然环境和气候特点，实际上构成一道阻挡灌溉农业进一步发展的屏障。随着时间的推移，这种灌溉农业为中央集权王朝的扩张奠定了基础。大禹治水证明了中华文明的"东方"性质。这一生产方式在商周时期得到充分发展："原始贵族制被转变为国家财政官僚制，一种功能化的意识形态在此基础上发展起来，建立在群众无条件服从基础上的社会秩序成为一种几乎和自然法则一样不容置疑的制度。"④秦朝完成了中央集权的过程，但很快就被农民起义推翻了。后继的汉朝则通过国家对土地和奴隶的控制巩固了这一制度，并一直延续到 19 世

---

① 《马克思恩格斯文集》第 10 卷，人民出版社 2009 年版，第 533 页。

② 《马克思恩格斯文集》第 3 卷，人民出版社 2009 年版，第 389~390 页。

③ 《马克思恩格斯文集》第 10 卷，人民出版社 2009 年版，第 534 页。

④ Umberto Melotti. *Marx and the Third World*[M]. London：Macmillan，1977：106.

纪。东方模式在中国的早期阶段确实给人们的生活带来了巨大的进步，但在那之后，亚细亚生产方式阻碍了中国社会两千年来的发展。中国历史上总是有各种各样的变化：王朝动荡、农民起义、外族入侵、疆域的分裂和统一，等等。官僚分子在权力地位、社会特权和对文化和社会意识形态的垄断控制等诸多方面被人民拉下马。然而就像亚细亚生产方式一样，从秦朝第一次统一到 19 世纪晚清的几千年里，阶级关系在很大程度上保持不变。

　　因此，除了一些引起王朝动荡的事件之外，该体系的基本特征几乎没有改变，总体看，中国的历史是一段"周期性的"历史，而非"进化的"历史。直到 19 世纪，哪怕是在经受过一系列外来侵略战争和被迫开放之后，东方社会的典型结构仍然或多或少地幸存下来。中国社会的底部仍然存在孤立村庄村社的自给自足生产，顶部仍然存在专制力量在行使国家职能。在专制国家里，"政府的监督劳动和全面干涉包括两方面：既包括由一切社会的性质产生的各种公共事务的执行，又包括由政府同人民大众相对立而产生的各种特有的职能"①。这种东方社会的状态决定了中国社会不是稳定的，但也不是完全动态的。周期性的"革命"构成了其自身动态平衡的一部分，在具体的实践中则产生了强烈的保守效应。朝代与统治集团的不断更迭，可以看做制度本身所固有的，是制度需要周期性更新的表现。统治王朝不可避免地受到起义的影响，但中国根深蒂固的东方社会结构会将所谓的"革命"统统转化为朝代更迭。然后随着政令改革和制度重建，新王朝成为旧秩序复兴的新载体，继而逐渐陷入与前朝相同的命运之中。

　　东方社会里所谓的"革命"主要意味着一种对过去的回归和局部的更新，基本上不存在马克思主义意义上的生产力与生产方式的冲突。② 要克

---

① 《马克思恩格斯文集》第 7 卷，人民出版社 2009 年版，第 431~432 页。

② 对于中国传统社会里的"革命"内涵，可参见：陈建华：《"革命"的现代性：中国革命话语考论》，上海古籍出版社 2000 年版。对于中西方"革命"观念的理解差异，可参见：金观涛、刘青峰：《革命观念在中国的起源和演变》，载《观念史研究：中国现代重要政治术语的形成》，法律出版社 2010 年版，第 365~399 页。

服这种冲突，结果只能是向另一种生产方式的过渡，因而也是向另一个不同的社会阶级霸权的过渡。但是在中国，成功推翻王朝的造反者不是违背"天意"者，而是重建"秩序"者。帝制主权并不对人民负责，而只是对"秩序"负责。这里的"秩序"既是一种自然秩序，也是一种社会秩序，或者更确切地说，是社会的秩序化，从而使之与自然秩序相一致。所以，当社会危机出现时，危机往往被视为上天对人民的愤怒与惩罚，暗示了世间秩序已被破坏、帝制主权的合法性已不复存在，从而需要采取暴力的行动来修复那被破坏的秩序。

马克思固然抱有深刻的反殖民主义和国际主义情怀，同时也认为西方对东方(如印度)的殖民征服具有进步的历史意义。然而中国是印度之外的又一特例。马克思对中国的关注在印度之后，而且在可用资源方面也比观察印度时有限得多。英国对付印度的那一套策略无法原封不动地施加到中国身上。因为从结构上看，中国和印度相比有着更为高级的社会结构特征(如更小的种姓差异，更大的民族、文化乃至宗教的同质性)和更加有效的国家组织形式，使其得以躲过直接、完全的殖民遭遇。

虽然马克思曾经预测近代中国正在酝酿一场伟大的革命，但是太平天国运动终究难以革除过去农民起义的痼疾。正如马克思所说："在这次中国革命中奇异的只是它的体现者。除了改朝换代以外，他们没有给自己提出任何任务。他们没有任何口号。"①"这种社会的基本经济要素的结构，不为政治领域中的风暴所触动。"②一切似乎又回到中国古代农民起义、王朝更迭的固有范式："这种'理想中民主的亚细亚社会形式'迅速退化，正如那些缔造中国王朝的前人们那样：税收变成了剥削，官员变成了官僚，亚细亚民主变成了东方专制。"③

---

① 《马克思恩格斯全集》第 15 卷，人民出版社 1963 年版，第 545 页。
② 《马克思恩格斯文集》第 5 卷，人民出版社 2009 年版，第 415 页。
③ Umberto Melotti. *Marx and the Third World*[M]. London：Macmillan, 1977：127.

二、政党与国家：列宁革命政治的阶段性

上文谈到，马克思对俄国社会的思考很谨慎。我们可以从之后的历史看到，直到能够准确把握俄国情势的列宁出现，才把俄国革命的议题真正提上日程，同时也预示了马克思革命政治的理论舞台开始向东方转移。

列宁早期（即1893—1902年）积极参与和俄国民粹派经济学家关于俄国土地、俄国资本主义发展等问题的论战。但到了1902年，列宁开始明确认识到俄国革命运动中的迫切问题在于建立一个新型的工人阶级政党，从而打开了革命政治的新空间，也把作为现实革命指导思想的马克思主义进一步坐实。他在一定程度上汲取了布朗基主义的革命政治要素，而且他早期的民粹主义情结也并没有完全抹去（民粹主义实是迅速催化革命的最佳意识形态要素），再加上他本人自觉的马克思主义理论觉悟和深厚的历史唯物主义理论素养，如此一来，列宁之所以能领导十月革命走向胜利的思想框架就搭建完成了。然而现实终归不遂人愿，指望单凭工人运动就可以彻底摧毁旧制度是不现实的。十月革命之后的历史告诉我们，革命之后仍需要国家，而这个国家在很大程度上延续了旧制度的某些要素。哪怕像列宁那样设想了后革命时代建立起消灭官僚制的无产阶级专政，但最终还是不得不让步于俄国的现实。

在20世纪的政治空间里，我们可以看到一个新的政治符号在发展，即"政党"。或者更确切地说，是"国家—政党（state-party）"，包括各种形式的一党制国家和多党制国家。政党反映了20世纪政治活动的一个特点——组织性。其实如果以政党角色为参照，可以简单划分19世纪的政治情势。从19世纪开始（严格来说应是从1789年法国大革命开始）到1871年的巴黎公社，是"党派"的时代，当时的政治基础是起义的、革命的。在巴黎公社之前的政治思想基本上不是造反的、革命的，就是保守的、反革命的。而在巴黎公社之后，"政党"开始登场。在政党形式中，阶级和夺权的关系得

到重新定位。政党的"阶级"参照开始变成以意识形态和纲领为标准，也即是说，政党开始从社会各阶级吸收成员，它不是根据党员的社会出身来判断，而是根据党员自身意识形态和纲领性的立场来判断。如法兰西第三共和国的政党是在反对巴黎公社的时候成立的，自称为全体人民的政党，换句话说，它的目的是招募和团结所有阶层、所有阶级的人民。德国的情况也是如此，意识形态和纲领问题已成为巴黎公社之后欧洲政党政治的主题。

到了 20 世纪的列宁那里，"政党—革命—夺权"的联系被强化到极致，他把建立作为先锋队的革命政党作为帝国主义时代革命战略的根本前提。不能说列宁的所有文本都是同质的、连贯一致的，但恐怕也不能说存在如阿尔都塞划分马克思思想那样的"认识论断裂"。不过从"政党"问题出发，我们还是希望大致划分列宁革命政治的两个阶段：(1)从 1902 年的《怎么办?》开始到 1917 年的《国家与革命》之间是夺取权力的阶段，列宁的革命政党理论是这一阶段革命政治的核心。《怎么办?》开启了属于列宁的布尔什维克政治模式。这一序列可以持续到 1917 年十月革命，如果以文本为界，那就是《国家与革命》。从时间顺序来看，这一历史序列包括沙皇统治末期、布尔什维克党在 1903 年俄国社会民主工党第二次代表大会上成立、1905 年俄国革命、第一次世界大战以及从 1917 年 3 月到 11 月期间的夺权行动并取得最终胜利。(2)在 1917 年十月革命之后，随着苏维埃国家的建立，以及 1918 年布尔什维克党更名为共产党，之前的布尔什维克政治模式退场了，开始进入俄共(布)的国家政党政治模式。

在上述划分里有几个问题需要解决：第一，《怎么办?》中的哪些论点，使其成为列宁政治实践和政治理论的奠基之作，成为布尔什维克革命政治序列的开启之作？第二，如果把夺取政权作为分界线，那么势必要反思这些论点的历史效用，或者说其政治有效性，即在夺取政权之后的行使政权阶段，评估其适用性。换言之，考察在布尔什维克革命政治序列的闭合过程中结束了什么。第三，《国家与革命》作为下一序列的开始文本和两个序列之间的转换文本，它回顾了什么，又开启了什么？

《怎么办？》的列宁与《共产党宣言》的马、恩观点有所不同，后者似乎默认了共产主义者内在地出现于工人阶级之中，列宁则认为，革命意识的出现、激进革命者的出现不是一种自发现象，而是一种非自发的特殊现象，其核心在于反抗现存的整个社会政治秩序。革命者需要一种机制去实现那些产生革命政治意识的条件，这种机制就是政党。至少在《共产党宣言》时期，马克思、恩格斯既没有形成关于革命者的组织理论，也没有真正意义上的革命的政治意识理论。在历史意识方面倒有一个基本原则，即"至今一切社会的历史都是阶级斗争的历史"。而在《雾月十八日》里，马克思实际上也没有进一步讨论革命主体的革命政治意识的形成。到了第一国际时期，马克思亲身指导国际工人运动，但是对组织问题和革命意识机制的理论分析实际上并不多，我们甚至认为他当时把太多的精力消耗在与蒲鲁东主义和巴枯宁主义的意识形态论战中，当然，不否认这种论战在思想史意义上非常重要（实际上这部分资源尚未得到系统清理）。在马克思逝世之后，恩格斯成为国际工人运动的精神领袖，但是他的功能更多体现在革命战略层面。再加上，德国社会民主党在德意志帝国中的政治生活情势与1848 年革命时期相比要优越太多。所以，列宁的角色是不可替代的，他的革命政党理论真正揭示了革命政治的存在所需要的条件，并且将之付诸实践。

随着十月革命的胜利，由政党来支配革命政治诸条件的历史序列结束了。1917 年之后，政党将成为国家的一个属性，甚至成为国家的中心。20世纪进入了国家政党的全球化时代。拉扎勒斯（Sylvain Lazarus）所言不错："作为国家政党而存在的政党，严格说来不是政治组织，毋宁就是国家组织。"①"政党"对于革命成功之后的统治而言至关重要。列宁在十月革命之前已经形成了这种意识，这一意识和他之前的革命政治理论，当然也和马

---

① Sebastian Budgen, Stathis Kouvelakis, Slavoj Žizek. *Lenin Reloaded：Toward a Politics of Truth*[M]. Durham：Duke University Press, 2007：260.

克思的革命政治理论联系密切。《国家与革命》这个文本包含了很多内容，如列宁对1848年革命经验的总结、对马克思无产阶级专政的分析、对马克思主义与无政府主义关系的讨论、对第二国际修正主义的批评，等等。接下来我们主要讨论列宁的国家统治思想。

在对这一文本的基本定位上，劳拉·多兹(Lara Douds)说道："《国家与革命》试图为真正的社会主义革命所必须达到的目标开出药方，并为它所要建立的制度树立一个典范。"①但是，《国家与革命》的诸多论点与苏联政权在20世纪20年代初的实际发展方式对比鲜明。所以，我们无法回避的是，《国家与革命》里设想的无产阶级民主形式与实践中的无产阶级民主试验之间的张力。

苏维埃国家早期的确避开了《国家与革命》中提到的资产阶级社会的民主原则，基本上继承了马克思的"无产阶级专政"思想。《国家与革命》里提出的国家机器替代方案的基本前提仍然是马克思的基本观点，即所有国家都是一个阶级或一些阶级被另一个阶级压迫的工具。在资本主义生产方式下建立起来的国家形式只适合于资产阶级社会。因此，为了获得一种新的阶级权力形式，就必须摧毁旧的国家机器，建立新的国家机器。这个新国家就是"无产阶级专政"国家。但是，"无产阶级专政"国家比以往的任何政权都更少地行使它作为国家机器的职能，因为统治阶级将首次成为"大多数人"，而且无产阶级专政的行政管理任务将简化为促进生产力和生产方式的发展。这个国家在发展社会主义经济的过程中，所要解决的各种矛盾都会被消除，所以它将从一开始就走上"消亡"的道路。尽管如此，仍需要某种形式的国家来镇压旧统治阶级残余势力的反扑，并在走向社会主义经济的过渡时期管制经济资源和薪酬分配。

后来列宁的实施方案被证明缺乏实质性内容且过于简单而遭到非议，但他对资产阶级议会民主本质的批判，无论从理论还是从实践上看都是合

---

① Lara Douds. *Inside Lenin's Government*：*Ideology*，*Power and Practice in the Early Soviet State*[M]. London：Bloomsbury Academic，2018：11.

理的。列宁遭遇的"议会制"问题本质上仍是马克思当年批判过的"国家官僚制"问题，而且真正进入实践层面，官僚制问题远比理论上的探讨更加复杂。相信列宁在苏维埃建国之后对此深有体会。事实上，列宁把当时的议会谴责为"清谈馆"①，在当时并不是孤立的批评。巧的是，韦伯也在1917年夏季发表了若干篇讨论德国议会与政府的政论文。② 如果只是就批评的对象而言，韦伯和列宁是一致的。韦伯同样看到"议会制"充斥着妥协与无效，所以主张建立一个"有效的"机构。他们二人都看到了问题所在，但是，韦伯解决议会制问题的方式不是像列宁那样"废除"议会，而是"发展"议会，即："议会必须变成一个机构，一个通过议会选举、领导人的问责制，以及议会对政府的长期监督来完成其工作的机构。"③

列宁在反对官僚制方面基本延续了马克思的判断，在这一基础上，列宁走向一种取代议会制的模式，它克服了议会制的缺点，并表现出自身的特点，即"无产阶级专政"不是反民主的，也不是反对代表制的，它反对的只是"议会制"这种代表制形式："在公社用来代替资产阶级社会贪污腐败的议会的那些机构中，发表意见和讨论的自由不会流为骗局，因为议员必须亲自工作，亲自执行自己通过的法律，亲自检查实际执行的结果，亲自对自己的选民直接负责。代表机构仍然存在，然而议会制这种特殊的制度，这种立法和行政的分工，这种议员们享有的特权地位，在这里是不存在的。没有代表机构，我们不可能想象什么民主，即使是无产阶级民主；而没有议会制，我们却能够想象和应该想象（民主）。"④

但是，列宁的"公社民主"模式同样也存在问题。如果苏维埃国家中的

---

① 《列宁全集》第31卷，人民出版社1985年版，第44页。
② 这些论文结集为《德国重建后的议会和政府》，可参见：[德]马克斯·韦伯著、阎克文译：《经济与社会》（第二卷），上海人民出版社2010年版，第1548～1668页。
③ Lara Douds. *Inside Lenin's Government: Ideology, Power and Practice in the Early Soviet State*[M]. London: Bloomsbury Academic, 2018: 15.
④ 《列宁全集》第31卷，人民出版社1985年版，第45页。

议员们"必须亲自工作，亲自执行自己通过的法律，亲自检查实际执行的结果，亲自对自己的选民直接负责"，那么他所说的就和他批判的行政官员和官僚们一样，"委托"机构的性质与国家机器之间实际上没有本质差别，归根结底，列宁还是把"政治"和"行政"混为一谈了。

在列宁的设想里，将国家和社会融合，并确保"无产阶级的"民主形式的方式在于，将工人阶级全都纳入苏维埃国家的行政管理中。或者换个说法，即国家机器的"无产阶级化"。他的这一观点在《国家与革命》里表露无遗："在社会主义下，'原始'民主的许多东西都必然会复活起来，因为人民群众在文明社会史上破天荒第一次站起来了，不仅独立地参加投票和选举，而且独立地参加日常管理。在社会主义下，所有的人将轮流来管理，因此很快就会习惯于不要任何人来管理。"①不过，我们从革命成功之后的实际情况可以看到，工人常常没有准备好从事国家行政工作，而且苏维埃国家在许多关键方面都不依赖工人，其内部仍然存在小资产阶级分子或"旧官僚"。这里显然暴露出国家机器"无产阶级化"不彻底的问题，它一直困扰着列宁。当然，列宁后来对这一问题的态度发生了变化。

在十月革命前夕，当车工亚历山大·肖特曼（Aleksandr Shotman）质疑列宁政治思想的现实性，并认为社会主义革命是一件复杂的事情时，列宁瞬间爆发了："胡说！任何工人都会在几天内主管任何部门。这里不需要什么特殊技能，也不需要知道工作的技巧，因为这是官僚们的工作，我们以后会强迫他们工作，就像现在他们让专业工人工作一样。"②之后到了1921年1月，列宁在全俄矿工第二次代表大会俄共（布）党团会议上的讲话也带着愤怒，不过愤怒的对象变了："难道每个工人都知道如何管理国家吗？有实际经验的人都知道这是神话，都知道我们这里数百万参加工会组织的工人，现在正处在我们所说的阶段，即工会是共产主义的学校，是学习管理的学校这一阶段。如果工人在这所学校里学上若干年，他们就一定

---

① 《列宁全集》第 31 卷，人民出版社 1985 年版，第 112 页。
② Robert Service. *Lenin：A Biography*[M]. London：Macmillan, 2000：299.

能学会，但是这要慢慢来。我们甚至连文盲都还没有扫除。"①

从上面的讨论里，至少暴露出列宁的革命政治理论与十月革命之后的政治经验事实之间的矛盾，这实际上是革命政治在革命成功之后的必然缺陷。或许列宁比马克思、恩格斯更幸运的是，他亲身体验到了这种缺陷，继而在政治国家的领域里摸索前行。

三、马克思革命政治的中国化发展

马克思革命政治理论在中国的发展，本质上是基于近代中国具体情势的发展，主要包括以下几方面：发现农民的革命能动性、分析中国社会的各阶级、阐释新民主主义革命道路、形成人民民主专政理论。

首先看第一方面，农民的革命能动性。在《雾月十八日》1852 年的第一版里，有以下这句在第二版里被删去的话："无产阶级革命就会形成一种合唱，若没有这种合唱，它在一切农民国度中的独唱是不免要变成孤鸿哀鸣的。"②这句话的遭遇直接表现出马克思当年面对农民问题时的不确定性，同时也暗示了农民国度的无产阶级革命问题还留有很大的发挥空间，而且对农民的革命角色分析，实际上是被马克思革命政治暂时悬置的问题，另外，这也是在东方社会的革命情势里更加凸显也更加重要的问题。在这一意义上，近代中国的革命就是典型案例。在太平天国运动失败之后的几十年时间里，作为革命力量的农民一直被中国的革命者所忽视。即便在 1911 年推翻帝制的辛亥革命时期，农民的角色仍然没有在近代中国革命的舞台上真正登场。直到毛泽东再度发现农民，创造性地赋予农民以革命主体的角色之后，中国的革命才真正进入一个新时期。

1927 年 1 月 4 日至 2 月 5 日，毛泽东在湖南实地考察了湘潭、湘乡、

---

① 《列宁全集》第 40 卷，人民出版社 1986 年版，第 252~253 页。
② 《马克思恩格斯文集》第 2 卷，人民出版社 2009 年版，第 573 页。

衡山、醴陵、长沙五县的农民运动情况，并于 1927 年 3 月形成了《湖南农民运动考察报告》。这次考察活动是为了回应当时党内外对农民革命斗争的责难而进行的。党内以陈独秀为代表的右倾机会主义者不支持农民的革命运动，导致当时的工人阶级和共产党孤立无援，同时也给国民党叛变革命以可乘之机。在如此情势下，毛泽东的判断很清晰："革命当局对农民运动的各种错误处置，必须迅速变更。"①他对这一时期农民革命斗争的阐释，是对马克思革命政治的重要补充，我们可以从以下几方面予以把握：

首先，突出了权力的彻底转移，即从土豪士绅的权力转向农民权力。农民运动使从前拜倒在土豪士绅脚下的人如今拜倒在农民权力之下，原先没有社会地位、没有发言权的农民，如今不但抬起头，而且还"掌权了"②。随着农民地位的逐渐提高，一切封建的宗法的思想和制度都动摇了。农民的主要目标在于夺取原本属于地主的政治权力。其次，揭示农民造反的历史使命。毛泽东认为，农民革命斗争完成了国民革命几十年乃至中国几千年未能完成的"奇勋"③。只有在这一意义上才能理解，此时的毛泽东何以认为农民造反"好得很"。再次，革命专政思想开始萌芽。如果说中国革命的第一时期要动员农民进行革命，那么第二时期就"必须利用农民的绝对权力"，如果没有农民的专政，那么就不能镇压农村反革命派的活动，不能打倒绅权。毛泽东的赤色革命专政思想对于调动农民的革命情绪、吸引广大农民加入与工人阶级的革命同盟，作用相当明显。最后，在农民革命斗争中不忘教化农民。毛泽东承认在农民中（尤其在贫农领袖中）确实有"痞子"存在，但这只是少数。要解决这些"少数"的问题，"也只能在农会整顿纪律的口号之下，对群众做宣传，对他们本人进行训练，把农会的纪律整好，决不能随便派兵捉人，损害贫农阶级的威信，助长土豪劣

① 《毛泽东选集》第 1 卷，人民出版社 1991 年版，第 12 页。
② 《毛泽东选集》第 1 卷，人民出版社 1991 年版，第 18 页。
③ 《毛泽东选集》第 1 卷，人民出版社 1991 年版，第 16 页。

绅的气势"①。农民运动发展的结果之一就是农民文化程度的迅速提高。当时的中国人里有 90% 的人都是未受过文化教育的，其中绝大多数都是农民，所以农民运动对于当时中国人的文化教育提高而言，具有重要作用。

第二方面是对中国社会各阶级的分析。至少在马克思的东方视野里，东方社会没有产生阶级，因为那里不存在阶级产生的前提条件，即尚不存在私有财产和自由生产关系。既然在这样的社会形式中没有作为历史驱力的阶级斗争存在，那么也就没有社会变革。正因为如此，马克思认为东方社会是停滞的，它只是在政治领域里发生变化，而不能在生产方式层面发生变化，这种观念使他把东方社会置于一般历史进程之外。当然，马克思对东方社会(尤其中国社会)的有限理解很大程度上是由于当时的研究资料相当有限，他不得不选择性地使用可以获取到的贫乏资料来限制自己，并把这些资料概括到极致。马克思甚至会把关于一个村庄或一个地区的观察笔记转变成一种解释整个东方的理据，这种做法在他讨论西方资本主义社会的时候并不常见。马克思对东方社会的有限了解使他面对中国问题时相对保守，自然也还没有条件像分析资本主义社会那样对东方社会作相应的阶级分析。在这一方面，毛泽东做出了创造性贡献。

毛泽东在新民主主义革命时期对中国各阶级的分析，为中国革命指明了革命主体问题。正如马克思在《雾月十八日》里分析法国社会各阶级派系，是作为他总结革命教训的一部分，毛泽东在 1927 年撰写的《中国社会各阶级的分析》对中国各阶级的分析，也是在中国共产党处于国民革命时期的危机之际，作为总结教训的一部分。毛泽东清楚地认识到，"敌友问题"是革命的首要问题，而要分辨真正的敌友，就必须分析"中国社会各阶级的经济地位及其对于革命的态度"②。

毛泽东把中国社会的各阶级分为六部分：作为帝国主义附庸的"地主

---

① 《毛泽东选集》第 1 卷，人民出版社 1991 年版，第 22 页。
② 《毛泽东选集》第 1 卷，人民出版社 1991 年版，第 3 页。

阶级和买办阶级"，他们代表了中国最落后的和最反动的生产关系，阻碍中国生产力的发展。"中产阶级"（主要是民族资产阶级）对待中国革命的态度是矛盾的。"小资产阶级"包括自耕农（即中农）、手工业主以及学生界、中小学教员、小事务员、小律师、小商人等在内的小知识阶层，他们在革命情势高涨时都有参加革命的可能。"半无产阶级"是毛泽东在阶级分析问题上所使用的新概念，这一阶级所经营的都是更为细小的小生产经济。农民问题也包含在这个阶级范畴里。"无产阶级"指的是在当时的中国约有二百万的现代工业无产阶级。毛泽东把中国的无产阶级细分为：相对集中的、经济地位低下的产业工人，都市苦力工人和农村无产阶级（主要指长工、月工、零工等雇农）。最后毛泽东还提到数量不小的"游民无产者"（也即马克思那里的"流氓无产阶级"），他们主要是"失了土地的农民和失了工作机会的手工业工人"，毛泽东对待他们的态度和马克思有所不同，他认为："这一批人很能勇敢奋斗，但有破坏性，如引导得法，可以变成一种革命力量。"①

通过对中国社会阶级结构的划分，毛泽东为中国革命清晰地划分了敌友，而且这一划分比马克思当年更加细化，更具有经验意义，其优势在于，更加切实地体验到中国社会各阶级的生存状态，以及更为准确地把握阶级间关系，从而为中国革命的可能及推进提供了令人信服的理据。

到了 1939 年 12 月，时值抗日战争，毛泽东为了阐释中国革命的动力问题，再度分析了中国社会的各阶级。因为在他看来，中国革命的动力就是那些反对帝国主义和封建主义的阶级和阶层。此时的社会阶级结构和 1925 年相比基本一样，也分为六大部分：地主阶级、资产阶级、小资产阶级、农民阶级、无产阶级和游民。但在细节上有所变动。第一，不再有"买办阶级"范畴，而单独提出"地主阶级"作为革命的对象，而非革命的动力。第二，"带买办性的大资产阶级"和"民族资产阶级"（也即原先界定的

---

① 《毛泽东选集》第 1 卷，人民出版社 1991 年版，第 9 页。

"中产阶级")同时归于"资产阶级"范畴之下,但二者有区别,前者是革命的对象,后者对待革命则存在积极与妥协两重性,因此民族资产阶级的左翼也可能"在一定时期中和一定程度上"①成为中国共产党"较好的同盟者"②。第三,"农民阶级"作为独立的革命动力,并指出农民阶级内部存在富农、中农和贫农三部分的激烈分化,而农民这个名称所包括的主要内容还是指"贫农"和"中农",他们是"工人阶级的坚固的同盟军"③。从诸如此类的微调里可以看到,经过十余年的革命经历,毛泽东对中国社会的阶级结构更加了解,其分析也更加成熟,既是对之前中国革命经验的总结,同时也有利于未来革命事业的继续进行。

第三方面是新民主主义革命道路的理论出场。相较于马克思对"资产阶级革命"与"无产阶级革命"的划分,中国革命的性质问题要更加特殊和具体。毛泽东对中国革命道路的理解以及他对新民主主义道路的界定与阐释,在这一问题上给出了基于中国情势的回应。毛泽东作于 1940 年 1 月的《新民主主义论》是马克思主义中国化进程中的重要文献,其主要内容实际是对 1939 年 11 月《中国革命和中国共产党》第二章关于新民主主义的观点扩展,对中国革命道路即新民主主义革命作了详细解释。毛泽东通过对具体情势的分析、对时代问题(主要是"方向"问题和"名实"问题)的反思、对马克思主义经典文本的解读以及对当时错误思想(主要是资产阶级专政思想、"左"倾空谈主义以及资产阶级顽固派思想)的批判,提出了中国革命的本质是新民主主义革命,它主要有两个特点,即不断出场和临时在场。这两个特点与之前讨论的马克思意识形态批判思想的"共时性"维度有几分相似。无产阶级自五四运动时期出场之后始终在场,并且之后也一直在场;农民阶级在 1921—1927 年间出场之后始终在场;小资产阶级自五四运动出场之后,有不同程度的退场;最为跌宕起伏的是民族资产阶级,在

---

① 《毛泽东选集》第 2 卷,人民出版社 1991 年版,第 673 页。
② 《毛泽东选集》第 2 卷,人民出版社 1991 年版,第 640 页。
③ 《毛泽东选集》第 2 卷,人民出版社 1991 年版,第 645 页。

经历十年大革命时期的大幅度退场后，又在抗日战争前期再度出场，然后在武汉失陷之后再次退场。

临时在场则具体包含三个方面，首先是中国革命道路的"现时性"，通俗说来就是"到……的时候了"。中国革命的现时性是自 1919 年五四运动以来的新革命进程，既是现时革命的"最基本特点"，也是现时革命"生动的具体内容"。然而需要注意的是，现时性毕竟是就革命的总体意义、抑或世界意义而言的。在具体的实施操作上，还应当考虑是否适合当时的历史，也即"适时性"。正如毛泽东所言："现在整个新的国民文化的内容还是新民主主义的，不是社会主义的。"①还有一个方面是"过渡性"。新民主主义共和国"是一定历史时期的形式，因而是过渡的形式，但是不可移易的必要的形式"②。这一判断直接点明了中国革命道路的过渡性质与必要性质。换言之，中国革命道路的临时在场也意味着之后可能会有适合具体历史情势的中国道路的出场。"不断出场"与"临时在场"构成了一个"出场—在场"的循环，而且后一阶段的道路可能会以差异的形式在一定程度上继承之前的道路，然后再完成超越。在中国道路这一大范畴之下，总会有也总需要有新的道路形态出场。尽管道路形态的合适与否是一个经时间、实践检验的过程，但是换个角度看，历史也可以是一个在试错中前行的过程，所以"前事不忘，后事之师"才是我们在新时代善待历史，尤其善待革命历史的应有态度。

第四个方面是"人民民主专政"理论。这是马克思主义国家机器理论中国化的重要成果，集中体现在 1949 年 6 月底的《论人民民主专政》一文中。毛泽东关于国家机器随着阶级消灭而消亡的基本观点与马克思恩格斯列宁等马克思主义经典作家是一致的，而且对于工人阶级、劳动人民尤其对于中国共产党而言，现阶段的主要任务是努力创设促使阶级、国家和政党消

---

① 《毛泽东选集》第 2 卷，人民出版社 1991 年版，第 705~706 页。
② 《毛泽东选集》第 2 卷，人民出版社 1991 年版，第 675 页。

灭的条件，这些条件就是"共产党的领导和人民专政的国家权力"①。

我们对《论人民民主专政》主要有以下两方面感受：一方面，这是一个总结过去革命经验的文本。它不像《雾月十八日》那样是作者对一次失败革命的反思。毛泽东总结的不是一种"教训"，而是一种"经验"，"人民民主专政"是中国共产党在其所领导的新民主主义革命即将胜利之际的经验总结，充满了实践感。这是一个与列宁的《国家与革命》整体相似却又本质不同的文本。两个文本同时聚焦国家机器问题，而且都写于革命胜利前夕。不过，无产阶级专政对于当时的俄国而言仍然只是一种想象中的存在，而《论人民民主专政》则不同，当时中国的革命形势一片大好，已经"取得了革命战争的基本胜利"②。这说明"人民民主专政"之于中国，已经有了较为充分的实践经验，而且承受住了实践的检验。所以，当毛泽东总结"人民民主专政"时，既有理论论证又有现实经验支撑，无法不令当时的人民信服。

另一方面，《论人民民主专政》也是一个展望未来（即新民主主义革命胜利之后）的国家建设的文本。虽然在写作之时中国革命已经基本胜利，但未来道路依然艰难，严峻的经济建设任务就是最紧迫的任务。但是中国人民可以利用好"人民民主专政"这个国家机器，实现从农业国过渡到工业国、从新民主主义社会到社会主义社会再到共产主义社会这一过程。这一长远视野决定了革命胜利之后不能马上消灭国家权力，所以，中国共产党当时的任务是要"强化人民的国家机器"。此时的毛泽东和当年的列宁一样都清楚认识到，在革命胜利之后保存并强化国家机器对于守住革命的胜利果实而言至关重要，只有这样才能"巩固国防和保护人民利益"③，而且只有在人民的国家里，人民才有可能避免因反动势力的复辟而再次遭到不幸，才能用民主的方法实现自身的教化，改造从旧社会沿袭而来的坏习惯

---

① 《毛泽东选集》第4卷，人民出版社1991年版，第1468页。
② 《毛泽东选集》第4卷，人民出版社1991年版，第1480页。
③ 《毛泽东选集》第4卷，人民出版社1991年版，第1476页。

和坏思想。但是这些坏习惯和坏思想的影响很深，所以教化人民将是一个长期的过程。

第三节　当代左翼理论家对《雾月十八日》的理解与使用

当代左翼理论家普遍开始关注和谈论马克思的《雾月十八日》的时候，大背景是苏联解体事件。总体看，他们的思考都是对这一事件及其后社会政治情势变化的回应。本节主要关注三位学者及其相关思考，分别是德里达、柄谷行人与齐泽克。在我们看来，他们不同程度地阐释并发散了马克思《雾月十八日》的革命政治，同时也各自触及了理论的限度，因而需要自觉纳入读者的批判视域中。

一、幽灵政治学：德里达论"精神"与"幽灵"

马克思在《雾月十八日》里评价1789年法国大革命时说道："在这些革命中，使死人复生……是为了再度找到革命的精神，而不是为了让革命的幽灵重行游荡。"①从中可以看到马克思对革命的"精神"与革命的"幽灵"的区分，但也感觉这种区分冒着很大风险，而且从《雾月十八日》所产生的效果来看，革命的"精神"往往被革命的"幽灵"所掩盖。一旦同时提到"马克思"与"幽灵"，脑海中自然浮现的就是德里达及其《马克思的幽灵》一书。他的解释尽管引起巨大争议，但不妨碍其成为一种典型。通过批判看待德里达的解释，我们可以从以下几方面体会马克思是如何使用"幽灵"的。

首先，"幽灵"既使敌人恐惧，也使自己焦虑。《共产党宣言》的开篇是与"幽灵"有关的最经典表述，德里达认为这段表述表明马克思得出了一种

---

① 《马克思恩格斯文集》第2卷，人民出版社2009年版，第472页。

"诊断"①，而为这一"诊断"提供依据的症候就是欧洲神圣同盟对共产主义幽灵的恐惧。旧欧洲神圣同盟对幽灵的围剿意味着他们通过"幽灵"意识到共产主义的力量，即"共产主义已经被欧洲的一切势力公认为一种势力"②。然而德里达还提到，至少从马克思开始，整个欧洲政治的历史将是两方稳固阵营之间的残酷战争，它们都恐惧幽灵，不仅恐惧另一方的幽灵，而且恐惧自己一方的幽灵。神圣同盟恐惧共产主义的幽灵，所以它们对抗"幽灵"的战争仍在继续，但这场战争的对方阵营（即共产主义）也是由于对幽灵的恐惧而组织起来的。③

依我们的理解，使共产主义阵营得以组织起来的不仅是"恐惧"，还有"焦虑"。马克思在《雾月十八日》里说道："当人们好像刚好在忙于改造自己和周围的事物并创造前所未有的事物时，恰好在这种革命危机时代，他们战战兢兢地请出亡灵来为自己效劳。"④这里的"战战兢兢(angstlich)"往往容易被读者忽视，与其说这个词暗示一种"恐惧感"，毋宁说它暗示一种"焦虑感"。精神分析学家弗洛伊德曾区分过"Fright(Schreck，惊恐)"、"Fear(Furcht，害怕)"和"Anxiety(Angst，焦虑)"的关系，他认为"能够从它们与危险的关系中清楚地区分它们"："焦虑(Anxiety)指的是一种期待危险或为危险做准备的特殊状态，尽管这种危险可能是未知的。害怕(Fear)需要有害怕的明确对象。然而，当一个人遇到危险而又没有做好准备时，我们就把此人所处状态称为惊恐(Fright)；它突出惊(surprise)的因素。"⑤按照弗洛伊德的说法，"焦虑"意味着对一种不能预知的危险的"情动(affect)"。

如果再看《雾月十八日》的以下表述，或许能更好理解这种"恐惧+焦虑"：

---

① Jacques Derrida. *Specters of Marx*[M]. New York：Routledge, 1994：103.

② 《马克思恩格斯文集》第2卷，人民出版社2009年版，第30页。

③ Jacques Derrida. *Specters of Marx*[M]. New York：Routledge, 1994：105.

④ 《马克思恩格斯文集》第2卷，人民出版社2009年版，第471页。

⑤ Sigmund Freud. *Beyond the Pleasure Principle*[M]. New York：W. W. Norton & Company, 1961：6.

"它(即无产阶级革命——引者注)在自己无限宏伟的(Ungeheuerlichkeit)目标面前，再三往后退却。"①马克思在此并非一味地称颂无产阶级革命的伟大，他同样强调革命"令人恐惧"的一面。其中的张力非常强烈，因为如何面对革命的"恐惧"与"焦虑"是一个原则性问题。究竟是盲目的激情还是冷静的思考？这是马克思不同于其他激进革命者之处。《雾月十八日》的马克思显然不是一个激动的革命者，而是冷静分析的观察者、思考者。

紧接着，马克思把"无产阶级"反抗统治阶级的斗争与古希腊神话中赫拉克勒斯与安泰俄斯的战斗相比较："它把敌人打倒在地，好像只是为了要让敌人从土地里汲取新的力量并且更加强壮地在它前面挺立起来。"②这表明，无产阶级革命不可能"毕其功于一役"，它所面对的敌人会一步步强大，而无产阶级革命者自身也会在"再三退却"中变强，直到最后退无可退的时候，那么就采取行动以获得最终胜利。

马克思的以上措辞，绝不是说无产阶级革命者就只能在对未来的"恐惧+焦虑"中束手无策、坐以待毙。虽然《雾月十八日》里的社会民主派选择这样做，但马克思没有，他仍然对无产阶级革命充满希望。不过就像斯宾诺莎所说："恐惧是一种不稳定的痛苦，此种痛苦关于将来或过去某一事物的观念，而对于那一事物的前途，我们还有一些怀疑。"③马克思自己仿佛印证了斯宾诺莎的以下表述："没有只有希望而无恐惧，也没有只有恐

① 《马克思恩格斯文集》第2卷，人民出版社2009年版，第474页。马克思使用了"Ungeheuerlichkeit"一词，它的意思是暴行、极恶、巨大。我们不妨看几个相关词：Ungeheuer，巨兽、怪物、庞然大物，可引申为残忍的人、恶汉、作恶多端者；Ungeheuerlich，令人愤慨的、闻所未闻的、令人害怕的。如此看来，其实也可以理解为：那个抹掉"过去"痕迹的"未来"目标，同时也表现为怪物般令人恐惧的未来。

② 《马克思恩格斯文集》第2卷，人民出版社2009年版，第474页。安泰俄斯是古希腊神话中的巨人。安泰俄斯是大地女神盖亚和海神波塞冬的儿子，他力大无穷，而且只要他保持与大地的接触，他就是不可战胜的，赫拉克勒斯发现了安泰俄斯的秘密，将安泰俄斯举到空中使其无法从盖亚那里获取力量，最后把他杀死。

③ [荷]斯宾诺莎著、贺麟译：《伦理学》，商务印书馆1997年版，第154~155页。

惧而无希望的事情。因为当一个人徘徊于希望中，并怀疑某一事物的前途时，总是想象某种足以排斥那未来的事物的存在的东西，所以在这样情形下……他不免感觉痛苦。所以当他徘徊于希望中时，他恐惧着他所向往的事物不会实现。"①"当一个人想象着他所爱的东西被消灭时，他将感到愁苦，反之，如果他想象着他所爱的对象尚保存着时，则他将感觉快乐。"②一方面，1848 年革命失败了，马克思难免会觉得遗憾痛苦；另一方面，革命有生力量即作为无产阶级革命主体的无产阶级还保存着，马克思势必会感到欣慰。

其次，"幽灵"是不在场的在场，它需要道成肉身才能发挥积极的作用。德里达认为"幽灵"是一个矛盾体，既没有活着也没有死去，既不在场也非不在场，"既没有灵魂也没有肉身，但同时又两者皆有"③，"幽灵永远不死，它总是来去不定"④。

按照《共产党宣言》的说法，共产党(以及后来的第一国际)就是共产主义的道成肉身，是"幽灵"的真实在场，因而也是"幽灵"游荡状态的结束。这一陈述性语句不是描述性的、预测性的，而是以"述行的"方式在宣告、许诺和号召：共产主义的未来一定会变成活生生的现实。德里达认为这是马克思的"预判"。它不仅仅是一种预见，而且肯定了一种共产主义政党在不久的将来即将出现，这一宣言以精确的述行形式将"幽灵的神话"转化为共产主义社会的现实。⑤

马克思在《雾月十八日》里对"赤色幽灵"的批判强调的就是"幽灵"必须道成肉身，否则就仍然是幽灵，甚至可能被敌人利用："革命自己麻痹自己的体现者，而把热情的强力完全赋予自己的敌人。如果说，反革命派不停地召唤来的'赤色幽灵'终于出现……不是戴着无政府主义的弗利基亚

---

① [荷]斯宾诺莎著，贺麟译：《伦理学》，商务印书馆 1997 年版，第 155 页。
② [荷]斯宾诺莎著，贺麟译：《伦理学》，商务印书馆 1997 年版，第 115 页。
③ Jacques Derrida. *Specters of Marx*[M]. New York：Routledge, 1994：6.
④ Jacques Derrida. *Specters of Marx*[M]. New York：Routledge, 1994：99.
⑤ Jacques Derrida. *Specters of Marx*[M]. New York：Routledge, 1994：103.

帽，而是穿着秩序的制服、红色的军裤。"①值得注意的是，马克思所说的不停召唤和驱除"赤色幽灵"的，是"反革命派"，而不是"革命派"。可见，如果共产主义的"幽灵"没有真正道成肉身，那么它就很可能被反革命派利用，后者对"赤色幽灵"的招魂举动，不利于无产阶级革命者的革命行动。

最后，"过去的亡灵"与"未来的精神"的区分。前文讨论过，马克思在一定程度上继承了黑格尔关于"历史中的重复"的思想。人们"创造历史"是基于"过去承继下来的条件"。所以，人们在革命中会"请出过去的亡灵来为自己效劳"。在"现在"把"过去"搬上舞台，实际上是一种"生产性的虚构"。如1789年大革命时候的资产阶级就是这么做的。资产阶级把"现在"当做英雄般的"过去"来上演，从而实现了一种"新的社会形态"。而"在直接碰到的、既定的、从过去承继下来的条件下创造"和"创造前所未有的事物"之前，大革命通过重演"过去"的方式，把这两方面串联起来，一旦这种历史的跨越实现了，那么过去的英雄们就都消失不见了。

所以，资产阶级革命本质上是通过"重复"来创造历史，它把历史行动的内容分为"过去"和"现在"两部分。大革命时期，革命者一方面回到罗马共和国，另一方面他们实际上在巩固新生的资产阶级统治，而对这两种内容的区分则是"翻译"的工作，而且是在"事后"发生的。马克思以人们学习新语言为例，一方面，一开始需要把新语言翻译成"继承而来的"本国语言，但是另一方面，把本国语言遗忘掉，才能真正掌握运用新语言。马克思暗示了真正的革命者为了创造新的历史就必须忘记过去的历史，新的革命不是对过去革命的简单"重复"。所以，马克思严格区分了具有历史开创意义的1789年大革命和对大革命拙劣模仿的1848年革命，同时也区分了"忘记过去的新的斗争"与"拙劣模仿的旧的斗争"②。

每个时代都有"某一任务"，即历史必须"演"出来。但是只有"翻译

---

① 《马克思恩格斯文集》第2卷，人民出版社2009年版，第496页。
② 《马克思恩格斯文集》第2卷，人民出版社2009年版，第472页。

者"能够认识到，是谁真正在"执行""他们时代的任务"。也即是说，他们理解"按部就班的发展进程"①，使得他们可以区分出"真正的历史"和"无事变的历史"。但事实上，身处革命中的"四八年人"几乎没有人能称得上"真正的"翻译者，甚至在进步的革命群体里也没有。因为如果不能真正理解这些"唯一能使现代革命成为真正的革命的形势、关系和条件"②，就不是真正的"翻译者"。

德里达认为，马克思在《雾月十八日》里发展了一种"幽灵政治学(spectropolitics)"和"鬼魂谱系学(genealogy of ghosts)"："马克思从未停止招魂和驱魔。他从坏幽灵中区分出好幽灵。他不顾一切地试图以'革命的精神(Geist der Revolution)'反对'革命的幽灵(Gespenst)'……这既困难又危险。因为首先从词汇上看：像 esprit 和 spirit、Geist 这样的词也可以表示'spector'，而马克思认为他可以充分利用它的修辞效果，好似他能控制它一样。Gespenst 本身的语义缠绕着 Geist 的语义。如果有什么幽灵，那它要么在二者之间犹豫不决、无法确定的地方出现，要么在某个不再犹豫的地方出现。"③《雾月十八日》的马克思走向了一种"重新哲学化(re-philosophizes)""重新存在论化(re-ontologizes)"的幽灵逻辑，他想"驱除所有幽灵，以恢复隐藏在幽灵面具背后的起源过程的完整且具体的现实"④。

但是，马克思真的驱除了所有的"幽灵"吗？如果真是如此，那么很可能也消除了一种不同未来的可能性。如果说，马克思希望无产阶级革命卸下那些悼念与回忆的外衣，那么德里达则通过坚持"游荡"和"悼念"而把这身外衣再度披上。在德里达所区分的两种"幽灵"里｛即"revenant(从过去归来的亡魂)"和"arrivant(自未来而来的幽灵)"⑤｝，马克思更关注后者，关

---

① 《马克思恩格斯文集》第 2 卷，人民出版社 2009 年版，第 474 页。

② 《马克思恩格斯文集》第 2 卷，人民出版社 2009 年版，第 474 页。

③ Jacques Derrida. *Specters of Marx*[M]. New York：Routledge, 1994：107.

④ Michael Sprinker. *Ghostly Demarcations：A Symposium on Jacques Derrida's Specters of Marx*[M]. London：Verso, 1999：258.

⑤ Jacques Derrida. *Specters of Marx*[M]. New York：Routledge, 1994：96.

注如何让后者显现出来。但是这个过程很艰难。德里达所言不错:"归来的亡魂"始终是马克思的困扰:"马克思喜欢过鬼魂的形象,他也讨厌它,他用它论证过他的论点,他也为它所困、被它包围、对它着迷。……毫无疑问,他被它们迷惑,但是,正如他对共产主义的敌人所做的那样,他对它们展开了无情的斗争。"①当然,无论这种区分多么危险,作为无产阶级革命者的马克思一直在寻觅"革命的精神",并在使它道成肉身的道路上坚定前行。

虽然德里达创造性地阐释了"幽灵"与"精神"问题,但是我们在面对德里达与马克思的学理关联时仍需要特别注意,因为德里达对马克思的讨论基本只是限于《马克思的幽灵》一书。正如卡弗对德里达批判道:"德里达对于马克思的阅读,总是从这一比喻跳到另一比喻,从一个文本跳到另一文本,这是一种缺乏任何政治背景的阅读方式,就像你可以在任何一次学术会议上听到的那样。但我认为,关于马克思在选择和使用各种不同的相关比喻(亡魂、幽灵、鬼魂等)时是否存在重要的区别,以及这些区别是什么,德里达却没有给出翔实的论证,而只是泛泛地提及这些概念。所以,我们发现德里达总是不停地从一个比喻转向另一个比喻,也就不足为怪了。"②从这一意义上,如果说"幽灵"曾是马克思的理论工具,那么马克思也成为德里达阐释或佐证自身思想理论的一个工具或案例。

二、历史与反复:柄谷行人与《雾月十八日》

柄谷行人对《雾月十八日》的理解,集中体现在《历史与反复》一书中。收入其中的论文是他在1989年前后写成的。那时苏联东欧阵营瓦解,日本昭和天皇所象征的时代行将结束。人们肉眼可见不景气的世界经济结构和

---

① Jacques Derrida. *Specters of Marx*[M]. New York: Routledge, 1994: 106.

② [美]卡弗著、张秀琴译:《政治性写作:后现代视野中的马克思形象》,北京师范大学出版社2009年版,第15页。

不健全的代议制度，但柄谷行人认为，这并不意味着资本主义和近代国家的崩溃，而是暴露了历史处于一种难以摆脱的反复之中。

常言道：如果对历史无知就会重蹈历史覆辙。那么，如果了解历史的话，人们就可以避免历史的反复吗？或者，历史的反复真正存在吗？这样的问题没有人认真思考过。柄谷行人在书中主要依据60年一周期的反复模式，来观察世界近代史上19世纪70年代进入帝国主义、20世纪30年代转向法西斯主义和20世纪90年代进入全球化新帝国主义的历史反复，同时也考察了日本近代史上从"明治维新"到"昭和维新"再到"昭和时代终结"的历史反复，试图从中发现结构性反复的规律："所谓历史的反复并非意味着相同事件的重复。能够反复的并非事件（内容），而是形式（结构）。"①柄谷行人认为这一历史结构性反复的规律正是马克思当年所揭示的，《资本论》和《雾月十八日》涉及的正是这种难以摆脱的反复。《资本论》研究的是资本积累运动本身无法摆脱的反复性，它不能避开"危机—繁荣—萧条—危机"这样不断反复的周期性循环；《雾月十八日》讨论的则是近代国家的政治形态难以解决而又希望解决的反复性。

柄谷行人还从"历史反复"延伸到"民族国家自身的反复强迫症"的讨论中。《雾月十八日》里所谈"历史反复"具体指的是1789年第一次法国革命和1848年第二次法国革命，废除王权政治之后，以共和政治为目标的革命最后归结为帝国政治，1848年以后的三年重复了1789年革命至拿破仑政变的时期。其实，1789年的第一次法国革命已经是对过去罗马共和国到罗马帝国的反复。而1848年第二次革命虽然没有实现资产阶级革命意义上的新东西，但是却滋生了波拿巴主义想要实现的东西，即依靠行政权缓和资本主义社会中的阶级对立，以此稀释暴力革命得以生存的土壤。

这种历史反复的类比在柄谷行人那里得到进一步细化。法国大革命的历史看起来是罗马史的反复，然而它们各自所处的政治经济结构毕竟不

---

① ［日］柄谷行人著、王成译：《历史与反复》，中央编译出版社2010年版，第4页。

同。在黑格尔那里，恺撒是世界历史人物，恺撒之死也是世界历史事件，因为他把"民族（或者城邦国家）＝共和制"的原则转变为超越民族的"帝国"原则。恺撒在罗马扩张，在城邦国家难以维持的阶段企图做皇帝，结果遭到希望维持共和制的布鲁图斯一派暗杀。然而，他们杀害了想要破坏共和国的恺撒后，发现共和国已经无法再维持。于是，恺撒虽然死了，之后皇帝"恺撒"却诞生了，恺撒成为表示皇帝的一般名词。法国革命中的"拿破仑"之名在一定意义上反复了历史，但这不是柄谷行人关注的重点，他认为1789年法国大革命最终实现的是资产阶级经济体制和法兰西民族国家的确立，拿破仑提倡的欧洲联邦只不过是为了保护法国国民经济免受英国工业资本的冲击而策划的"帝国主义"。这是民族国家的延伸，法国并没有因此成为第二个罗马帝国。可是拿破仑的征服政策却在欧洲各国催生出民族主义和独立运动，法国大革命的革命种子也因此散播欧洲各处开花结果。从这个角度看，《雾月十八日》揭示了民族国家固有的反复。从王权国家到民族国家再到民族国家的超越，实际一直在"帝国—民族国家"的反复中运动着。

这种对"民族国家反复强迫症"的判断影响了柄谷行人看待迄今为止的革命。他认为："到目前为止，世界上所出现的革命基本上都是资产阶级革命和民族主义者的革命。……一般来说，革命发生的地方都不存在资产阶级，是社会主义者假扮了这个角色。实际上，民族主义者的革命只有通过社会主义者才会实现，社会主义者首先为民族的解放而战。因此，这种革命与资产阶级革命成功之后所可能发生的革命是相当不同的。我们所拥有的革命图景是基于各种形式的资产阶级革命、民族主义者的革命形成的。然而，资产阶级革命之后发生的、将要超越资本主义阶段的革命不能在这个图景的基础上去讨论。……我相信在其中将会产生出某种超越资本主义的东西，但是它本质上不同于我们至今所知道的那种革命。"①

① 汪晖、［日］柄谷行人：《东亚共同体的可能性？——从马克思主义者的视角反思全球化——与柄谷行人教授的对话》，载汪晖：《别求新声：汪晖访谈录》，北京大学出版社2009年版，第151页。

柄谷行人虽然肯定存在一种与资产阶级革命本质不同的革命，但却没有采用马克思对"资产阶级革命"和"无产阶级革命"的区分。这种情况或许可以从侧面反映出，柄谷行人并没有过多关注《雾月十八日》里的革命话语，而只是对政治制度的分析情有独钟。他认为马克思的分析不能以"统治者—被统治者"的图式来理解。马克思把金融资产阶级、工业资产阶级、大地主阶级、小资产阶级、农民阶级、工业无产阶级以及流氓无产阶级理解为既对立又共存的存在，从而把各个阶级的结合可能性放到"代表者—被代表者"的政治修辞层面上观察。议会民主制内部的"代表者"和"被代表者"本就不过是通过任意的结合而出现的表象，它们经常互相对立也经常在游离。所以，不必奇怪资产阶级最后会抛弃过去一直代表着他们的秩序党，转而选择路易·波拿巴作为他们的"代表者"。另外，政治修辞可以保留过去发生的所有记忆，拿破仑的亡灵之所以还能复活，也是借助了政治修辞的力量。①

总之，《历史与反复》展现了柄谷行人的"观察者"形象，他敏锐地观察现实，察觉到历史的反复性，这一点和《雾月十八日》的马克思很相似，而且他对日本近代史乃至世界近代史的审视，也非常值得借鉴。但是柄谷行人毕竟不是马克思，缺乏如马克思那样的唯物史观自觉。马克思谈历史反复的意图是以无产阶级革命冲破历史反复的怪圈，而柄谷行人显然没有走到马克思这一步，虽然柄谷行人本人也曾积极参与日本的社会运动，但他之所以要讨论历史反复问题，是为了不重蹈历史的覆辙。而《雾月十八日》的马克思则要更进一步，他不仅不要重蹈历史覆辙，还要开创新的历史。马克思批判分析当时的法国历史的确是事实，但《雾月十八日》另一个更为重要的事实是关注"未来"，即马克思诉诸从"未来"汲取诗情的无产阶级革命。当然，这类比较的背后毕竟存在各自所处具体情势的差异，以及各自知识谱系的差异，如柄谷行人试图利用马克思与康德的时候就直接暴露了

---

① ［日］柄谷行人著、［日］中田友美译：《马克思，其可能性的中心》，中央编译出版社2006年版，第180页。

这一点，而且柄谷行人似乎更多把《雾月十八日》视为一个"描写闹剧最出色的文学文本"①，只是关注这一文本的预见性，所以他认为《雾月十八日》所涉及的问题不只是过去的事件，也包含了贯穿至今的问题，对如今的新情势具有充满根本性洞察的启示，而且，路易·波拿巴掌政的背景是1848 年"左翼"的崩溃，1870 年、1930 年和 1990 年亦有相似之处。然而，马克思本人在写作《雾月十八日》的思想动态，并没有吸引柄谷行人太多注意，这实际上容易陷入一种文本与其当代价值之间的简单链接。

三、精神分析与列宁情结：齐泽克的革命政治

相对而言，齐泽克对《雾月十八日》的钟爱程度与使用程度，在当代左翼理论家群体中比较突出。他基本围绕《雾月十八日》关于黑格尔的部分展开。齐泽克为"历史中的重复"给出了不同解释。他没有揭示像上文分析的马克思那样，揭示"重复事件"与"初始事件"各自的性质以及相互之间的差异，而是思考：为什么在重复之后，历史会被赋予真实性和正当性？这是马克思当年没有谈到的问题。

齐泽克曾在《意识形态的崇高对象》里从精神分析的视角解读历史重复理论。讨论始于当年第二国际内部的争论，他把伯恩斯坦和卢森堡关于革命夺权时机的对立观点分别对应两种精神分析学的症候，即强迫症和歇斯底里症："强迫症拖延、推迟行动，等待正确时刻；歇斯底里症则要以自己的行动超越自己，并因此揭穿强迫症立场的虚假性。"②他认为，这正是黑格尔"重复"理论最为关键之处："一种政治革命再度发生的时候，人们就把它认为是理所当然的了。"那么问题是，历史为什么需要这种重复？惯有的解释是，人们的主观意识落后于客观的历史必然性，所以人们会把恺

---

① ［日］柄谷行人著、王成译：《历史与反复》，中央编译出版社 2010 年版，第21 页。

② Slavoj Žižek. *The Sublime Object of Ideology*［M］. London：Verso，2008：63.

撒的集权行为视为武断的、偶然的，但是，当这种行为重复自己时，即当"恺撒"再次出现时，它最终还是被人们视为潜在的历史必然性的表现。

齐泽克显然不满足于这种解释，他认为，历史必然性本就是通过"误认(misrecognition)"构成的，人们一开始根本没有认识到历史必然性的真正特性。接下来齐泽克的解读带有浓厚的拉康哲学气息："当它(即事件)第一次发生时，它被体验为偶然创伤(contingent trauma)，体验为某个非象征实在界的入侵；只有通过重复，这一事件的象征必然性才会被承认——它在象征网中找到自己的位置；它是在象征秩序中实现的。"也即是说："恺撒要在他的象征必然性中(即作为一个权力的头衔)实现自己，作为经验的、肉身之躯的恺撒就不得不死去，这是因为上述'必然性'是象征性的。"①在这一意义上，不排除在事件的第一个表象中，因为其"创伤"过于强烈，以致人们无法把握其真正的意义。而且还意味着，对事件第一次出现的"误认"，是直接"内在"于其象征必然性中，直接构成了对它最终的"承认"。也即是说，谋杀恺撒令人产生了负罪感，而正是这样的负罪感才是历史"重复"的真正驱力："事件不是因为某些独立于我们主观倾向的、因而是不可抗拒的客观必然性而重复自身；因为事件之重复是对我们象征性罪孽的惩罚。"②

齐泽克的解读的确揭示了马克思想要表达的一些意思。因为人们可以说，路易·波拿巴在1851年发动的政变，就是对法兰西人在1789年法国大革命时期象征性罪孽的惩罚，惩罚他们没有正确认识到当年拿破仑政变的意义，因此他们在60年之后开始承认"拿破仑"的帝国，承认"拿破仑"发动的政变。然而如果真的按照齐泽克的解读进路，那么，1851年的法国人所承认的"波拿巴"和"帝国"实际并不是1848年的路易·波拿巴，不是日后的法兰西第二帝国，而是1789年大革命的拿破仑·波拿巴，是拿破仑的法兰西第一帝国。

---

① Slavoj Žižek. *The Sublime Object of Ideology*[M]. London：Verso, 2008：64.

② Slavoj Žižek. *The Sublime Object of Ideology*[M]. London：Verso, 2008：65.

此外，齐泽克对"负罪""罪孽"的使用也具有诱惑性。如果说历史中的重复是一种"罪孽"，那么革命就是一种"赎罪"，这里表现出很明显的本雅明色彩。从齐泽克对本雅明的相关讨论中可体会到，齐泽克所谈的历史唯物主义毕竟是被本雅明，或者说被他本人重释过的历史唯物主义，它与马克思那里的历史唯物主义思想显然存在张力。① 本雅明对历史唯物主义的重释突出了抓住革命时刻的重要性。但是和马克思相比，本雅明的"此—时"与列宁的革命政治倒更为贴近，而且齐泽克也是在这个意义上对列宁如此情有独钟。

在 20 世纪末尤其进入新世纪以后，齐泽克出版了一系列与"列宁"有关的著作，如《重述列宁》《革命一触即发》《重载列宁》以及新近的《列宁 2017》等。齐泽克在这些文本里思考列宁的思路本质上是一致的。虽然坊间大多关注齐泽克对列宁的精神分析处理，但深层次起作用的仍然是被本雅明改造过的历史唯物主义。齐泽克最看重列宁对革命情势的洞察、对稍纵即逝的革命机遇的抓取，所以列宁在 1917 年没有坐等革命时机的成熟，而能够在同时代革命者几乎都无法察觉的时刻发动革命。这也是齐泽克不断"重述列宁"的根本旨趣所在。他呼吁在当代复苏的"列宁"是"生成中的列宁（Lenin-in-becoming）"，而非对旧有教条的怀念。列宁在当年被抛入一场灾难的"星丛"里，旧坐标已失去效用，这迫使他必须重新发现马克思主义。复苏"列宁"不是"回到列宁"，而是"重述列宁"，即在今天的"星丛"中重现与列宁当年相同的冲动。也即是说，不是怀旧式地重现"旧革命的时代"，也不是基于机会主义—实用主义的立场利用旧范式去调整新形式，而是在全球资本主义、帝国主义和(后)殖民主义的严峻形势下，乃至今天新保守主义、新民粹主义的强势推波助澜之下，以"列宁"的姿态重现共产主义事业。

在投身和推进共产主义事业方面，齐泽克所做的理论工作有目共睹。2009 年，他出版了《首先作为悲剧，然后作为笑剧》。显而易见，书名的直

---

① Slavoj Žižek. *The Sublime Object of Ideology*[M]. London：Verso，2008：151-158.

接来源就是《雾月十八日》的"第一次是作为悲剧出现，第二次是作为笑剧出现"。齐泽克那里的"悲剧"和"笑剧"所指分别是 2001 年的"9·11"事件和 2008 年的金融危机，这两个事件重复揭示了资本主义陷入危机的历史必然性。齐泽克认为，弗朗西斯·福山在 20 世纪 90 年代所谓的自由民主的乌托邦经历了两次死亡，"9·11"事件并未影响全球市场资本主义的经济乌托邦，而 2008 年的金融危机则是经济面貌终结的标志。这本小册子只有两章，第一章是对当时困境的诊断，概述了资本主义意识形态的空想内核，它决定了危机本身以及人们对危机的看法和反应。第二章是对当时情势的定位，齐泽克认为如此情势恰恰打开了共产主义实践新形态的空间。

对于共产主义，现在恐怕不是再质疑"共产主义观念在今天还是相关的吗？它仍然可以作为一种分析工具和政治实践吗"的时候了，而是说："从共产主义的角度看，我们今天处在怎样的困境中？"因此，面对如今的情势，理论家们创造再多的术语其实也没有真正解决问题，充其量只是帮助我们把握当前正在发生的事情，却错过了真正的新事物："把握新事物的真正新奇性的唯一方法，就是透过旧事物'永恒'的镜头来分析世界。如果共产主义确实是一种'永恒'的思想，那么它就是黑格尔所说的'具体普遍性'；之所以说它是永恒的，不是因为它具有可以应用于任何地方的一系列抽象—普遍特征，而是指它必须在每一个新的历史情境中被重新创造。"①

这也是为什么齐泽克要在当代再次使用马克思的"悲剧"与"笑剧"隐喻的原因。齐泽克提醒读者，《雾月十八日》里的"悲剧"与"笑剧"不是第一次在马克思的作品中出现，在 1843 年的《〈黑格尔法哲学批判〉导言》里，马克思也曾提到"悲剧"和"喜剧"。马克思把 19 世纪三四十年代德国旧政权的衰落，视为法国旧政权悲惨垮台的滑稽重演：现代德国制度是时代错乱，它公然违反普遍承认的公理，它向全世界展示旧制度毫不中用；它只是想象自己有自信，并且要求世界也这样想象。齐泽克特别指出，这里的

---

① Slavoj Žižek. *First as Tragedy*, *Then as Farce*[M]. London: Verso, 2009: 6.

关键是"只想象自己有自信",并认为:"一个'只想象自己有自信'的政权模式,很好地捕捉到了占统治地位的意识形态的执行力的消解:它不再有效地作为社会纽带的基本结构发挥作用。"①

作为一名左翼理论家,齐泽克一直在对抗资本主义意识形态,他提醒自己:"我们的任务不是在直接的高潮对抗中进行斗争,而是用耐心的意识形态批判工作来削弱当权者,这样,尽管他们仍在掌权,但人们突然注意到当权者正遭受着非自然的高音的折磨。"②换言之,左翼应该"知道",而不能只停留在"看到"。因为资本主义意识形态只是允许我们去"看到",阻止我们去了解看到的究竟是什么。而对于共产主义观念,我们不仅要"知道"它,而且要充分"参与"它,更要再次忠贞不贰地去"实践"它。

总体上看,齐泽克写作《首先作为悲剧,然后作为笑剧》与马克思写作《雾月十八日》有着相似的处境,而且都可以视为一篇带有警示性的宣言,即告诉左翼人士在资本主义的危机时代该何去何从。但是两相对比,总感觉前者缺少一些革命政治的"力道"。如果仅仅是意识形态的批判工作,而没有国家机器层面的考量,那么如何能够将革命真正付诸实践?尚且不论齐泽克所坚持的共产主义是否拥有马克思所谓无产阶级革命的意义。齐泽克的解读确实在很大程度上反映出当今左翼人士已经面临着与马克思当年非常不同的情势,以至于齐泽克的理论想象虽然溢出了马克思的本意,但却与具体情势很契合,反倒打开了多元解读马克思文本的空间。然而,过度的理论想象很容易消耗马克思主义本身的批判力,甚至是左翼自身的批判力。

本 章 小 结

本章主要讨论了马克思之后的马克思主义经典作家——晚年恩格斯、

① Slavoj Žižek. *First as Tragedy, Then as Farce*[M]. London:Verso, 2009:3.
② Slavoj Žižek. *First as Tragedy, Then as Farce*[M]. London:Verso, 2009:7.

列宁以及毛泽东，以及当代几位左翼理论家对马克思革命政治的思考，包括这前后之间的学理关联。晚年恩格斯总结了19世纪无产阶级革命斗争的经验与教训，他没有否认议会斗争形式的可行性，但是他最为关键的观点，即必定会有最终决战，却在《〈法兰西阶级斗争〉导言》发表时被德国社会民主党隐去。恩格斯一方面接受了19世纪末的革命新情势，另一方面仍然坚守马克思的革命政治立场，这两方面促使他从现实出发对革命如何可能做出谨慎的考量。列宁在与西欧情势迥异的俄国社会开创了一种新的革命政治模式，即革命政党政治。俄国问题是马克思曾经思考过的问题，但是回答并不明确，只是指认俄国革命有可能走出一条与西欧资本主义发展模式不同的特殊道路。列宁通过对政党组织问题的关注，开启了革命政治俄国化的历程。革命的政党政治模式在十月革命胜利之后迫于俄国具体情势而发生了必要的转变，布尔什维克党的成功夺权实际表明列宁激进的革命政治模式告一段落。1917年问世的《国家与革命》既是一个总结式文本，又是一个过渡式文本，列宁少有地在其著作中勾勒了后革命时代的政治蓝图。尽管这些想法实践起来不尽如人意，但列宁仍然在不断地调整策略。马克思对东方社会，尤其对中国社会曾经做出过精辟判断，但由于时空限制，其理论效应有限。毛泽东对革命政治的中国化发展主要包括：通过对湖南农民运动的实证考察确认了农民革命运动之于中国革命的重要意义，通过对中国社会各阶级的分析厘清了中国革命的主体动力问题，通过对中国革命本质的解释界定了新民主主义革命道路，通过对过去革命经验的总结和对未来建设事业的展望，形成了"人民民主专政"这一马克思主义国家理论中国化的重要成果。晚近以来的当代左翼理论家再次激活了《雾月十八日》的革命政治资源，德里达对"幽灵"问题的讨论、柄谷行人对"历史反复"的考察以及齐泽克对《雾月十八日》的理解与使用，既不同程度地展现了革命政治在当代发展的诸多可能，也因为他们各自差异且过度的理论想象，从而表现出当代左翼理论与左翼政治的局限性。

结语 "这里有玫瑰花，就在这里跳舞吧！"

通过以上几部分对《雾月十八日》革命政治的讨论，我们可以总结出以下几点体会和启示。

首先，我们需要领会并合理使用马克思的历史分析类型。毋庸置疑，《雾月十八日》是马克思对 1848 年革命历史的分析，但是问题在于马克思如何展开分析。他在《雾月十八日》的开篇处提到黑格尔，吸收了后者关于"历史中的反复"与"悲喜剧"的部分判断，但马克思进一步发展的是对冲出历史反复循环的期待。不过马克思过于文学化、隐喻化的措辞，对于书中革命政治的普及实际并没有太大帮助。尤其面对当时的意识形态乱象，马克思的革命政治很难发挥作用。而推动 1848 年革命发展的，恰恰就是这些（政治）意识形态的"共舞"。《雾月十八日》里表露出的意识形态批判思想，以共时性维度补充了原先的历时性维度。它表明，在一定时期里，各种意识形态并存角斗，可能暂时不会发生新旧两种意识形态的替代性变化。后来的历史证明，这一情况在革命的非常时期里成为常态，而且我们从革命时期意识形态的杂乱舞台可以看到革命本身走向可能飘忽不定，所以无产阶级要坚定自身的意识形态就更加重要了。恩格斯后来在第三版序言里把《雾月十八日》界定为马克思以这段历史来检验他所发现的历史规律的文本，这一界定至少在唯物史观亟须传播和理解的意义上、在指导德国工人运动的意义上，是合情合理的。不过唯物史观的"科学性"并非"规律"一词能概括的。唯物史观并不是像历史主义那样理解历史，即把过去的每一刻都紧握不放，也并不是像历史渐进论那样理解历史，即把历史的进步发展视为理所应当，从而把历史的客观性过分放大，致使历史主体退居幕后。唯物史观既强调历史主体的革命性与创造性，也强调理解历史不能沉浸在过去的幻象里，而应该从"未来"汲取革命的"诗情"。遗憾的是，马克思在《雾月十八日》里表露的这些理念一直在寻觅"道成肉身"的机会，而且，现实的沉默反倒使思想本身不公平地染上了空想的色彩。殊不知如今看来，马克思的这些思想正属于未来。当然，这并不是说《雾月十八日》当年在历史论域里毫无价值，马克思对 1848 年法国历史的分期，体现了一种主体性历史编纂学的应用，它异于当时盛行普鲁士的观念论历史编纂学，异于雨果鼓舞法国人民的个体性历史编纂学，异于蒲鲁东谄媚路易·波拿巴的结构性历史编纂学。然而需要承认，马克思确实也没有在这种历史编纂学上逗留太久。因为历史分期本身并不是目的，目的是要弄清楚历史发展的内在驱力，也即把握隐藏在历史主体地位变化背后的经济基础变化。

其次，我们需要理解马克思的革命话语，坚定无产阶级的主体立场。纠结于资产阶级革命与无产阶级革命的具体所指，其实对于我们的理解并无太大帮助。并不是说资产阶级领导的革命就不具有革命性，也不是说无产阶级领导的革命就一定是真正革命的。所以，不妨把这两个概念视为马克思区分两类革命的"理想型"工具，他需要用资产阶级革命与无产阶级革命的区分，来与过去的革命告别，从而让新的革命具有不同于旧式革命的意义。他希望新的革命能跳出历史的反复。这两种革命理想型的关键差异在于革命主体的不同。在这个意义上，我们倒是可以认为，资产阶级作为革命主体的革命仍是属于过去的革命，而无产阶级作为革命主体的革命才是属于未来的革命。但问题是，1848 年革命的经历让马克思对"无产阶级"概念的具体所指表示怀疑。当布朗基派、巴枯宁派等当时的激进革命者把革命主体过度底层化的时候，马克思开始有意地使用"流氓无产阶级"概念来实现对"无产阶级"的"蒸馏"，从而达到净化无产阶级革命主体的目的。但是在现实的操作层面，这一做法的效用很有限。因为一旦革命的热情开始席卷社会中的反抗者，将无暇顾及革命主体的净化。况且，流氓无产阶级对旧制度、旧秩序的强破坏性往往被激进革命者所看重。在这一点上，人们极容易混淆马克思本人的革命话语与布朗基主义者、无政府主义者以及民粹主义者的革命话语，而且20世纪的革命史实在一定程度上加重了这一症候。晚近以来，左翼理论逐渐兴起以流氓无产阶级代替无产阶级的趋势也印证了：要想在革命政治的理论星丛里彻底厘清各种力量之间的暧昧关系，是有难度的。

最后，我们需要正视马克思国家理论的历史限度，准确把握其开放可能性。马克思在《雾月十八日》遭遇的国家官僚制重现了黑格尔在《法哲学原理》中对官僚制的描述，1848年发生在法国的普选"笑剧"也印证了黑格尔对人民直接参与政治生活的不安。这是马克思对自己过去批判的补充和修正，但是理论结果并不稳定。我们至少可以从《雾月十八日》前后两个版本的改动中看到，马克思对官僚制的批判态度由原先的彻底批判转向肯定官僚制的历史意义。这一方面是因为他当时所经历的官僚制尚未得到充分发展，另一方面，马克思对波拿巴主义国家的批判虽然深入阶级基础，但因为对农民阶级缺乏经验层面的了解，因而导致有关打碎国家机器的判断缺少足够的学理支撑。同样地，马克思后来在《哥达纲领批判》里谈及无产阶级的革命专政时，在理论上虽然肯定了无产阶级国家的革命性，但也因为实践条件的不允许，导致无产阶级专政的实践一直到20世纪的俄国才真正完成。而且这种专政实践反倒带来了它与专政理论之间的张力，列宁与考茨基关于无产阶级专政的争论就体现了这一点。大体看，其实争论的双方都有过度的嫌疑，考茨基显然把马克思国家机器学说过分"民主化"，但反过来，列宁的所有解释并非都是准确无误的。他在十月革命之后把无产阶级国家理论更加彻底化，称"无产阶级专政"为"马克思学说的实质"，①认为《哥达纲领批判》里马克思关于"无产阶级的革命专政"的著名论断是马克思全部革命学说的"总结"②，从而把国家机器问题在马克思革命政治的

① 《列宁全集》第35卷，人民出版社1985年版，第233页。
② 《列宁全集》第35卷，人民出版社1985年版，第234页。

理论空间里过度放大了。但列宁仍然做出了合乎苏联情势的决定，他把无产阶级国家设想为政党国家，设想为代表无产阶级统治的一党专政，另外他也没有否认无产阶级国家的暂时性，而是把国家走向消亡的时间轴拉长。马克思自然没能预见列宁所处的情势，他毕竟不是一个预言家。所以，我们更应当关注马克思在自身所处的具体情势中如何思考国家。换个角度看，既然他对国家的批判思考存在历史的限度，那么这其实也为后来者对马克思主义国家理论的解释敞开了空间。

以上三个方面并不是各自独立的，而是统一为"革命政治"这一总体。《雾月十八日》的历史分析类型为马克思思考历史奠定了基础，并赋予革命话语和国家理论以历史性。革命终归是一种手段，革命手段的使用需要立足于具体的历史情势。所以，没有对历史的精到分析，革命也难如愿。国家机器本是马克思批判的对象，但现实里国家机器的发展让马克思在面对国家时不由得谨慎起来，甚至一定程度上吸纳了资产阶级国家阶级统治的功能，转移到无产阶级革命专政的观念中。无产阶级的革命专政是一定历史时期内的无产阶级国家形式，是资本主义社会转向共产主义社会期间的阶级统治形式，这是马克思给出的纲领性界定，但是它在不同国度、不同时期所发挥的具体功能还有待完善。

当然，我们在面对《雾月十八日》时还应具有以下意识：这毕竟是马克思写于1852年的著作，虽然它在马克思革命政治研究中占有一席之地，但是对于马克思的整个思想谱系而言，它终归只是其中的一个。从我们对它的解读里也可以看到，考察这个文本势必牵涉前后的诸多文本。马克思的理论本身会随情势的不同而发生变化，因此，在《雾月十八日》之后，随着19世纪革命情势的波动变化，马克思革命政治的发展也可以继续分期。

继本研究涉及的1843—1848年与1848—1852年两个时期之后，第三个时期可以是1852—1864年。这一时期的欧陆革命情势整体低迷。马克思总体上在观察欧洲政治，留下大量通讯类文本，但是这类文本还没有得到学界的足够重视和清理。马克思的主要工作是政治经济学批判，并形成了大量的《资本论》手稿，其中尤其突出的是《政治经济学批判大纲》。但是在《政治经济学批判大纲》里几乎看不到激进革命的话语，就连 1859 年的《〈政治经济学批判〉序言》里，马克思的措辞也平和很多。他用两个"决不会"巧妙解释了他所设想的革命既无法阻止，但又没有直接的危险。整个描述听上去觉得很抽象、很遥远、很深奥，同时又让人安心。在这里既没有出现那个令当局不快的词——"阶级"，也没有暗示社会革命的暴力可能发挥的作用。第四个时期是 1864—1875 年，这是"第一国际"时期。欧洲工人运动再度起势，但在这一时期的后期，欧陆情势迎来重大转折，主要事件有：德意志帝国成立，法兰西第二帝国转变为法兰西第三共和国，以及巴黎公社运动。第一国际在 1872 年海牙会议之后正式驱逐巴枯宁派，但其总部随后也迁往纽约，逐渐退出历史舞台。1875 年恰好是德国社会主义工人党由原先的"拉萨尔派"和"爱森纳赫派"合并而成的时候，它预示了起义形式的革命政治的式微，同时预示了政党形式的革命政治的兴起。第五个时期是 1875—1889 年，其中又可分为 1875—1883 年马克思尚在世的时期，和 1883—1889 年恩格斯独当一面的时期。1871 年巴黎公社失败之后，欧陆革命情势再次整体转入颓势。1875 年，德国社会主义工人党合并后形成新的纲领，马克思针对这一纲领的批判（即《哥达纲领批判》）尽管进一步澄清了他本人的革命政治理论，但影响毕竟有限。德国社会主义工人党以政党身份参加到德意志帝国的政治生活中，其中革命的社会主义逐渐转变成社会改良主义。这一时期马克思并非没有看清情势，他只是反对爱森纳赫派的妥协，他希望直接确立一个共同行动的纲领，而非先确立一个原则性纲领。这段围绕"纲领"的小插曲实际上开启了这一时期德国工人运动"高开低走"的趋势。一开始，整体情势似乎对工人政治活动有利。可是好景不长，德意志国会于 1878 年 10 月通过并生效了《反社会党人法》。在直到 1890 年 9 月 30 日这一法案失效的 12 年时间里，德国工人运动的情势一直不理想。马克思再度回到书斋。此时俄国革命情势的变化给他思考革命政治带来了新材料，而恩格斯仍站在工人运动的前线，始终以革命导师的身份指导德国社会主义工人党的政治活动。第六个时期是 1889—1895 年，其开端是"第二国际"成立，结束是恩格斯逝世。这是晚年恩格斯的代表时期，也是后人对恩格斯的无产阶级革命策略争议最多的时期。

恩格斯的离世似乎宣告马克思的革命政治已经告一段落。然而，尽管第二国际内部在革命策略上的争执不休造成了一定干扰，但是马克思革命政治的学理脉络实际上仍未断开，把它承续下来的正是列宁。但遗憾的是，列宁的过早离开终止了革命政治的转化，苏联的历史最终在 20 世纪八九十年代之交走向结束。

反观中国，在十月革命为我们送来马克思列宁主义之前，1911 年辛亥革命基本完成了政治革命，而且和 1789 年大革命、1848 年革命的历史相类似，也发生了复辟事件。在国民革命也即第一次国内革命战争时期，毛泽东意识到了中国革命的特殊性，继而发展出一套具有中国特色、契合中国情势的革命政治理论。与之前马克思主义经典作家的革命政治理论相比既有继承也有发展，这是今后值得继续展开的课题。

问题是，在如今的新时代，马克思的革命政治是否不再重要？显然不是。诸如历史、革命、国家等都是马克思革命政治的重要论题，直至今日，马克思如何思考它们仍值得我们反思。反思的结果并非要完全不加批判地应用到新时代的具体实践里，而是需要意识到：无产阶级革命所开启的历史必然性朝向未来绵延，我们仍然需要持有对共产主义理想的想象；如果说改革是一场革命，那么这意味着改革也需要我们从"未来"汲取"诗情"；政治国家是马克思当年批判过却没有足够经验的对象，是列宁自觉到却又没有足够时间去实践的对象，是毛泽东具体实践过却未能随情势继续发展的对象，是新时代讨论国家治理问题需要合理定位的对象。在这一意义上，今人不是站在革命政治的终点处，而是站在出口处"接着讲"。当下的研究不是要终结马克思的革命政治，而是在新时代为马克思的革命政治寻找一个新的"出口"，也是在学术界为其革命政治遗产寻找一个合适的安置之处。

黑格尔曾说："就个体而言，每个人本来都是他时代的产儿；那么，哲学也就是被把握在思想中的它的时代。妄想一种哲学超出它的现在世界，就像一个人妄想跳出他的时代之外，跳出罗陀斯岛一样，是愚蠢的。……在现在的十字架中去认识作为玫瑰的理性，并对现在感到喜悦，这种理性的洞察就是同现实的和解。"①黑格尔对1789年法国大革命倍加赞赏，经过1848年革命洗礼的马克思也在《雾月十八日》里称许未来的无产阶级革命，期望它具有如当年法国大革命那样的世界历史意义，翻开属于无产阶级的历史新篇。我们期待，不仅是《雾月十八日》，还有更多经典著作能在当代散发光芒。

最后，我们不妨仿照马克思当年的语气：经典在现实面前再三沉默，直到形成无路可退的情势为止，那时生活本身会大声喊道：

"这里是罗陀斯，就在这里跳跃吧！

这里有玫瑰花，就在这里跳舞吧！"

---

① ［德］黑格尔著、邓安庆译：《法哲学原理》，人民出版社2016年版，第13~14页。

参考文献

一、马克思主义经典著作

[1]马克思恩格斯文集[M].人民出版社，2009.

[2]马克思恩格斯全集[M].人民出版社，2002.

[3]马克思恩格斯全集[M].人民出版社，1957.

[4]资本论[M].人民出版社，2004.

[5]列宁全集[M].人民出版社，1985.

[6]毛泽东选集[M].人民出版社，1991.

[7]Karl Marx，Friedrich Engels. Collected Works Volume 11［M］. London：Laurence and Wishart，1979.

[8]马克思晚期政治著作选[M].中国政法大学出版社，2003.

二、中文文献

[1]白云真.马克思《路易·波拿巴的雾月十八日》研究读本[M].中央编译出版社，2013.

[2]陈建华."革命"的现代性：中国革命话语考论[M].上海古籍出版社，2000.

[3]郭华榕.法国政治制度史[M].人民出版社，2015.

［4］韩承文. 1848 年欧洲革命史［M］. 河南大学出版社，1995.

［5］金观涛，刘青峰. 观念史研究：中国现代重要政治术语的形成［M］. 法律出版社，2010.

［6］彭宏伟，崔爽. "革命"的非模式化解读——1848—1852 年马克思恩格斯政治文献研究［M］. 中国人民大学出版社，2017.

［7］杨金海. 马克思主义研究资料（第 12 卷）［M］. 中央编译出版社，2015.

［8］周勇胜.《雾月十八日》与历史唯物主义［M］. 陕西人民出版社，1984.

［9］邹诗鹏. 激进政治的兴起：马克思早期政治与法哲学批判手稿的当代解读［M］. 复旦大学出版社，2012.

［10］郑寰，潘丹.《路易·波拿巴的雾月十八日》导读［M］. 中共中央党校出版社，2018.

［11］中共中央马克思恩格斯列宁斯大林著作编译局. 回忆马克思［M］. 人民出版社，2005.

［12］［德］黑格尔. 历史哲学［M］. 王造时，译. 上海书店出版社，2006.

［13］［德］黑格尔. 法哲学原理［M］. 邓安庆，译. 人民出版社，2016.

［14］［德］黑格尔. 美学（第三卷）［M］. 朱光潜，译. 北京大学出版社，2017.

［15］［德］卡尔·洛维特. 从黑格尔到尼采：19 世纪思维中的革命性决裂［M］. 李秋零，译. 三联书店，2014.

［16］复旦大学当代国外马克思主义研究中心. 当代国外马克思主义评论（第 16 辑）［M］. 人民出版社，2018.

［17］［法］布朗基. 布朗基文选［M］. 皇甫庆莲，译. 商务印书馆，1989.

［18］［法］弗朗索瓦·傅勒. 马克思与法国大革命［M］. 朱学平，译. 华东师范大学出版社，2016.

［19］［法］托克维尔. 1848 年法国革命回忆录［M］. 李秀峰，等，译. 东方出版社，2015.

［20］［美］汉娜·阿伦特. 论革命［M］. 陈周旺，译. 译林出版社，2011.

[21][美]卡弗. 政治性写作：后现代视野中的马克思形象[M]. 张秀琴，译. 北京师范大学出版社，2009.

[22][美]林·亨特. 法国大革命中的政治、文化和阶级[M]. 汪珍珠，译. 华东师范大学出版社，2011.

[23][美]罗伯特·查尔斯·塔克. 马克思主义革命观[M]. 高岸起，译. 人民出版社，2012.

[24][美]诺曼·莱文. 马克思与黑格尔的对话[M]. 周阳，等，译. 中国人民大学出版社，2016.

[25][美]乔纳森·斯珀伯. 卡尔·马克思：一个19世纪的人[M]. 邓峰，译. 中信出版社，2014.

[26][日]柄谷行人. 马克思，其可能性的中心[M]. [日]中田友美，译. 中央编译出版社，2006.

[27][日]柄谷行人. 历史与反复[M]. 王成，译. 中央编译出版社，2010.

[28][日]渡边雅男. 马克思的阶级概念[M]. 李晓魁，译. 社会科学文献出版社，2016.

[29][意]葛兰西. 狱中札记[M]. 曹雷雨，等，译. 中国社会科学出版社，2000.

[30][英]霍布斯鲍姆. 革命的年代：1789—1848[M]. 王章辉，等，译. 江苏人民出版社，1999.

[31][英]霍布斯鲍姆. 资本的年代：1848—1875[M]. 张晓华，等，译. 江苏人民出版社，1999.

[32]陈瑛. 改造和提升小农伦理——再读马克思的《路易·波拿巴的雾月十八日》[J]. 伦理学研究，2006(2).

[33]何丽野. 马克思在农民问题上的思想变化及其意义——从《路易·波拿巴的雾月十八日》中的一段删节说起[J]. 马克思主义研究，2010(1).

[34]李爱华. 如何正确理解马克思恩格斯关于农民问题的思想——对何丽

野先生有关看法的不同意见[J]. 马克思主义研究，2010(8).

[35]刘奔. 从"活的历史"研究中掌握活的马克思主义——纪念马克思《路易·波拿巴的雾月十八日》发表 140 周年[J]. 哲学研究，1992(6).

[36]刘怀玉. 祛除历史能指的幽灵，解开历史代表问题之谜——马克思《路易·波拿巴的雾月十八日》之当代解读[J]. 洛阳师范学院学报，2004(1).

[37]梅荣政. 用唯物史观生动描述和精辟分析重大历史事件的科学典范——马克思：《路易·波拿巴的雾月十八日》(节选)研读[J]. 思想理论教育导刊，2011(3).

[38]祁涛. 论结构的历史与情势的历史——《路易·波拿巴的雾月十八日》的历史线索及其哲学遗产[J]. 哲学研究，2018(3).

[39]祁涛.《路易·波拿巴的雾月十八日》中国家问题的三个方面[J]. 马克思主义哲学论丛，2018(2).

[40]孙乐强. 意识形态的魔力与主体的祛魅——哲学视域中的《法兰西阶级斗争》和《雾月十八日》[J]. 学海，2011(2).

[41]谭培文. 马克思《波拿巴雾月十八日》中的意识形态理论及其当代意义[J]. 毛泽东邓小平理论研究，2010(12).

[42]应星. 事件社会学脉络下的阶级政治与国家自主性——马克思《路易·波拿巴的雾月十八日》新释[J]. 社会学研究，2017(2).

三、外文文献

[1]Martin Albrow. Bureaucracy[M]. London：Macmillan，1970.

[2]Chritopher Arthur. Engels Today：A Centenary Appreciation[M]. London：Macmillan，1996.

[3]Shlomo Avineri. The Social and Political Thought of Karl Marx[M]. London：Cambridge University Press，1968.

［4］Peter Baehr, Melvin Richter. Dictatorship in History and Theory: Bonapart-
    ism, Caesarism, Totalitarianism ［M］. Cambridge: Cambridge University
    Press, 2004.

［5］Sebastian Budgen, Stathis Kouvelakis, Slavoj Žizek. Lenin Reloaded: To-
    ward a Politics of Truth［M］. Durham: Duke University Press, 2007.

［6］Alexandros Chrysis. "True Democracy" as a Prelude to Communism: The
    Marx of Democracy［M］. London: Palgrave Macmillan, 2018.

［7］Mark Cowling, James Martin. Marx's Eighteenth Brumaire: (Post) modern
    Interpretations［M］. London and Sterling, VA: Pluto Press, 2002.

［8］Jacques Derrida. Specters of Marx［M］. New York: Routledge, 1994.

［9］Hal Draper. The "Dictatorship of the Proletariat" from Marx to Lenin［M］.
    New York: Monthly Review Press, 1987.

［10］Hal Draper. Karl Marx's Theory of Revolution Volume 1-3: The Dictatorship
    of The Proletariat［M］. Delhi: Aakar Books, 2011.

［11］Jean Hyppolite. Studies on Marx and Hegel［M］. New York: Harper Torch-
    books, 1969.

［12］Claude Lefort. The Political Forms of Modern Society: Bureaucracy, De-
    mocracy, Totalitarianism［M］. Cambridge: The MIT Press, 1986.

［13］Umberto Melotti. Marx and the Third World［M］. London: Macmillan,
    1977.

［14］George Woodcock. Pierre-Joseph Proudhon: A Biography［M］. Montreal:
    Black Rose Books, 1987.

［15］Slavoj Žižek. First as Tragedy, Then as Farce［M］. London: Verso, 2009.

［16］Myers. From Stageist Theories to a Theory of the Stage: The Concept of Ide-
    ology in Marx's Eighteenth Brumaire［J］. Strategies, 2003, 16(1).

［17］Amy Wendling. Are All Revolutions Bourgeois? ——Revolutionary Tempo-
    rality in Karl Marx's Eighteenth Brumaire of Louis Bonaparte［J］. Strate-

gies, 2003, 16(1).

[18] William Clare Roberts. Marx Contra the Democrats: The Force of The Eighteenth Brumaire[J]. Strategies, 2003, 16(1).

[19] Bradley MacDonald. Inaugurating Heterodoxy: Marx's Eighteenth Brumaire and the "Limit-Experience" of Class Struggle [J]. Strategies, 2003, 16 (1).

[20] Nicholas Thoburn. Difference in Marx: the Lumpenproletariat and the Proletarian Unnamable[J]. Economy and Society, 2002, 31(3).

后　记

本书是在博士论文的基础上修改而成的。感激这些出现在我生命中的人，是他们促成了今天的我。

最感谢我的博士导师邹诗鹏老师，这本书理应献给他。感谢他对我的选择、信任与鼓励。邹老师在学术研究方面给我的指导几乎是全方位的。在我尚未正式入"学"之前，他已视我为入"门"了。2016年5月，邹老师南下广州举办系列讲座，他短信告知我若在广州不妨来听听。我既兴奋又忐忑！这些讲座开拓了我的视野，也直接激发我研究激进理论的兴趣。博士二年级，邹老师鼓励我参加相关学术会议，这促使我撰写了与主题相关的数篇文章。博士三年级参加"社会理论"主题会议，我开始进入社会理论研究这片广阔的天地。我自觉为自己贴的标签是"哲学的插班生"，尤其在有幸进入复旦大学这座学府之后，我不能不感受到压力。为此我时刻自省，既不掉队，又要向前，既要把基础补上、夯实，又要开拓研究视野。这三年来，感谢邹老师为我提供了最大限度的科研空间，并给我最宽松的科研时间。感谢他总能在我陷入思想困境时点明出路，哪怕在他不经意的交谈中，我都能或多或少地捕捉到学术生长点，这实在令我惊叹于邹老师深厚的学养功底。我深知这绝非一朝一夕、绝非埋首书斋可以养成，而是经年累月的实践感、是自身的生存体验所塑就。当然，邹老师给予我的关心与感动不仅在学术上，也在生活上。邹老师多次嘱我有空就应多回家，爱人与长辈们帮忙带着小孩，全家人支持我的学业，着实不易。可能也是因为背负了家庭的责任，我在写作时竟也不自觉地陷入类似"资产阶级革命"的"积蓄—消耗—再积蓄"的"狂欢"状态。这一"写作狂欢"的直接结果就是耗损自己的身体。邹老师见我身形日渐消瘦，告诉我做学问乃长久之事，不应在短时期内过度透支自己的脑力与体力。临近毕业时，邹老师操心我的工作去向。说来也巧，因我爱人先来武汉工作，而我也乐意"妇唱夫随"。邹老师得知后，把我引荐给欧阳康老师。我能追随他曾经合作的导师、能来到他曾经奋斗过的地方继续奋斗，实是一种师生缘分的继续！毕业之后，邹老师督促我修改论文，以加快出版进程。以上种种，此时想来都让人动容。我会继续努力，不负导师的一路教诲。再次感谢邹老师！

感谢我的硕士生导师谭培文先生。谭先生是把我带入学术研究的领路人。如果没有拜入先生门下，我恐怕也不会对哲学、对马克思主义、对理论研究产生如此兴趣。回想起来，谭先生对弟子的要求不过三条：读原著、熟哲学史、做读书笔记，且每个学期末都会亲自检查成果。但要想把这三条真正做到、做好，并不容易。我一直在努力把这些要求变成我的研究习惯，希望能不负谭先生的期望！先生已年逾古稀，依旧身体健朗，这才是身为弟子的我们最欣慰的。愿先生思想与生命之树常青！

感谢复旦大学马哲教研室的诸位老师在开题、中期考核和预答辩过程中提出的指导意见，这些意见在很大程度上推动我的论文走向。同时感谢他们的倾情授课，让我实实在在地汲取了他们各自思想的精华。吴晓明老师、孙承叔老师、冯平老师、王德峰老师、郑召利老师、王金林老师、吴猛老师，不同性格、不同风格的几位老师和谐地组成了马哲这个大家庭，这无疑是学子们的幸事。感谢论文盲审与明审老师提出的宝贵意见，他们不仅指导我如何修改，也指出今后研究的可能方向。感谢同济大学人文学院刘日明老师、上海财经大学人文学院陈忠老师来参加我的答辩会，他们连同几位答辩老师都针对我的论文提出了关键意见。感谢我之后的博士后合作导师欧阳康教授在忙碌之余批阅我的论文，并提出进一步改进的建议。在与欧阳老师的接触与交流中，我愈发深刻地感受到"高山仰止，景行行止。虽不能至，然心向往之"的大师风范。感谢林青老师。林青兄是我的同门师兄，本书现在的结构布局基本采纳了他当初的建议。他不仅自己具有很高的学养，而且对后辈非常关心，很感谢在我学术道路的起始阶段有他的帮带。感谢祁涛老师。本研究的最初想法萌发之时，我曾向祁涛兄请教，他把在《雾月十八日》文本研究、在马克思主义社会政治哲学研究等方面的成果和心得，毫无保留地传授于我，极大地启发了我的写作灵感，这怎么感谢都不为过。感谢张寅老师。我在入学前就对他有所耳闻，拜读过他关于斯宾诺莎与马克思的硕士论文，之后又有幸聆听他关于黑格尔世界历史个人的入职报告，深感于他深厚的文本功底与丰富的理论想象。虽然与他直接交流不多，但我从他的讲座、发言和研究中汲取的东西却不少。感谢南京师范大学法学院的姚远老师，在2016年底的一次"黑格尔法哲学"主题会议中，姚远兄的论文及思路让我有"顿悟"之感，直接促使我在研究中有意把马克思的文本与理论与19世纪的欧洲历史结合起来。感谢中国人民大学哲学院的黄志军老师，承蒙志军兄青睐，本书的前言部分经修改后发表在2019年度的《马克思主义哲学评论》上，感谢他对文章的审阅与编辑。

感谢武汉大学出版社对书稿的垂青，以及聂勇军副编审与李程副编审的辛苦工作。本书的顺利出版离不开李程副编审的热心推荐，更离不开聂勇军副编审的细心编辑，他们对我这个学术后辈的关心与指导，我铭记于心。当然，缘分的开始还得追溯至武汉大学中国传统文化研究中心王林伟兄的引介。在此一并致谢。

感谢求学期间的诸位好友。感谢我的博士室友——陈珲、王旭荣、谢家新。大家同是马哲专业，情谊很深。珲哥因为在职攻读，所以待在学校的时间并不多。但博士一年级时我们经常一起上课、一起谈天，十分快活。家新和他媳妇冉璐姐恩爱非常，我们之间的关系好到已结成了"亲家"。荣哥极为义气，自然与我这种脱不了江湖习气的人相谈甚欢。宗教学专业的黄艺彬也是我们的好友，我们交情之好，完全不受各自专业和研究方向的影响。感谢我的同门师姐梁冰洋。她待人处事并不"冰"冷，而是热情"洋"溢。她与我一同入学，但因年纪略长我些，所以书面上还是以师姐相称。我多次因故未能及时返校的时候，相关材料都是她帮忙的。感谢我的同门师妹陈曲，她在融洽师门方面所作的贡献有目共睹，对初来乍到的我帮助很多。另外，同门的其他兄弟姐妹，如师兄黄学胜、焦佩锋、吴辉、康翟、陆凯华，师姐闫婧、康宇、武文超，师妹张米兰、于沫、牛小雪，师弟李嘉宏、宋一帆，等等，大家构成了一个让人感觉十分舒适的学术共同体，我或多或少从他们的言谈或文章中有所获益。感谢我曾经的硕士室友——汪松林、周银、黎一献。他们个个学识丰富、见解独到，我硕士时候没少受到他们的启发。虽然毕业后大家各自走上不同的道路，但我们共同在思想的道路上携手前行。

感谢我的奶奶。父母上班忙碌，自我记事起，与奶奶在一起的时间是最多的，所以在家人里，我与她的关系最是亲近。我深知，家中老人把一个孩子拉扯大，是一件多么不容易的事！我离家上大学的时候，最舍不得的还是她。十年来，她肉眼可见的衰老，但好在身体还算健康，精神状态也很好。她一直以我"会读书"而自豪，我这些年不能在她身边尽孝，只能以学业上的精进来回报她对我的养育恩情。

感谢我的父母。"父母在，频远游"是我这十年的状态。从 2009 年开始，上海、桂林、广州、武汉，我仿佛命带"驿马星"，辗转多个城市，和他们相聚的日子很少。而且作为一个已经成家却还没毕业的儿子，生活上还要靠父母资助，我受之有愧，却也无可奈何。所以我只能一直鞭策自己不能懈怠，不能让他们失望，要对得起他们的爱与支持。

感谢我的岳父岳母。他们从我的小孩还未出生之时直到现在，都一直帮忙照料着家里的衣食起居，个中辛苦实在很难用语言形容。尽管很不舍、很不习惯，但他们还是选择离开原先那个生活了大半辈子的生活圈，跟着我们来到一个陌生的城市里，为这个家、为这个孩子继续辛劳。他们牺牲了太多，也付出了太多！

感谢我那淘气的儿子：帅帅。2016 年，我收获了两份生命中最宝贵的礼物：一份是复旦大学的博士录取通知书，另一份是帅帅的出生证明。在我为这份通知书而埋首书斋时，他还在妈妈的肚子里踢闹。出世之后，我陪伴他的时间有限，错过了他最初的成长，想想还是挺难过的。我在学校的时候，每天睡前总要把他的日常影像浏览好几遍。他任性、闹腾、嗓门大，每天总有耗不完的精力，有时俨然一副"小大人"的姿态。有他陪伴的时光里，我虽无法安心码字，但却总有比文字更珍贵的图像出现，那是真实的"父与子"啊！

最后，我把感谢留给我的爱人：景钰。我俩自在一起，就一直聚少离多，这是我至今都觉得非常愧疚和遗憾的一件事。面对长期的分离，我也曾想过放弃。是她的坚持让我们能走到现在。感谢她对我们爱情的坚守，让我体会到她之于我人生的意义：一个女人，毅然选择用最青春、最美好的十年去苦心经营一段爱情，她就是值得我用这辈子去呵护的那个人。其实，当时在工作还是考博之间，我很犹豫。因为如果后者成功了，我们将再度分开。但她知道我不甘心就这样停在学术的半途。她对我的无条件支持，让我坚定了继续坚持下去的决心。2017 年，在我们定居武汉之后，她有时不得不一个人面对生活与工作的艰辛。在她最需要我陪伴的时候，我却只能以视频或语音的形式实现一种"不在场的在场"。这篇博士论文、这部书作的背后，凝聚了我在异地对她的思念。当然，她肯定是不会从头到尾读完的。不过没有关系，她只需要翻到最后，看到这段感谢就足够了。

原先我在博士论文的致谢末尾附上了下面这一段歌词，现在听来，我仍然留恋当时的心境。所以，最后还是保留它吧，就当送给我自己：

> 许多年前，你有一双清澈的双眼
> 奔跑起来，像是一道春天的闪电
> 想看遍这世界，去最遥远的远方
> 感觉有双翅膀，能飞越高山和海洋

许多年前，你曾是个朴素的少年
爱上一个人，就不怕付出自己一生
相信爱会永恒，相信每个陌生人
相信你会成为最想成为的人

2019 年 6 月于上海
2023 年 12 月改于武汉